HISTOIRE

DE LA

RÉVOLUTION

FRANÇAISE

IMPRIMERIE DE H. FOURNIER ET Cⁱᵉ
RUE DE SEINE, 14.

BATAILLE DES PYRAMIDES.

HISTOIRE

DE LA

RÉVOLUTION

FRANÇAISE

PAR M. A. THIERS

DE L'ACADÉMIE FRANÇAISE

NEUVIÈME ÉDITION

TOME DIXIÈME

PARIS

FURNE ET Cⁱᴱ, LIBRAIRES-ÉDITEURS

RUE SAINT-ANDRÉ-DES-ARTS, 55

M DCCC XXXIX

HISTOIRE
DE LA
RÉVOLUTION
FRANÇAISE.

DIRECTOIRE.

CHAPITRE XIII.

EXPÉDITION D'ÉGYPTE. DÉPART DE TOULON ; ARRIVÉE DEVANT MALTE ; CONQUÊTE DE CETTE ILE, DÉPART POUR L'ÉGYPTE ; DÉBARQUEMENT A ALEXANDRIE ; PRISE DE CETTE PLACE. MARCHE SUR LE CAIRE ; COMBAT DE CHÉBREÏSS. BATAILLE DES PYRAMIDES ; OCCUPATION DU CAIRE. TRAVAUX ADMINISTRATIFS DE BONAPARTE EN ÉGYPTE ; ÉTABLISSEMENT DE LA NOUVELLE COLONIE. BATAILLE NAVALE D'ABOUKIR, DESTRUCTION DE LA FLOTTE FRANÇAISE PAR LES ANGLAIS.

BONAPARTE arriva à Toulon le 20 floréal an VI (9 mai 1798). Sa présence réjouit l'armée, qui commençait à murmurer et à craindre qu'il ne fût pas à la tête de l'expédition. C'était l'ancienne armée d'Italie. Elle était riche, couverte de gloire, et on pouvait dire d'elle, que sa *fortune était faite*. Aussi avait-elle beaucoup moins de zèle à faire la guerre, et il fallait toute la passion que lui inspirait son général, pour la décider à s'embarquer et à courir vers une destination inconnue. Cependant elle fut saisie d'enthousiasme en le voyant à Toulon. Il y avait huit mois qu'elle ne l'avait vu. Sur-le-champ Bonaparte, sans lui expliquer sa destination, lui adressa la proclamation suivante :

« Soldats !

« Vous êtes une des ailes de l'armée d'Angleterre.
« Vous avez fait la guerre de montagnes, de plaines,
« de siége ; il vous reste à faire la guerre maritime.
« Les légions romaines, que vous avez quelque-
« fois imitées, mais pas encore égalées, combat-
« taient Carthage tour à tour sur cette mer et aux
« plaines de Zama. La victoire ne les abandonna ja-
« mais, parce que constamment elles furent braves,
« patientes à supporter la fatigue, disciplinées et
« unies entre elles.
« Soldats, l'Europe a les yeux sur vous ! vous
« avez de grandes destinées à remplir, des batailles
« à livrer, des dangers, des fatigues à vaincre; vous
« ferez plus que vous n'avez fait pour la prospérité
« de la patrie, le bonheur des hommes, et votre
« propre gloire.
« Soldats, matelots, fantassins, canonniers, ca-
« valiers, soyez unis; souvenez-vous que le jour

« d'une bataille vous avez besoin les uns des autres.

« Soldats, matelots, vous avez été jusqu'ici né-
« gligés; aujourd'hui la plus grande sollicitude de
« la république est pour vous : vous serez dignes de
« l'armée dont vous faites partie.

« Le génie de la liberté qui a rendu, dès sa nais-
« sance, la république l'arbitre de l'Europe, veut
« qu'elle le soit des mers et des nations les plus
« lointaines. »

On ne pouvait pas annoncer plus dignement une grande entreprise, en la laissant toujours dans le mystère qui devait l'envelopper.

L'escadre de l'amiral Brueys se composait de treize vaisseaux de ligne, dont un de 120 canons (c'était *l'Orient*, que devaient monter l'amiral et le général en chef), deux de 80, et dix de 74. Il y avait de plus deux vaisseaux vénitiens de 64 canons, six frégates vénitiennes et huit françaises, soixante-douze corvettes, cutters, avisos, chaloupes canonnières, petits navires de toute espèce. Les transports réunis tant à Toulon qu'à Gênes, Ajaccio, Civita-Vecchia, s'élevaient à quatre cents. C'étaient donc cinq cents voiles qui allaient flotter à la fois sur la Méditerranée. Jamais pareil armement n'avait couvert les mers. La flotte portait environ quarante mille hommes de toutes armes et dix mille marins. Elle avait de l'eau pour un mois, des vivres pour deux.

On mit à la voile le 30 floréal (19 mai), au bruit du canon, aux acclamations de toute l'armée. Des vents violens causèrent quelque dommage à une frégate à la sortie du port. Les mêmes vents avaient causé de telles avaries à Nelson, qui croisait avec trois vaisseaux, qu'il fut obligé d'aller au radoub dans les îles Saint-Pierre. Il fut ainsi éloigné de l'escadre française, et ne la vit pas sortir. La flotte vogua d'abord vers Gênes, pour rallier le convoi réuni dans ce port, sous les ordres du général Baraguai-d'Hilliers. Elle cingla ensuite vers la Corse, rallia le convoi d'Ajaccio, qui était sous les ordres de Vaubois, et s'avança dans la mer de Sicile, pour se réunir au convoi de Civita-Vecchia, qui était sous les ordres de Desaix. Le projet de Bonaparte était de se diriger sur Malte, et d'y tenter en passant une entreprise audacieuse dont il avait de longue main préparé le succès par des trames secrètes. Il voulait s'emparer de cette île, qui, commandant la navigation de la Méditerranée, devenait importante pour l'Égypte, et qui ne pouvait manquer d'échoir bientôt aux Anglais, si on ne les prévenait.

L'ordre des chevaliers de Malte était comme toutes les institutions du moyen-âge : il avait perdu son objet, et dès lors sa dignité et sa force. Il n'était plus qu'un abus, profitable seulement à ceux qui l'exploitaient. Les chevaliers avaient en Espagne, en Portugal, en France, en Italie, en Allemagne, des biens considérables, qui leur avaient été donnés par la piété des fidèles pour protéger les chrétiens allant visiter les saints lieux. Maintenant qu'il n'y avait plus de pèlerinages de cette espèce, le rôle et le devoir des chevaliers étaient de protéger les nations chrétiennes contre les Barbaresques, et de détruire l'infame piraterie qui infeste la Méditerranée. Les biens de l'ordre suffisaient à l'entretien d'une marine considérable; mais les chevaliers ne s'occupaient aucunement à en former une : ils n'avaient que deux ou trois vieilles frégates, ne sortant jamais du port, et quelques galères qui allaient donner et recevoir des fêtes dans les ports d'Italie. Les baillifs, les commandeurs, placés dans toute la chrétienté, dévoraient dans le luxe et l'oisiveté les revenus de l'ordre. Il n'y avait pas un chevalier qui eût fait la guerre aux Barbaresques. L'ordre n'inspirait d'ailleurs plus aucun intérêt. En France on lui avait enlevé ses biens, et Bonaparte les avait fait saisir en Italie, sans qu'il s'élevât aucune réclamation en sa faveur. On a vu que Bonaparte avait songé déjà à pratiquer des intelligences dans Malte. Il avait gagné quelques chevaliers, et il se proposait de les intimider par un coup d'audace, et de les obliger à se rendre; car il n'avait ni le temps ni les moyens d'une attaque régulière contre une place réputée imprenable. L'ordre, qui depuis quelque temps pressentait ses dangers en voyant les escadres françaises dominer dans la Méditerranée, s'était mis sous la protection de Paul Ier.

Bonaparte faisait de grands efforts pour rejoindre la division de Civita-Vecchia; il ne put la joindre qu'à Malte même. Les cinq cents voiles françaises se déployèrent à la vue de l'île, le 21 prairial (9 juin), vingt-deux jours après la sortie de Toulon. Cette vue répandit le trouble dans la ville de Malte. Bonaparte, pour avoir un prétexte de s'arrêter, et pour faire naître un sujet de contestation, demanda au grand-maître la faculté de faire de l'eau. Le grand-maître, Ferdinand de Hompesch, fit répondre par un refus absolu, alléguant les règlemens, qui ne permettaient pas d'introduire à la fois plus de deux vaisseaux appartenant à des puissances belligérantes. On avait autrement accueilli les Anglais quand ils s'étaient présentés. Bonaparte dit que c'était là une preuve de la plus insigne malveillance, et sur-le-champ fit ordonner un débarquement. Le lendemain, 22 prairial (10 juin), les troupes françaises débarquèrent dans l'île, et investirent complètement Lavalette, qui compte trente mille ames à peu près de population, et qui est l'une des plus fortes places de l'Europe. Bonaparte fit débarquer de l'artillerie pour canonner les forts. Les chevaliers répondirent à son feu, mais très mal. Ils voulurent faire une sortie, et il y en eut un grand nombre de pris. Le désordre se mit alors à l'intérieur. Quelques chevaliers de la langue française déclarèrent qu'ils ne pouvaient pas se battre contre leurs compatriotes. On en jeta quelques-uns dans les cachots. Le trouble était dans les têtes; les habitans voulaient qu'on se rendît. Le grand-maître, qui avait peu d'énergie, et qui se souvenait de la générosité du vainqueur de Rivoli à Mantoue, songea à sauver ses intérêts du naufrage, fit sortir de prison l'un des chevaliers français qu'il y avait jetés, et l'envoya à Bonaparte pour négocier. Le traité fut bientôt arrêté. Les chevaliers abandonnèrent à la France la souveraineté de Malte et des îles en dépendant; en retour, la France promit son intervention au congrès de Rastadt, pour faire obtenir au grand-maître une principauté en Allemagne, et à défaut, elle lui assura une pension viagère de 300,000 francs et une indemnité de 600,000 francs comptant. Elle accorda à chaque chevalier de la langue française 700 fr. de pension, et 1,000 pour les sexagénaires; elle promit sa médiation pour que ceux des autres langues fussent mis en jouissance des biens de l'ordre, dans leurs pays respectifs. Telles furent les conditions au moyen desquelles la France entra en possession du premier port de la Méditerranée, et de l'un des plus forts du monde. Il fallait l'ascendant de Bonaparte pour l'obtenir sans combattre; il fallait son audace pour oser y perdre quelques jours, ayant les Anglais à sa poursuite. Caffarelli-Dufalga, aussi spirituel que brave, en parcourant la place dont il admirait les fortifications, dit ce mot : *Nous sommes bien heureux qu'il y ait eu quelqu'un dans la place pour nous en ouvrir les portes.*

Bonaparte laissa Vaubois à Malte, avec trois mille hommes de garnison ; il y plaça Regnault (de Saint-Jean-d'Angely), en qualité de commissaire civil. Il fit tous les règlemens administratifs qui étaient nécessaires pour l'établissement du régime municipal dans l'île, et il mit sur-le-champ à la voile pour cingler vers la côte d'Égypte.

Il leva l'ancre le 1er messidor (19 juin), après une relâche de dix jours. L'essentiel maintenant, était de ne pas rencontrer les Anglais. Nelson, radoubé aux îles Saint-Pierre, avait reçu du lord Saint-Vincent un renfort de dix vaisseaux de ligne et de plusieurs frégates, ce qui lui formait une escadre de treize vaisseaux de haut bord, et de quelques vaisseaux de moindre importance. Il était revenu le 13 prairial (1er juin) devant Toulon ; mais l'escadre française en était sortie depuis douze jours. Il avait couru de Toulon à la rade du Tagliamon, et de la rade du Tagliamon à Naples, où il était arrivé le 2 messidor (20 juin), au moment même où Bonaparte quittait Malte. Apprenant que les

Français avaient paru vers Malte, il les suivait, disposé à les attaquer s'il parvenait à les joindre.

Sur toute l'escadre française, on était prêt au combat. La possibilité de rencontrer les Anglais était présente à tous les esprits et n'effrayait personne. Bonaparte avait réparti sur chaque vaisseau de ligne cinq cents hommes d'élite, qu'on habituait tous les jours à la manœuvre du canon, et à la tête desquels se trouvait un de ces généraux si bien habitués au feu sous ses ordres. Il s'était fait un principe sur la tactique maritime, c'est que chaque vaisseau ne devait avoir qu'un but, celui d'en joindre un autre, de le combattre et de l'aborder. Des ordres étaient donnés en conséquence, et il comptait sur la bravoure des troupes d'élite placées à bord des vaisseaux. Ces précautions prises, il cinglait tranquillement vers l'Égypte. Cet homme qui, suivant d'absurdes détracteurs, craignait les hasards de la mer, s'abandonnait tranquillement à la fortune, au milieu des flottes anglaises, et avait eu l'audace de perdre quelques jours à Malte pour en faire la conquête. La gaieté régnait sur l'escadre; on ne savait pas exactement où l'on allait, mais le secret commençait à se répandre, et on attendait avec impatience la vue des rivages qu'on allait conquérir. Le soir, les savans, les officiers-généraux qui étaient à bord de *l'Orient*, se réunissaient chez le général en chef, et là commençaient les ingénieuses et savantes discussions de l'Institut d'Égypte. Un instant, l'escadre anglaise ne fut qu'à quelques lieues de l'immense convoi français, et de part et d'autre on l'ignora. Nelson commençant à supposer que les Français s'étaient dirigés sur l'Égypte, fit voile pour Alexandrie, et les y devança; mais ne les ayant pas trouvés, il vola vers les Dardanelles, pour tâcher de les y rencontrer. Par un bonheur singulier, l'expédition française n'arriva en vue d'Alexandrie que le surlendemain, 13 messidor (1er juillet). Il y avait un mois et demi à peu près qu'elle était sortie de Toulon.

Bonaparte envoya chercher aussitôt le consul français. Il apprit que les Anglais avaient paru l'avant-veille, et les jugeant dans les parages voisins, il voulut tenter le débarquement à l'instant même. On ne pouvait pas entrer dans le port d'Alexandrie, car la place paraissait disposée à se défendre; il fallait descendre à quelque distance, sur la plage voisine, à une anse dite du Marabout. Le vent soufflait violemment, et la mer se brisait avec furie sur les récifs de la côte. C'était vers la fin du jour. Bonaparte donna le signal et voulut aborder sur-le-champ. Il descendit le premier dans une chaloupe; les soldats demandaient à grands cris à le suivre à la côte. On commença à mettre les embarcations à la mer, mais l'agitation des flots les exposait à chaque instant à se briser les unes contre les autres. Enfin, après de grands dangers, on toucha le rivage. A l'instant une voile parut à l'horizon; on crut que c'était une voile anglaise : « *Fortune*, s'écria Bonaparte, *tu m'abandonnes! quoi! pas seulement cinq jours!* » La fortune ne l'abandonnait pas, car c'était une frégate française qui rejoignait. On eut beaucoup de peine à débarquer quatre ou cinq mille hommes, dans la soirée et dans la nuit. Bonaparte résolut de marcher sur-le-champ vers Alexandrie, afin de surprendre la place, et de ne pas donner aux Turcs le temps de faire des préparatifs de défense. On se mit tout de suite en marche. Il n'y avait pas un cheval de débarqué; l'état-major, Bonaparte et Caffarelli lui-même, malgré sa jambe de bois, firent quatre à cinq lieues à pied dans les sables, et arrivèrent à la pointe du jour en vue d'Alexandrie.

Cette antique cité, fille d'Alexandre, n'avait plus ses magnifiques édifices, ses innombrables demeures, sa grande population; elle était ruinée aux trois quarts. Les Turcs, les Égyptiens opulens, les négocians européens habitaient dans la ville moderne, qui était la seule partie conservée. Quelques Arabes vivaient dans les décombres de la cité antique; une vieille muraille flanquée de quelques tours enfermait la nouvelle et l'ancienne ville, et tout autour régnaient les sables qui, en Égypte, s'avancent partout où la civilisation recule.

Les quatre mille Français, conduits par Bonaparte, y arrivèrent à la pointe du jour : ils ne rencontrèrent sur cette plage de sable qu'un petit nombre d'Arabes, qui, après quelques coups de fusil, s'enfoncèrent dans le désert. Bonaparte partagea ses soldats en trois colonnes : Bon, avec la première, marcha à droite, vers la porte de Rosette; Kléber, avec la seconde, marcha au centre vers la porte de la Colonne; Menou, avec la troisième, s'avança à gauche vers la porte des Catacombes. Les Arabes et les Turcs, excellens soldats derrière un mur, firent un feu bien nourri; mais les Français montèrent avec des échelles, et franchirent la vieille muraille. Kléber tomba le premier, frappé d'une balle au front. On chassa les Arabes de ruine en ruine, jusqu'à la ville nouvelle. Le combat allait se prolonger de rue en rue, et devenir meurtrier; mais un capitaine turc servit d'intermédiaire pour négocier un accord. Bonaparte déclara qu'il ne venait point pour ravager le pays, ni l'enlever au Grand-Seigneur, mais seulement pour le soustraire à la domination des Mameluks, et venger les outrages que ceux-ci avaient faits à la France. Il promit que les autorités du pays seraient maintenues, que les cérémonies du culte continueraient d'avoir lieu comme par le passé, que les propriétés seraient respectées, etc..... Moyennant ces conditions, la résistance cessa : les Français furent maîtres d'Alexandrie le jour même. Pendant ce temps, l'armée avait achevé de débarquer. Il s'agissait maintenant de mettre l'escadre à l'abri, soit dans le port, soit dans l'une des rades voisines, de créer à Alexandrie une administration conforme aux mœurs du pays, et d'arrêter un plan d'invasion pour s'emparer de l'Égypte. Pour le moment, les dangers de la mer et d'une rencontre avec les Anglais étaient passés ; les plus grands obstacles étaient vaincus avec ce bonheur qui semble toujours accompagner la jeunesse d'un grand homme.

L'Égypte, sur laquelle nous venions d'aborder, est le pays le plus singulier, le mieux situé, et l'un des plus fertiles de la terre. Sa position est connue. L'Afrique ne tient à l'Asie que par un isthme de quelques lieues, qu'on appelle l'isthme de Suez, et qui, s'il était coupé, donnerait accès de la Méditerranée dans la mer de Indes, dispenserait les navigateurs d'aller à des distances immenses, et au milieu des tempêtes, doubler le cap de Bonne-Espérance. L'Égypte est placée parallèlement à la mer Rouge et à l'isthme de Suez. Elle est la maîtresse de cet isthme. C'est cette contrée qui, chez les anciens et dans le moyen-âge, pendant la prospérité des Vénitiens, était l'intermédiaire du commerce de l'Inde. Telle est sa position entre l'Occident et l'Orient. Sa constitution physique et sa forme ne sont pas moins extraordinaires. Le Nil, l'un des grands fleuves du monde, prend sa source dans les montagnes de l'Abyssinie, fait six cents lieues dans les déserts de l'Afrique, puis entre en Égypte, ou plutôt y tombe, en se précipitant des cataractes de Syène, et parcourt encore deux cents lieues jusqu'à la mer. Ses bords constituent toute l'Égypte. C'est une vallée de deux cents lieues de longueur, sur cinq à six lieues de largeur. Des deux côtés elle est bordée par un océan de sables. Quelques chaînes de montagnes, basses, arides et déchirées, sillonnent tristement ces sables, et projettent à peine quelques ombres sur leur immensité. Les unes séparent le Nil de la mer Rouge, les autres le séparent du grand désert, dans lequel elles vont se perdre. Sur la rive gauche du Nil, à une certaine distance dans le désert, serpentent deux langues de terre cultivable, qui font exception aux sables, et se couvrent d'un peu de verdure. Ce sont les *oasis*, espèces d'îles végétales, au milieu de l'océan des sables. Il y en a deux, la grande et la petite. Un effort des hommes, en y jetant une branche du Nil, en ferait de fertiles provinces. Cinquante lieues avant d'arriver à la mer, le Nil se partage en deux branches, qui vont tomber à soixante lieues l'une de l'autre, dans la

Méditerranée, la première à Rosette, la seconde à Damiette. On connaissait autrefois sept bouches au Nil; on les aperçoit encore, mais il n'y en a plus que deux de navigables. Le triangle formé par ces deux grandes branches et par la mer a soixante lieues à sa base et cinquante sur ses côtés ; il s'appelle le Delta. C'est la partie la plus fertile de l'Égypte, parce que c'est la plus arrosée, la plus coupée de canaux. Le pays tout entier se divise en trois parties, le Delta ou Basse-Égypte, qu'on appelle Bahireh; la Moyenne-Égypte, qu'on appelle Ouestanieh; la Haute-Égypte, qu'on appelle le Saïd.

Les vents étésiens soufflant d'une manière constante du nord au sud, pendant les mois de mai, juin et juillet, entraînent tous les nuages formés à l'embouchure du Nil, n'en laissent pas séjourner un seul sur cette contrée toujours sereine, et les portent vers les monts d'Abyssinie. Là ces nuages s'agglomèrent, se précipitent en pluie pendant les mois de juillet, août et septembre, et produisent le phénomène célèbre des inondations du Nil. Ainsi, cette terre reçoit par les débordemens du fleuve, les eaux qu'elle ne reçoit pas du ciel. Il n'y pleut jamais, et les marécages du Delta, qui seraient pestilentiels sous le ciel de l'Europe, ne produisent pas en Égypte une seule fièvre. Le Nil, après son inondation, laisse un limon fertile, qui est la seule terre cultivable sur ces bords, et qui produit ces abondantes moissons consacrées autrefois à nourrir Rome. Plus l'inondation s'est étendue, plus il y a de terre cultivable. Les propriétaires de cette terre, nivelée tous les ans par les eaux, se la partagent tous les ans par l'arpentage. Aussi l'arpentage est-il un grand art en Égypte. Des canaux pourraient étendre l'inondation, et auraient l'avantage de diminuer la rapidité des eaux, de les faire séjourner plus long-temps, et d'étendre la fertilité aux dépens du désert. Nulle part le travail de l'homme ne pourrait avoir de plus salutaires effets; nulle part la civilisation ne serait plus souhaitable. Le Nil et le désert se disputent l'Égypte, et c'est la civilisation qui donnerait au Nil le moyen de vaincre le désert et de le faire reculer. On croit que l'Égypte nourrissait autrefois vingt millions d'habitans, sans compter les Romains. Elle était à peine capable d'en nourrir trois millions quand les Français y entrèrent.

L'inondation finit à peu près en septembre. Alors commencent les travaux des champs. Pendant les mois d'octobre, novembre, décembre, janvier, février, la campagne d'Égypte présente un aspect ravissant de fertilité et de fraîcheur. Elle est couverte alors des plus riches moissons, émaillée de fleurs, traversée par d'immenses troupeaux. En mars les chaleurs commencent; la terre se gerce si profondément, qu'il est quelquefois dangereux de la traverser à cheval. Les travaux des champs sont alors finis. Les Égyptiens ont recueilli toutes les richesses de l'année. Outre les blés, l'Égypte produit les meilleurs riz, les plus beaux légumes, le sucre, l'indigo, le séné, la casse, le natron, le lin, le chanvre, le coton, tout cela avec une merveilleuse abondance. Il lui manque des huiles; mais elle les trouve vis-à-vis, en Grèce; il lui manque le tabac et le café, mais elle les trouve à ses côtés, dans la Syrie et l'Arabie. Elle est aussi privée de bois, car la grande végétation ne peut pas pousser sur ce limon annuel que le Nil dépose sur un fond de sable. Quelques sycomores et quelques palmiers sont les seuls arbres de l'Égypte. A défaut de bois on brûle la bouse de vache. L'Égypte nourrit d'immenses troupeaux. Les volailles de toute espèce y fourmillent. Elle a ces admirables chevaux, si célèbres dans le monde par leur beauté, leur vivacité, leur familiarité avec leurs maîtres, et cet utile chameau, qui peut manger et boire pour plusieurs jours, dont le pied enfonce sans fatigue dans les sables mouvans, et qui est comme un navire vivant pour traverser la mer des sables.

Tous les ans arrivent au Caire d'innombrables caravanes, qui abordent comme des flottes des deux côtés du désert. Les unes viennent de la Syrie et de l'Arabie, les autres de l'Afrique et des côtes de

Barbarie. Elles apportent tout ce qui est propre aux pays du soleil, l'or, l'ivoire, les plumes, les schalls inimitables, les parfums, les gommes, les aromates de toute espèce, le café, le tabac, les bois et les esclaves. Le Caire devient un entrepôt magnifique des plus belles productions du globe, de celles que le génie si puissant des occidentaux ne pourra jamais imiter, car c'est le soleil qui les donne, et dont leur goût délicat les rendra toujours avides. Aussi le commerce de l'Inde est-il le seul dont les progrès des peuples n'amèneront jamais la fin. Il ne serait donc pas nécessaire de faire de l'Égypte un poste militaire, pour aller détruire violemment le commerce des Anglais. Il suffirait d'y établir un entrepôt, avec la sûreté, les lois et les commodités européennes, pour attirer les richesses du monde.

La population qui occupe l'Égypte est, comme les ruines des cités qui la couvrent, un amas des débris de plusieurs peuples. Des Cophtes, anciens habitans de l'Égypte, des Arabes, conquérans de l'Égypte sur les Cophtes, des Turcs conquérans sur les Arabes, telles sont les races dont les débris pullulent misérablement sur une terre dont ils sont indignes. Les Cophtes, quand les Français y entrèrent, étaient deux cent mille au plus. Méprisés, pauvres, abrutis, ils s'étaient voués, comme toutes les classes proscrites, aux plus ignobles métiers. Les Arabes formaient la masse presque entière de la

population; ils descendaient des compagnons de
Mahomet. Leur condition était infiniment variée;
quelques-uns, de haute naissance, faisant remonter
leur origine jusqu'à Mahomet lui-même, grands
propriétaires, ayant quelques traces du savoir arabe,
réunissant à la noblesse les fonctions du culte et
de la magistrature, étaient, sous le titre de scheiks,
les véritables grands de l'Égypte. Dans les divans,
ils représentaient le pays, quand ses tyrans voulaient s'adresser à lui; dans les mosquées, ils composaient des espèces d'universités, où ils enseignaient la religion, la morale du Koran, un peu de
philosophie et de jurisprudence. La grande mosquée de Jemil-Azar était le premier corps savant
et religieux de l'Orient. Après ces grands, venaient
les moindres propriétaires, composant la seconde
et la plus nombreuse classe des Arabes; puis les
prolétaires, qui étaient tombés dans la situation de
véritables ilotes. Ces derniers étaient des paysans
à gages, cultivant la terre sous le noms de fellahs, et
vivant dans la misère et l'abjection. Il y avait une
quatrième classe d'Arabes, c'étaient les Bédouins
ou Arabes errans : ceux-là n'avaient pas voulu s'attacher à la terre; c'étaient les fils du désert. Montés
sur des chevaux ou des chameaux, conduisant devant eux des troupeaux nombreux, ils erraient,
cherchant des pâturages dans quelques oasis, ou
venant annuellement ensemencer les lisières de

terre cultivable, placées sur le bord de l'Égypte. Leur métier était d'escorter les caravanes ou de prêter leurs chameaux pour les transports. Mais, brigands sans foi, ils pillaient souvent les marchands qu'ils escortaient ou auxquels ils prêtaient leurs chameaux. Quelquefois même, violant l'hospitalité qu'on leur accordait sur la lisière des terres cultivables, ils se précipitaient sur cette vallée du Nil, qui, large seulement de cinq lieues, est si facile à pénétrer ; ils pillaient les villages, et, remontant sur leurs chevaux, emportaient leur butin dans le fond du désert. La négligence turque laissait leurs ravages presque toujours impunis, et ne luttait pas mieux contre les brigands du désert qu'elle ne savait lutter contre ses sables. Ces Arabes errans, divisés en tribus sur les deux côtés de la vallée, étaient au nombre de cent ou cent vingt mille, et fournissaient vingt ou vingt-cinq mille cavaliers, braves, mais bons pour harceler l'ennemi, jamais pour le combattre.

La troisième race enfin était celle des Turcs ; mais elle était aussi peu nombreuse que les Cophtes, c'est-à-dire qu'elle s'élevait à deux cent mille individus au plus. Elle se partageait en Turcs et Mameluks. Les Turcs, venus depuis la dernière conquête des sultans de Constantinople, étaient presque tous inscrits sur la liste des janissaires ; mais on sait qu'ils ne se font ordinairement inscrire sur ces listes que pour avoir les priviléges des janissaires, et qu'un très petit nombre sont réellement au service. Il n'y en avait que peu d'entre eux dans la milice du pacha. Ce pacha, envoyé de Constantinople, représentait le sultan en Égypte; mais à peine escorté de quelques janissaires, il avait vu s'évanouir son autorité par les précautions même que le sultan Sélim avait prises autrefois pour la conserver. Ce sultan, jugeant que par son éloignement l'Égypte pourrait échapper à la domination de Constantinople, qu'un pacha ambitieux et habile pourrait s'y créer un empire indépendant, avait imaginé un contre-poids, en instituant la milice des Mameluks. Mais comme on ne peut pas vaincre les conditions physiques qui rendent un pays dépendant ou indépendant d'un autre, au lieu du pacha, c'étaient les Mameluks qui s'étaient rendus indépendans de Constantinople et maîtres de l'Égypte. Les Mameluks étaient des esclaves achetés en Circassie. Choisis parmi les plus beaux enfans du Caucase, transportés jeunes en Égypte, élevés dans l'ignorance de leur origine, dans le goût et la pratique des armes, ils devenaient les plus braves et les plus agiles cavaliers de la terre. Ils tenaient à honneur d'être sans origine, d'avoir été achetés cher, et d'être beaux et vaillans. Ils avaient vingt-quatre beys, qui étaient leurs propriétaires et leurs chefs. Ces beys avaient chacun cinq ou six cents Mameluks. C'était un troupeau qu'ils avaient soin d'alimenter, et qu'ils transmettaient quelquefois à leur fils, et plus souvent à leur Mameluk favori, qui devenait bey à son tour. Chaque Mameluk était servi par deux fellahs. La milice entière se composait de douze mille cavaliers à peu près, servis par vingt-quatre mille ilotes. Ils étaient les véritables maîtres et tyrans du pays. Ils vivaient ou du produit des terres appartenant aux beys, ou du revenu des impôts établis sous toutes les formes. Les Cophtes, que nous avons déjà dits livrés aux plus ignobles fonctions, étaient leurs percepteurs, leurs espions, leurs agens d'affaires; car les abrutis se mettent toujours au service du plus fort. Les vingt-quatre beys, égaux de droit, ne l'étaient pas de fait. Ils se faisaient la guerre, et le plus fort, soumettant les autres, avait une souveraineté viagère. Il était tout à fait indépendant du pacha représentant le sultan de Constantinople, le souffrait tout au plus au Caire dans une sorte de nullité, et souvent lui refusait le *miri*, c'est-à-dire l'impôt foncier, qui, représentant le droit de la conquête, appartenait à la Porte.

L'Égypte était donc une véritable féodalité, comme celle de l'Europe dans le moyen âge; elle présentait à la fois un peuple conquis, une milice conquérante, en révolte contre son souverain ; enfin une ancienne classe abrutie, au service et aux gages du plus fort.

Deux beys supérieurs aux autres dominaient en ce moment l'Égypte. L'un, Ibrahim-Bey, riche, astucieux, puissant; l'autre, Mourad-Bey, intrépide, vaillant et plein d'ardeur. Ils étaient convenus d'une espèce de partage d'autorité, par lequel Ibrahim-Bey avait les attributions civiles, et Mourad-Bey les attributions militaires. Celui-ci était chargé des combats; il y excellait, et il avait l'affection des Mameluks, tous dévoués à sa personne.

Bonaparte, qui au génie de capitaine savait unir le tact et l'adresse du fondateur, et qui avait d'ailleurs administré assez de pays conquis pour s'en être fait un art particulier, jugea sur-le-champ la politique qu'il avait à suivre en Égypte. Il fallait d'abord arracher cette contrée à ses véritables maîtres, c'est-à-dire aux Mameluks. C'était cette classe qu'il fallait combattre et détruire par les armes et la politique. D'ailleurs on avait des raisons à faire valoir contre eux, car ils n'avaient cessé de maltraiter les Français. Quant à la Porte, il fallait paraître ne pas attaquer sa souveraineté, et affecter au contraire de la respecter. Telle qu'elle était devenue, cette souveraineté était peu importante. On pouvait traiter avec la Porte, soit pour la cession de l'Égypte, en lui faisant certains avantages ailleurs, soit pour un partage d'autorité qui n'aurait rien de fâcheux; car en laissant le Pacha au Caire, comme il y avait été jusqu'ici, et en héritant de la puissance des Mameluks, on n'avait pas grand'chose à regretter. Quant aux habitans, il fallait, pour se les attacher, gagner la véritable population, c'est-à-dire celle des Arabes. En respectant les scheiks, en caressant leur vieil orgueil, en augmentant leur pouvoir, en flattant un désir secret qu'on trouvait en eux, comme on l'avait trouvé en Italie, comme on le trouve partout, celui du rétablissement de l'antique patrie, de la patrie arabe, on était assuré de dominer le pays et de se l'attacher entièrement. Bien plus, en ménageant les propriétés et les personnes, chez un peuple qui était habitué à regarder la conquête comme donnant droit de meurtre, de pillage et de dévastation, on allait causer une surprise des plus avantageuses à l'armée française; et si, en outre, on respectait les femmes et le prophète, la conquête des cœurs était aussi assurée que celle du sol.

Bonaparte se conduisit d'après ces erremens aussi justes que profonds. Doué d'une imagination tout orientale, il lui était facile de prendre le style solennel et imposant qui convenait à la race arabe. Il fit des proclamations qui étaient traduites en arabe et répandues dans le pays. Il écrivit au pacha : « La république française s'est décidée à

« envoyer une puissante armée pour mettre fin
« aux brigandages des beys d'Égypte, ainsi qu'elle
« a été obligée de le faire plusieurs fois dans ce
« siècle contre les beys de Tunis et d'Alger. Toi,
« qui devrais être le maître des beys, et que ce-
« pendant ils tiennent au Caire sans autorité et sans
« pouvoir, tu dois voir mon arrivée avec plaisir.
« Tu es sans doute déjà instruit que je ne viens
« point pour rien faire contre l'alcoran ni le sul-
« tan. Tu sais que la nation française est la seule
« et unique alliée que le sultan ait en Europe. Viens
« donc à ma rencontre, et maudis avec moi la race
« impie des beys. » S'adressant aux Égyptiens,
Bonaparte leur adressait ces paroles : » Peuples
« d'Égypte, on vous dira que je viens pour détruire
« votre religion. Ne le croyez pas; répondez que
« je viens vous restituer vos droits, punir les usur-
« pateurs, et que je respecte plus que les Mame-
« luks Dieu, son prophète et le Koran. » Parlant
de la tyrannie des Mameluks, il disait : « Y a-t-il
« une belle terre? elle appartient aux Mameluks.
« Y a-t-il une belle esclave, un beau cheval, une
« belle maison? cela appartient aux Mameluks. Si
« l'Égypte est leur ferme, qu'ils montrent le bail
« que Dieu leur en a fait. Mais Dieu est juste et
« miséricordieux pour le peuple, et il a ordonné
« que l'empire des Mameluks finît. » Parlant des sentimens des Français, il ajoutait : « Nous aussi, nous

« sommes de vrais musulmans. N'est-ce pas nous
« qui avons détruit le pape, qui disait qu'il fallait
« faire la guerre aux musulmans? N'est-ce pas
« nous qui avons détruit les chevaliers de Malte,
« parce que ces insensés croyaient que Dieu voulait
« qu'ils fissent la guerre aux musulmans? Trois
« fois heureux ceux qui seront avec nous! Ils
« prospéreront dans leur fortune et leur rang.
« Heureux ceux qui seront neutres! Ils auront le
« temps de nous connaître, et ils se rangeront avec
« nous. Mais malheur, trois fois malheur à ceux
« qui s'armeront pour les Mameluks et combat-
« tront contre nous! Il n'y aura pas d'espérance
« pour eux; ils périront. »

Bonaparte dit à ses soldats : « Vous allez entre-
« prendre une conquête dont les effets sur la civi-
« lisation et le commerce du monde sont incalcu-
« lables. Vous porterez à l'Angleterre le coup le
« plus sûr et le plus sensible, en attendant que
« vous puissiez lui donner le coup de mort.

« Les peuples avec lesquels nous allons vivre
« sont mahométans; leur premier article de foi est
« celui-ci : *Il n'y a pas d'autre Dieu que Dieu, et
« Mahomet est son prophète.* Ne les contredisez
« pas; agissez avec eux comme nous avons agi avec
« les Juifs, avec les Italiens. Ayez des égards pour
« leurs muphtis et leurs imans, comme vous en
« avez eu pour les rabbins et pour les évêques.

« Ayez pour les cérémonies que prescrit le Koran,
« pour les mosquées, la même tolérance que vous
« avez eue pour les couvens, pour les synagogues,
« pour la religion de Moïse et celle de Jésus-Christ.
« Les légions romaines protégeaient toutes les re-
« ligions. Vous trouverez ici des usages différens
« de ceux de l'Europe, il faut vous y accoutumer.
« Les peuples chez lesquels nous allons entrer
« traitent les femmes autrement que nous. Sou-
« venez-vous que dans tous les pays, celui qui
« viole est un lâche.

« La première ville que nous rencontrerons a été
« bâtie par Alexandre. Nous trouverons à chaque
« pas de grands souvenirs, dignes d'exciter l'ému-
« lation des Français. »

Sur-le-champ Bonaparte fit ses dispositions pour
établir l'autorité française à Alexandrie, pour
quitter ensuite le Delta et s'emparer du Caire, capitale de toute l'Égypte. On était en juillet, le Nil
allait inonder les campagnes. Il voulait arriver au
Caire avant l'inondation, et employer le temps
qu'elle durerait, à faire son établissement. Il ordonna que tout demeurât dans le même état à
Alexandrie, que les exercices religieux continuas-
sent, que la justice fût rendue comme avant par
les cadis. Il voulut succéder seulement aux droits
des Mameluks, et établir un commissaire pour
percevoir les impôts accoutumés. Il fit former un

divan, ou conseil municipal, composé des scheiks et des notables d'Alexandrie, afin de les consulter sur toutes les mesures que l'autorité française aurait à prendre. Il laissa trois mille hommes en garnison à Alexandrie, et en donna le commandement à Kléber, que sa blessure devait, pour un mois ou deux, condamner à l'inaction. Il chargea un jeune officier du plus rare mérite, et qui promettait un grand ingénieur à la France, de mettre Alexandrie en état de défense et d'y faire pour cela les travaux nécessaires. C'était le colonel Crétin, qui, à peu de frais et en peu de temps, exécuta à Alexandrie des travaux superbes. Bonaparte donna ensuite des ordres pour mettre la flotte à l'abri. C'était une question de savoir si les gros vaisseaux pourraient entrer dans le port d'Alexandrie. Une commission de marins fut chargée de sonder le port, et de faire un rapport. En attendant, la flotte fut mise à l'ancre dans la rade d'Aboukir. Bonaparte ordonna à Brueys de faire promptement décider la question, et de se rendre à Corfou, s'il était reconnu que les vaisseaux ne pouvaient pas entrer dans Alexandrie.

Après avoir vaqué à ces soins, il fit ses dispositions pour se mettre en marche. Une flottille considérable chargée de vivres, d'artillerie, de munitions et de bagages, dut longer la côte jusqu'à l'embouchure de Rosette, entrer dans le Nil, et le remonter en même temps que l'armée française. Il se mit ensuite en marche avec le gros de l'armée, qui, privée des deux garnisons laissées à Malte et Alexandrie, était forte de trente mille hommes à peu près. Il avait ordonné à sa flottille de se rendre à la hauteur de Ramanieh, sur les bords du Nil. Là il se proposait de la joindre et de remonter le Nil parallèlement avec elle, afin de sortir du Delta et d'arriver dans la Moyenne-Égypte, ou Bahireh. Pour aller d'Alexandrie à *Ramanieh*, il y avait deux routes, l'une à travers les pays habités, le long de la mer et du Nil, l'autre plus courte et à vol d'oiseau, mais à travers le désert de *Damanhour*. Bonaparte n'hésita pas, et prit la plus courte. Il lui importait d'arriver promptement au Caire. Desaix marchait avec l'avant-garde; le corps de bataille suivait à quelques lieues de distance. On s'ébranla le 18 messidor (6 juillet). Quand les soldats se virent engagés dans cette plaine sans bornes, avec un sable mouvant sous les pieds, un ciel brûlant sur la tête, point d'eau, point d'ombre, n'ayant pour reposer leurs yeux que de rares bouquets de palmiers, ne voyant d'êtres vivans que de légères troupes de cavaliers arabes, qui paraissaient et disparaissaient à l'horizon, et quelquefois se cachaient derrière des dunes de sable pour égorger les traînards, ils furent remplis de tristesse. Déjà le goût du repos leur était venu, après les longues et opiniâtres campagnes d'Italie. Ils avaient suivi leur général dans une contrée lointaine, parce que leur foi en lui était aveugle, parce qu'on leur avait annoncé une terre promise, de laquelle ils reviendraient assez riches pour acheter chacun un champ de six arpens. Mais quand ils virent ce désert, le mécontentement s'en mêla, et alla même jusqu'au désespoir. Ils trouvaient tous les puits, qui de distance en distance jalonnent la route du désert, détruits par les Arabes. A peine y restait-il quelques gouttes d'une eau saumâtre, et très insuffisante pour étancher leur soif. On leur avait annoncé qu'ils trouveraient à Damanhour des soulagemens; ils n'y rencontrèrent que de misérables huttes, et ne purent s'y procurer ni pain ni vin, mais seulement des lentilles en assez grande abondance et un peu d'eau. Il fallut s'enfoncer de nouveau dans le désert. Bonaparte vit les braves Lannes et Murat eux-mêmes saisir leurs chapeaux, les jeter sur le sable, les fouler aux pieds. Cependant il imposait à tous; sa présence commandait le silence, et faisait quelquefois renaître la gaieté. Les soldats ne voulaient pas lui imputer leurs maux; ils s'en prenaient à ceux qui trouvaient un grand plaisir à observer le pays. Voyant les savans s'arrêter pour examiner les moindres ruines, ils disaient que c'était pour eux qu'on était venu, et s'en vengeaient par de bons mots à leur façon.

Caffarelli surtout, brave comme un grenadier, curieux comme un érudit, passait à leurs yeux pour l'homme qui avait trompé le général, et qui l'avait entraîné dans ce pays lointain. Comme il avait perdu une jambe sur le Rhin, ils disaient : *Il se moque de ça lui, il a un pied en France.* Cependant, après de cruelles souffrances, supportées d'abord avec humeur, puis avec gaieté et courage, on arriva sur les bords du Nil le 22 messidor (10 juillet), après une marche de quatre jours. A la vue du Nil et de cette eau si désirée, les soldats s'y précipitèrent, et en se baignant dans ses flots oublièrent toutes leurs fatigues. La division Desaix, qui de l'avant-garde était passée à l'arrière-garde, vit galoper devant elle deux ou trois centaines de Mameluks, qu'elle dispersa avec quelques volées de mitraille. C'étaient les premiers qu'on eût vus. Ils annonçaient la prochaine rencontre de l'armée ennemie. Le brave Mourad-Bey, en effet, ayant été averti, réunissait toutes ses forces autour du Caire. En attendant leur réunion, il voltigeait avec un millier de chevaux autour de notre armée, afin d'observer sa marche.

L'armée attendit à Ramanieh l'arrivée de la flottille; elle se reposa jusqu'au 25 messidor (13 juillet), et en partit le même jour pour Chébreïss. Mourad-Bey nous y attendait avec ses mameluks. La flottille, qui était partie la première, et qui avait devancé l'armée, se trouva engagée avant de pouvoir être soutenue. Mourad-Bey en avait une aussi, et du rivage il joignait son feu à celui de ses *djermes* (vaisseaux légers égyptiens). La flottille française eut à soutenir un combat des plus rudes. L'officier de marine Perrée, qui la commandait, déploya un rare courage ; il fut soutenu par les cavaliers qui étaient arrivés démontés en Égypte, et qui, en attendant de s'équiper aux dépens des Mameluks, étaient transportés par eau. On prit deux chaloupes canonnières à l'ennemi, et on le repoussa. L'armée arriva dans cet instant ; elle se composait de cinq divisions. Elle n'avait pas encore combattu contre ces singuliers ennemis. A la rapidité, au choc des chevaux, aux coups de sabre, il fallait opposer l'immobilité du fantassin, sa longue baïonnette, et des masses faisant front de tous côtés. Bonaparte forma ses cinq divisions en cinq carrés, au milieu desquels on plaça les bagages et l'état-major. L'artillerie était aux angles. Les cinq divisions se flanquaient les unes les autres. Mourad-Bey lança sur ces citadelles vivantes mille ou douze cents cavaliers intrépides, qui, se précipitant à grands cris et de tout le galop de leurs chevaux, déchargeant leurs pistolets, puis tirant leurs redoutables sabres, vinrent se jeter sur le front des carrés. Trouvant partout une haie de baïonnettes et un feu terrible, ils flottaient autour des rangs français, tombaient devant eux, ou s'échappaient dans la plaine de toute la vitesse de leurs chevaux. Mourad, après avoir perdu deux ou trois cents de ses plus braves cavaliers, se retira pour gagner le sommet du Delta, et aller nous attendre à la hauteur du Caire, à la tête de toutes ses forces.

Ce combat suffit pour familiariser l'armée avec ce nouveau genre d'ennemis, et pour suggérer à Bonaparte la tactique qu'il fallait employer avec eux. On s'achemina sur le Caire. La flottille se tenait sur le Nil à la hauteur de l'armée. On marcha sans relâche pendant les jours suivans. Les soldats eurent de nouvelles souffrances à essuyer, mais ils longeaient le Nil, et pouvaient s'y baigner tous les soirs. La vue de l'ennemi leur avait rendu leur ardeur. « Ces soldats, déjà un peu dégoûtés des fatigues, comme il arrive toujours quand on a assez de gloire, je les trouvais, dit Bonaparte, toujours admirables au feu. » Pendant les marches l'humeur revenait souvent, et après l'humeur les plaisanteries. Les savans commençaient à inspirer beaucoup de respect par le courage qu'on leur voyait déployer : Monge et Bertholet, sur la flottille, avaient montré à Chébreïss un courage héroïque. Les soldats, tout en faisant des plaisanteries, étaient pleins d'égards pour eux. Ne voyant pas paraître cette capitale du Caire, si vantée comme une des merveilles de l'Orient, ils disaient qu'elle n'existait pas, ou bien que ce serait comme à Damanhour, une réunion de huttes. Ils disaient encore qu'on avait trompé ce pauvre général, qu'il s'était laissé déporter comme *un bon enfant*, lui et ses compagnons de gloire. Le soir, quand on s'était reposé, les soldats qui avaient lu ou entendu débiter les contes des Mille et une Nuits, les répétaient à leurs camarades, et on se promettait des palais magnifiques et resplendissans d'or. En attendant, on était toujours privé de pain, non que le blé manquât, on en trouvait partout au contraire; mais on n'avait ni moulin, ni four. On mangeait des lentilles, des pigeons, et un melon d'eau exquis, connu dans les pays méridionaux sous le nom de *pastèque*. Les soldats l'appelaient *sainte pastèque*.

On approchait du Caire, et là devait se livrer la bataille décisive. Mourad-Bey y avait réuni la plus grande partie de ses Mameluks, dix mille à peu près. Ils étaient suivis par un nombre double de fellahs, auxquels on donnait des armes, et qu'on obligeait de se battre derrière les retranchemens. Il avait rassemblé aussi quelques mille janissaires, ou spahis, dépendans du pacha, qui, malgré la lettre de Bonaparte, s'était laissé entraîner dans le parti de ses oppresseurs. Mourad-Bey avait fait des préparatifs de défense sur les bords du Nil. La grande capitale du Caire se trouve sur la rive droite du fleuve. C'était sur la rive opposée, c'est-à-dire sur la gauche, que Mourad-Bey avait placé son camp, dans une longue plaine qui s'étendait entre le Nil et les pyramides de Giseh, les plus hautes de l'Égypte. Voici quelles étaient ses dispositions. Un gros village, appelé Embabeh, était adossé au fleuve. Mourad-Bey y avait ordonné quelques travaux, conçus et exécutés avec l'ignorance turque. C'était un simple boyau qui environnait l'enceinte du village, et des batteries immobiles, dont les pièces n'étant pas sur affût de campagne ne pouvaient être déplacées. Tel était le camp retranché de Mourad. Il y avait placé ses vingt-quatre mille fellahs et janissaires, pour s'y battre avec l'opiniâtreté accoutumée des Turcs derrière les murailles. Ce village, retranché et appuyé au fleuve, formait sa droite. Ses Mameluks, au nombre de dix mille cavaliers, s'étendaient dans la plaine entre le fleuve et les pyramides. Quelques mille cavaliers arabes, qui n'étaient les auxiliaires des Mameluks que pour piller et massacrer dans le cas d'une victoire, remplissaient l'espace entre les pyramides et les Mameluks. Le collègue de Mourad-Bey, Ibrahim, moins belliqueux et moins brave que lui, se tenait de l'autre côté du Nil, avec un millier de Mameluks, avec ses femmes, ses esclaves et ses richesses, prêt à sortir du Caire, et à se réfugier en Syrie, si les Français étaient victorieux. Un nombre considérable de djermes couvraient le Nil, et portaient toutes les richesses des Mameluks. Tel était l'ordre dans lequel les deux beys attendaient Bonaparte.

Le 3 thermidor (21 juillet), l'armée française se mit en marche avant le jour. Elle savait qu'elle allait apercevoir le Caire et rencontrer l'ennemi. A la pointe du jour, elle découvrit enfin à sa gauche, au-delà du fleuve, les hauts minarets de cette grande capitale, et à sa droite, dans le désert, les gigantesques pyramides dorées par le soleil. A la vue de ces monumens, elle s'arrêta comme saisie de curiosité et d'admiration. Le visage de Bonaparte était rayonnant d'enthousiasme; il se mit à galoper devant les rangs des soldats, et leur montrant les pyramides : *Songez*, s'écriait-il, *songez que du haut de ces pyramides quarante siècles vous contemplent.* On s'avança d'un pas rapide. On voyait, en s'approchant, s'élever les minarets du Caire, on voyait grandir les pyramides, on voyait fourmiller la multitude qui gardait Embaheh, on voyait étinceler les armes de ces dix mille cavaliers, brillans d'or et d'acier, et formant une ligne immense. Bonaparte fit aussitôt ses dispositions. L'armée, comme à Chébreïss, était partagée en cinq divisions. Les divisions Desaix et Régnier formaient la droite, vers le désert; la division Dugua formait le centre, les divisions Menou et Bon formaient la gauche, le long du Nil. Bonaparte, qui, depuis le combat de Chébreïss, avait jugé le terrain et l'ennemi, fit ses dispositions en conséquence. Chaque division formait un carré; chaque carré était sur six rangs. Derrière étaient les compagnies de grenadiers en pelotons, prêtes à renforcer les points d'attaque. L'artillerie était aux angles; les bagages et les généraux au centre. Ces carrés étaient mouvans. Quand ils étaient en marche, deux côtés marchaient sur le flanc. Quand ils étaient chargés, ils devaient s'arrêter pour faire front sur toutes les faces. Puis quand ils voulaient enlever une position, les premiers rangs devaient se détacher, pour former des colonnes d'attaque, et les autres devaient rester en arrière, formant toujours le carré, mais sur trois hommes de profondeur seulement, et prêts à recueillir les colonnes d'attaque. Telles étaient les dispositions ordonnées par Bonaparte. Il craignait que ses impétueux soldats d'Italie, habitués à marcher au pas de charge, eussent de la peine à se résigner à cette froide et impassible immobilité des murailles. Il avait eu soin de les y préparer. Ordre était donné surtout de ne pas se hâter de tirer, d'attendre froidement l'ennemi, et de ne faire feu qu'à bout pourtant.

On s'avança presque à la portée du canon. Bonaparte, qui était dans le carré du centre, formé par la division Dugua, s'assura, avec une lunette, de l'état du camp d'Embabeh. Il vit que l'artillerie du camp, n'étant pas sur affût de campagne, ne pourrait pas se porter dans la plaine, et que l'ennemi ne sortirait pas des retranchemens. C'est sur cette prévision qu'il basa ses mouvemens. Il résolut d'appuyer avec ses divisions sur la droite, c'est-à-dire sur le corps des Mameluks, en circulant hors de la portée du canon d'Embabeh. Son intention était de séparer les Mameluks du camp retranché, de les envelopper, de les pousser dans le Nil, et de n'attaquer Embabeh qu'après s'être défait d'eux. Il ne devait pas lui être difficile de venir à bout de la multitude qui fourmillait dans ce camp après avoir détruit les Mameluks.

Sur-le-champ il donna le signal. Desaix, qui formait l'extrême droite, se mit le premier en marche. Après lui venait le carré de Régnier, puis celui de Dugua, où était Bonaparte. Les deux autres circulaient autour d'Embabeh, hors de la portée du canon. Mourad-Bey qui, quoique sans instruction, était doué d'un grand caractère et d'un coup d'œil pénétrant, devina sur-le-champ l'intention de son adversaire, et résolut de charger pendant ce mouvement décisif. Il laissa deux mille Mameluks pour appuyer Embabeh, puis se précipita avec le reste sur les deux carrés de droite. Celui de Desaix, engagé dans les palmiers, n'était pas encore formé, lorsque les premiers cavaliers l'abordèrent. Mais il se forma sur-le-champ, et fut prêt à recevoir la charge. C'est une masse énorme que celle de huit mille cavaliers galopant à la fois dans une plaine. Ils se précipitèrent avec une impétuosité extraordinaire sur la division Desaix. Nos braves soldats, devenus aussi froids qu'ils avaient été fougueux jadis, les attendirent avec calme, et les reçurent, à bout portant, avec un feu terrible de mousqueterie et de mitraille. Arrêtés par le feu, ces innombrables cavaliers flottaient le long des rangs, et galopaient autour de la citadelle enflammée. Quelques-uns des plus braves se précipitèrent sur les baïonnettes, puis, retournant leurs chevaux et les renversant sur nos fantassins, parvinrent à faire brèche, et trente ou quarante vinrent expirer aux pieds de Desaix, au centre même du carré. La masse, tournant bride, se rejeta du carré de Desaix sur celui de Régnier qui venait après. Accueillie par le même feu, elle revint vers le point d'où elle était partie; mais elle trouva sur ses derrières la division Dugua que Bonaparte avait portée vers le Nil, et fut jetée dans une déroute complète. Alors la fuite se fit en désordre. Une partie des fuyards s'échappa vers notre droite, du côté des pyramides; une autre, passant sous le feu de Dugua, alla se jeter dans Embabeh, où elle porta la confusion.

Dès cet instant le trouble commença à se mettre dans le camp retranché. Bonaparte s'en apercevant, ordonna à ses deux divisions de gauche de s'approcher d'Embabeh, pour s'en emparer. Bon et Menou s'avancèrent sur le feu des retranchemens, et arrivés à une certaine distance, firent halte. Les carrés se dédoublèrent; les premiers rangs se formèrent en colonnes d'attaque, tandis que les autres restèrent en carré, figurant toujours de véritables citadelles. Mais au même instant les Mameluks, tant ceux que Mourad avait laissés à Embabeh, que ceux qui s'y étaient réfugiés, voulurent nous prévenir. Ils fondirent sur nos colonnes d'attaque, tandis qu'elles étaient en marche. Mais celles-ci s'arrêtant sur-le-champ, et se formant en carré avec une merveilleuse rapidité, les reçurent avec fermeté, et en abattirent un grand nombre. Les uns se rejetèrent dans Embabeh, où le désordre devint extrême; les autres, fuyant dans la plaine, entre le Nil et notre droite, furent fusillés ou poussés dans le fleuve. Les colonnes d'attaque abordèrent vivement Embabeh, s'en emparèrent, et jetèrent dans le Nil la multitude des fellahs et des janissaires. Beaucoup se noyèrent; mais comme les Égyptiens sont excellens nageurs, le plus grand nombre d'entre eux parvint à se sauver. La journée était finie. Les Arabes qui, étaient près des pyramides et qui attendaient la victoire, s'enfoncèrent dans le désert.

Mourad, avec les débris de sa cavalerie, et le visage tout sanglant, se retira vers la Haute-Égypte. Ibrahim, qui de l'autre rive contemplait ce désastre, s'enfonça vers Belbeys, pour se retirer en Syrie. Les Mameluks mirent aussitôt le feu aux djermes qui portaient leurs richesses. Cette proie nous échappa, et nos soldats virent pendant toute la nuit des flammes dévorer un riche butin.

Bonaparte plaça son quartier-général à Giseh, sur les bords du Nil, où Mourad-Bey avait une superbe habitation. On trouva, soit à Giseh, soit à Embabeh, des provisions considérables, et nos soldats purent se dédommager de leurs longues privations. Ils trouvèrent des vignes couvertes de magnifiques raisins dans les jardins de Giseh, et les eurent bientôt vendangées. Mais ils firent sur le champ de bataille un butin d'une autre espèce, c'étaient des schalls magnifiques, de belles armes, des chevaux, et des bourses qui renfermaient jusqu'à deux ou trois cents pièces d'or ; car les Mameluks portaient toutes leurs richesses avec eux. Ils passèrent la soirée, la nuit et le lendemain à recueillir des dépouilles. Cinq à six cents Mameluks avaient été tués. Plus de mille étaient noyés dans le Nil. Les soldats se mirent à les pêcher pour les dépouiller, et employèrent plusieurs jours encore à ce genre de recherche.

La bataille nous avait à peine coûté une centaine de morts ou blessés ; car si la défaite est terrible pour des carrés enfoncés, la perte est nulle pour des carrés victorieux. Les Mameluks avaient perdu leurs meilleurs cavaliers par le feu ou par les flots. Leurs forces étaient dispersées, et la possession du Caire nous était assurée. Cette capitale était dans un désordre extraordinaire. Elle renferme plus de trois cent mille habitans, et elle est remplie d'une populace féroce et abrutie, qui se livrait à tous les excès, et voulait profiter du tumulte pour piller les riches palais des beys. Malheureusement la flottille française n'avait pas encore remonté le Nil, et nous n'avions pas le moyen de le traverser pour aller prendre possession du Caire. Quelques négocians français qui s'y trouvaient furent envoyés à Bonaparte par les scheiks, pour convenir de l'occupation de la ville. Il se procura quelques djermes pour envoyer un détachement qui rétablît la tranquillité et mît les personnes et les propriétés à l'abri des fureurs de la populace. Il entra le surlendemain dans le Caire, et alla prendre possession du palais de Mourad-Bey.

A peine fut-il établi au Caire, qu'il se hâta d'employer la politique qu'il avait déjà suivie à Alexandrie, et qui devait lui attacher le pays. Il visita les principaux scheiks, les flatta, leur fit espérer le rétablissement de la domination arabe, leur promit la conservation de leur culte et de leurs coutumes, et réussit complètement à les gagner par un mélange de caresses adroites et de paroles imposantes, empreintes d'une grandeur orientale. L'essentiel était d'obtenir des scheiks de la mosquée de Jemil-Azar une déclaration en faveur des Français. C'était comme un bref du pape chez les chrétiens. Bonaparte y déploya tout ce qu'il avait d'adresse, et il y réussit complètement. Les grands scheiks firent la déclaration désirée, et engagèrent les Égyptiens à se soumettre à l'envoyé de Dieu, qui respectait le prophète, et qui venait venger ses enfans de la tyrannie des Mameluks. Bonaparte établit au Caire un divan, comme il avait fait à Alexandrie, composé des principaux scheiks et des plus notables habitans. Ce divan ou conseil municipal devait lui servir à gagner l'esprit des Égyptiens, en les consultant, et à s'instruire par eux de tous les détails de l'administration intérieure. Il fut convenu que dans toutes les provinces il en serait établi de pareils, et que ces divans particuliers enverraient des députés au divan du Caire, qui serait ainsi le grand divan national.

Bonaparte résolut de laisser exercer la justice par les cadis. Dans son projet de succéder aux droits des Mameluks, il saisit leurs propriétés, et fit continuer au profit de l'armée française la perception des droits précédemment établis. Pour cela il fallait avoir les Cophtes à sa disposition. Il ne négligea rien pour se les attacher, en leur faisant espérer une amélioration dans leur sort. Il fit partir des généraux avec des détachemens, pour redescendre le Nil, et aller achever l'occupation du Delta, qu'on n'avait fait que traverser. Il en envoya vers le Nil supérieur pour prendre possession de l'Égypte-Moyenne. Desaix fut placé avec sa division à l'entrée de la Haute-Égypte, dont il devait faire la conquête sur Mourad-Bey, dès que les eaux du Nil baisseraient avec l'automne. Chacun des généraux, muni d'instructions détaillées, devait répéter dans tout le pays ce qui avait été fait à Alexandrie et au Caire. Ils devaient s'entourer des scheiks, capter les Cophtes, et établir la perception des impôts pour fournir aux besoins de l'armée.

Bonaparte s'occupa ensuite du bien-être et de la santé des soldats. L'Égypte commençait à leur plaire : ils y trouvaient le repos, l'abondance, un climat sain et pur. Ils s'habituaient aux mœurs singulières du pays, et en faisaient un sujet continuel de plaisanteries. Mais, devinant l'intention du général avec leur sagacité accoutumée, ils jouaient aussi le respect pour le prophète, et riaient avec lui du rôle que la politique les obligeait à jouer. Bonaparte fit construire des fours pour qu'ils eussent du pain. Il les logea dans les bonnes habitations des Mameluks, et leur recommanda surtout de respecter les femmes. Ils avaient trouvé en Égypte des ânes superbes et en grand nombre. C'était un grand plaisir pour eux de se faire porter dans les environs et de galoper sur ces animaux à travers les campagnes. Leur vivacité causa quelques accidens aux graves habitans du Caire. Il fallut défendre de traverser les rues trop vite. La cavalerie était montée sur les plus beaux chevaux du monde, c'est-à-dire sur les chevaux arabes enlevés aux Mameluks.

Bonaparte s'occupa aussi de maintenir les relations avec les contrées voisines, afin de conserver et de s'approprier le riche commerce de l'Égypte. Il nomma lui-même l'émir-haggi. C'est un officier choisi annuellement au Caire, pour protéger la grande caravane de la Mecque. Il écrivit à tous les consuls français sur la côte de Barbarie, pour avertir les deys que l'émir-haggi était nommé, et que les caravanes pouvaient partir. Il fit écrire par les scheiks au shérif de la Mecque, que les pèlerins seraient protégés, et que les caravanes trouveraient sûreté et protection. Le pacha du Caire avait suivi Ibrahim-Bey à Belbeys. Bonaparte lui écrivit, ainsi qu'aux divers pachas de Saint-Jean-d'Acre et de Damas, pour les assurer des bonnes dispositions des Français envers la Sublime-Porte. Ces dernières précautions étaient malheureusement inutiles, et les officiers de la Porte se persuadaient difficilement que les Français, qui venaient envahir une des plus riches provinces de leur souverain, fussent réellement ses amis.

Les Arabes étaient frappés du caractère du jeune conquérant. Ils ne comprenaient pas qu'un mortel qui lançait la foudre fût aussi clément. Ils l'appelaient le digne enfant du prophète, le favori du grand *Allah;* ils avaient chanté dans la grande mosquée la litanie suivante :

« Le grand *Allah* n'est plus irrité contre nous !
« Il a oublié nos fautes, assez punies par la longue
« oppression des Mameluks! Chantons les miséri-
« cordes du grand *Allah!*

« Quel est celui qui a sauvé des dangers de la
« mer et de la fureur de ses ennemis *le Favori de*
« *la victoire?* Quel est celui qui a conduit sains et
« saufs sur les rives du Nil *les braves de l'Occident?*

« C'est le grand *Allah,* le grand *Allah,* qui n'est
« plus irrité contre nous. Chantons les miséri-
« cordes du grand *Allah!*

« Les beys mameluks avaient mis leur confiance
« dans leurs chevaux; les beys mameluks avaient
« rangé leur infanterie en bataille.

« Mais *le Favori de la victoire,* à la tête *des*
« *braves de l'Occident,* a détruit l'infanterie et les
« chevaux des Mameluks.

« De même que les vapeurs qui s'élèvent le matin

« du Nil sont dissipées par les rayons du soleil,
« de même l'armée des Mameluks a été dissipée
« par *les braves de l'Occident*, parce que le grand
« *Allah* est actuellement irrité contre les Mame-
« luks, parce que *les braves de l'Occident* sont la
« prunelle droite du grand *Allah*. »

Bonaparte voulut, pour entrer davantage dans les mœurs des Arabes, prendre part à leurs fêtes. Il assista à celle du Nil qui est une des plus grandes d'Égypte. Ce fleuve est le bienfaiteur de la contrée: aussi est-il en grande vénération chez les habitans, et il est l'objet d'une espèce de culte. Pendant l'inondation, il s'introduit au Caire par un grand canal; une digue lui interdit l'entrée de ce canal, jusqu'à ce qu'il soit parvenu à une certaine hauteur; alors on la coupe; et le jour destiné à cette opération est un jour de réjouissance. On déclare la hauteur à laquelle le fleuve est parvenu, et quand on espère une grande inondation, la joie est générale, car c'est un présage d'abondance. C'est le 18 août (1er fructidor) que cette espèce de fête se célèbre. Bonaparte avait fait prendre les armes à toute l'armée, et l'avait rangée sur les bords du canal. Un peuple immense était accouru, et voyait avec joie *les braves de l'Occident* assister à ses réjouissances. Bonaparte, à la tête de son état-major, accompagnait les principales autorités du pays. D'abord un scheik déclara la hauteur à laquelle était parvenu le Nil : elle était de vingt-cinq pieds, ce qui causa une grande joie. On travailla ensuite à couper la digue. Toute l'artillerie française retentit à la fois au moment où les eaux du fleuve se précipitèrent. Suivant l'usage, une foule de barques s'élancèrent dans le canal pour obtenir le prix destiné à celle qui parviendrait à y entrer la première. Bonaparte donna le prix lui-même. Une foule d'hommes et d'enfans se plongeaient dans les eaux du Nil, attachant à ce bain des propriétés bienfaisantes. Des femmes y jetaient des cheveux et des pièces d'étoffes. Bonaparte fit ensuite illuminer la ville, et la journée s'acheva dans les festins. La fête du prophète ne fut pas célébrée avec moins de pompe; Bonaparte se rendit à la grande mosquée, s'assit sur des coussins, les jambes croisées comme les scheiks, dit avec eux les litanies du prophète, en balançant le haut de son corps et agitant sa tête. Il édifia tout le saint collége par sa piété. Il assista ensuite au repas donné par le grand scheik, élu dans la journée.

C'est par tous ces moyens que le jeune général, aussi profond politique que grand capitaine, parvenait à s'attacher l'esprit du pays. Tandis qu'il en flattait momentanément les préjugés, il travaillait à y répandre un jour la science, par la création du célèbre Institut d'Égypte. Il réunit les savans et les artistes qu'il avait amenés, et les associant à quelques-uns de ses officiers les plus instruits, il en composa cet Institut, auquel il consacra des revenus, et l'un des plus vastes palais du Caire. Les uns devaient s'occuper à faire une description exacte du pays, et en dresser la carte la plus détaillée ; les autres devaient en étudier les ruines, et fournir de nouvelles lumières à l'histoire ; les autres devaient en étudier les productions, faire les observations utiles à la physique, à l'astronomie, à l'histoire naturelle ; les autres enfin devaient s'occuper à rechercher les améliorations qu'on pourrait apporter à l'existence des habitans par des machines, des canaux, des travaux sur le Nil, des procédés adaptés à ce sol si singulier et si différent de l'Europe. Si la fortune devait nous enlever un jour cette belle contrée, du moins elle ne pouvait nous enlever les conquêtes que la science y allait faire ; un monument se préparait qui devait honorer le génie et la constance de nos savans, autant que l'expédition honorait l'héroïsme de nos soldats.

Monge fut le premier qui obtint la présidence. Bonaparte ne fut que le second. Il proposa les questions suivantes : rechercher la meilleure construction des moulins à eau et à vent ; remplacer le houblon qui manque en Égypte, dans la fabrication de la bière ; déterminer les lieux propres à la culture de la vigne ; chercher le meilleur moyen pour procurer de l'eau à la citadelle du Caire ; creuser des puits dans les différens endroits du désert ; chercher le moyen de clarifier et de rafraîchir l'eau du Nil ; imaginer une manière d'utiliser les décombres dont la ville du Caire était embarrassée, ainsi que toutes les anciennes villes d'Égypte ; chercher les matières nécessaires pour la fabrication de la poudre en Égypte. On peut juger par ces questions de la tournure d'esprit du général. Sur-le-champ les ingénieurs, les dessinateurs, les savans, se répandirent dans toutes les provinces pour commencer la description et la carte du pays. Tels étaient les soins de cette colonie naissante et la manière dont le fondateur en dirigeait les travaux.

La conquête des provinces de la Basse et Moyenne-Égypte s'était faite sans peine, et n'avait coûté que quelques escarmouches avec les Arabes. Il avait suffi d'une marche forcée sur Belbeys pour rejeter Ibrahim-Bey en Syrie. Desaix attendait l'automne pour enlever la Haute-Égypte à Mourad-Bey, qui s'y était retiré avec les débris de son armée.

Mais, pendant ce temps, la fortune venait d'infliger à Bonaparte le plus redoutable de tous les revers. En quittant Alexandrie, il avait fortement recommandé à l'amiral Brueys de mettre son escadre à l'abri des Anglais, soit en la faisant entrer dans Alexandrie, soit en la dirigeant sur Corfou ; mais surtout de ne pas rester dans la rade d'Aboukir, car il valait mieux rencontrer l'ennemi à la voile, que de le recevoir à l'ancre. Une vive discussion s'était élevée sur la question de savoir si on pouvait faire entrer dans le port d'Alexandrie les vaisseaux de 80 et de 120 canons. Il n'y avait pas de doute pour les autres; mais pour les deux de 80 et pour celui de 120, il fallait un allégement qui leur fît gagner trois pieds d'eau. Pour cela il était nécessaire de les désarmer ou de construire des demi-chameaux. L'amiral Brueys ne voulut pas faire entrer son escadre dans le port à cette condition. Il pensait qu'obligé à de pareilles précautions pour ses trois vaisseaux les plus forts, il ne pourrait jamais sortir du port en présence de l'ennemi, et qu'il pourrait ainsi être bloqué par une escadre très-inférieure en force; il se décida à partir pour Corfou. Mais étant fort attaché au général Bonaparte, il ne voulait pas mettre à la voile sans avoir des nouvelles de son entrée au Caire et de son établissement en Égypte. Le temps qu'il employa, soit à faire sonder les passes d'Alexandrie, soit à attendre des nouvelles du Caire, le perdit, et amena un des plus funestes événemens de la révolution et l'un de ceux qui, à cette époque, ont le plus influé sur les destinées du monde.

L'amiral Brueys s'était embossé dans la rade d'Aboukir. Cette rade est un demi-cercle très-régulier.

Nos treize vaisaeaux formaient une ligne demi-circulaire parallèle au rivage. L'amiral, pour assurer sa ligne d'embossage, l'avait appuyée d'un côté vers une petite île, nommée l'îlot d'Aboukir. Il ne supposait pas qu'un vaisseau pût passer entre cet îlot et sa ligne pour la prendre par derrière; et, dans cette croyance il s'était contenté d'y placer une batterie de douze, seulement pour empêcher l'ennemi d'y débarquer. Il se croyait tellement inattaquable de ce côté, qu'il y avait placé ses plus mauvais vaisseaux. Il craignait davantage pour l'autre extrémité de son demi-cercle. De ce côté, il croyait possible que l'ennemi passât entre le rivage et sa ligne d'embossage; aussi y avait-il mis ses vaisseaux les plus forts et les mieux commandés. De plus, il était rassuré par une circonstance importante, c'est que cette ligne étant au midi, et le vent venant du nord, l'ennemi qui voudrait attaquer par ce côté aurait le vent contraire, et ne s'exposerait pas sans doute à combattre avec un pareil désavantage.

Dans cette situation, protégé de sa gauche par un îlot, qu'il croyait suffisant pour fermer la rade, et vers sa droite par ses meilleurs vaisseaux et par le vent, il attendit en sécurité les nouvelles qui devaient décider son départ.

Nelson, après avoir parcouru l'Archipel, après être retourné dans l'Adriatique, à Naples, en Sicile, avait obtenu enfin la certitude du débarquement des Français à Alexandrie. Il prit aussitôt cette direction, afin de joindre leur escadre et de la combattre. Il envoya une frégate pour la chercher et reconnaître sa position. Cette frégate l'ayant trouvée dans la rade d'Aboukir, put observer tout à l'aise notre ligne d'embossage. Si l'amiral, qui avait dans le port d'Alexandrie une multitude de frégates et des vaisseaux légers, avait eu la précaution d'en garder quelques-uns à la voile, il aurait pu tenir les Anglais toujours éloignés, les empêcher d'observer sa ligne, et être averti de leur approche. Malheureusement il n'en fit rien. La frégate anglaise, après avoir achevé sa reconnaissance, retourna vers Nelson, qui, étant informé de tous les détails de notre position, manœuvra aussitôt vers Aboukir. Il y arriva le 14 thermidor (1er août), vers les six heures du soir. L'amiral Brueys était à dîner; il fit aussitôt donner le signal du combat. Mais on s'attendait si peu à recevoir l'ennemi, que le branle-bas n'était fait sur aucun vaisseau, et qu'une partie des équipages était à terre. L'amiral envoya des officiers pour faire rembarquer les matelots et pour réunir une partie de ceux qui étaient sur les convois. Il ne croyait pas que Nelson osât l'attaquer le soir même, et il croyait avoir le temps de recevoir les renforts qu'il venait de demander.

Nelson résolut d'attaquer sur-le-champ, et de

tenter une manœuvre audacieuse, de laquelle il espérait le succès de la bataille. Il voulait aborder notre ligne par la gauche, c'est-à-dire par l'îlot d'Aboukir, passer entre cet îlot et notre escadre, malgré les dangers des bas-fonds, et se placer ainsi entre le rivage et notre ligne d'embossage. Cette manœuvre était périlleuse, mais l'intrépide Anglais n'hésita pas. Le nombre des vaisseaux était égal des deux côtés, c'est-à-dire de treize vaisseaux de haut-bord. Nelson attaqua vers huit heures du soir. Sa manœuvre ne fut d'abord pas heureuse. *Le Culloden*, en voulant passer entre l'îlot d'Aboukir et notre ligne, échoua sur un bas-fonds. *Le Goliath*, qui le suivait, fut plus heureux, et passa; mais poussé par le vent, il dépassa notre premier vaisseau, et ne put s'arrêter qu'à la hauteur du troisième. Les vaisseaux anglais *le Zélé*, *l'Audacieux*, *le Thésée*, *l'Orion*, suivirent le mouvement, et réussirent à se placer entre notre ligne et le rivage. Ils s'avancèrent jusqu'au *Tonnant*, qui était le huitième, et engagèrent ainsi notre gauche et notre centre. Leurs autres vaisseaux s'avancèrent par le dehors de la ligne, et la mirent entre deux feux. Comme on ne s'attendait pas dans l'escadre française à être attaqué dans ce sens, les batteries du côté du rivage n'étaient pas encore dégagées, et nos deux premiers vaisseaux ne purent faire feu que d'un côté; aussi l'un fut-il désemparé, et l'autre démâté. Mais au centre où était *l'Orient*, vaisseau amiral, le feu fut terrible. *Le Bellérophon*, l'un des principaux vaisseaux de Nelson, fut dégréé, démâté, et obligé d'amener. D'autres vaisseaux anglais, horriblement maltraités, furent obligés de s'éloigner du champ de bataille. L'amiral Brueys n'avait reçu qu'une partie de ses matelots; cependant il se soutenait avec avantage; il espérait même, malgré le succès de la manœuvre de Nelson, remporter la victoire, si les ordres qu'il donnait en ce moment à sa droite étaient exécutés. Les Anglais n'avaient engagé le combat qu'avec la gauche et le centre; notre droite, composée de nos cinq meilleurs vaisseaux, n'avait aucun ennemi devant elle. L'amiral Brueys lui faisait signal de mettre à la voile, et de se rabattre extérieurement sur la ligne de bataille; cette manœuvre réussissant, les vaisseaux anglais qui nous attaquaient par le dehors, auraient été pris entre deux feux; mais les signaux ne furent pas aperçus. Dans un cas pareil, un lieutenant ne doit pas hésiter à courir au danger, et de voler au secours de son chef. Le contre-amiral Villeneuve, brave, mais irrésolu, demeura immobile, attendant toujours des ordres. Notre gauche et notre centre restèrent donc placés entre deux feux. Cependant l'amiral et ses capitaines faisaient des prodiges de bravoure, et soutenaient glorieusement l'honneur du pavillon. Nous avions perdu deux vaisseaux, les Anglais aussi en avaient perdu deux, dont l'un était échoué, et l'autre démâté; notre feu était supérieur. L'infortuné Brueys fut blessé, il ne voulut pas quitter le pont de son vaisseau : « Un amiral, dit-il, doit mourir en donnant des ordres. » Un boulet le tua sur son banc de quart. Vers onze heures, le feu prit au magnifique vaisseau *l'Orient*. Il sauta en l'air. Cette épouvantable explosion suspendit pour quelque temps cette lutte acharnée. Sans se laisser abattre, nos cinq vaisseaux engagés, *le Franklin, le Tonnant, le Peuple-Souverain, le Spartiate, l'Aquilon*, soutinrent le feu toute la nuit. Il était temps encore pour notre droite de lever l'ancre, et de venir à leur secours. Nelson tremblait que cette manœuvre ne fût exécutée; il était si maltraité qu'il n'aurait pu soutenir l'attaque. Cependant Villeneuve mit enfin à la voile, mais pour se retirer, et pour sauver son aile qu'il ne croyait pas pouvoir exposer avec avantage contre Nelson. Trois de ses vaisseaux se jetèrent à la côte; il se sauva avec les deux autres et deux frégates, et fit voile vers Malte. Le combat avait duré plus de quinze heures. Tous les équipages attaqués avaient fait des prodiges de valeur. Le brave capitaine *Du Petit-Thouars* avait deux membres emportés; il se fit apporter du tabac, resta sur son banc de quart, et, comme Brueys, attendit d'être emporté par un boulet de canon. Toute notre escadre, excepté les vaisseaux et les deux frégates emmenés par Villeneuve, fut détruite. Nelson était si maltraité qu'il ne put pas poursuivre les vaisseaux en fuite.

Telle fut la célèbre bataille navale d'Aboukir, la plus désastreuse que la marine française eût encore soutenue, et celle dont les conséquences militaires devaient être les plus funestes. La flotte qui avait porté les Français en Égypte, qui pouvait les secourir ou les recruter, qui devait seconder leurs mouvemens sur les côtes de Syrie, s'ils en avaient à exécuter, qui devait imposer à la Porte, la forcer à se payer de mauvaises raisons, et l'obliger à souffrir l'invasion de l'Égypte, qui devait enfin, en cas de revers, ramener les Français dans leur patrie, cette flotte était détruite. Les vaisseaux des Français étaient brûlés, mais ils ne les avaient pas brûlés eux-mêmes, ce qui était bien différent pour l'effet moral. La nouvelle de ce désastre circula rapidement en Égypte, et causa un instant de désespoir à l'armée. Bonaparte reçut cette nouvelle avec un calme impassible. « Eh bien ! dit-il, il faut mourir ici, ou en sortir grands comme les anciens. » Il écrivit à Kléber : « Ceci nous obligera à faire de plus grandes choses que nous n'en voulions faire. Il faut nous tenir prêts. » La grande ame de Kléber était digne de ce langage : « Oui, répondit Kléber, il faut faire de grandes choses ; *je prépare mes facultés.* » Le courage de ces grands hommes soutint l'armée, et en rétablit le moral. Bonaparte chercha à distraire ses soldats par différentes expéditions, et leur fit bientôt oublier ce désastre. A la fête de la fondation de la république, célébrée le 1ᵉʳ vendémiaire, il voulut encore exalter leur imagination, et fit graver sur la colonne de Pompée le nom des quarante premiers soldats morts en Égypte. C'étaient les quarante qui avaient succombé en attaquant Alexandrie. Ces quarante noms, sortis des villages de France, étaient ainsi associés à l'immortalité de Pompée et d'Alexandre. Il adressa à son armée cette singulière et grande allocution, où était retracée sa merveilleuse histoire :

Soldats !

« Nous célébrons le premier jour de l'an VII de
« la république.

« Il y a cinq ans, l'indépendance du peuple fran-
« çais était menacée ; mais vous prîtes Toulon, ce
« fut le présage de la ruine de vos ennemis.

« Un an après, vous battiez les Autrichiens à
« Dego.

« L'année suivante, vous étiez sur le sommet des
« Alpes.

« Vous luttiez contre Mantoue, il y a deux ans,

« et vous remportiez la célèbre victoire de Saint-
« Georges.

« L'an passé, vous étiez aux sources de la Drave
« et de l'Izonzo, de retour de l'Allemagne.

« Qui eût dit alors que vous seriez aujourd'hui
« sur les bords du Nil, au centre de l'ancien con-
« tinent ?

« Depuis l'Anglais, célèbre dans les arts et le
« commerce, jusqu'au hideux et féroce Bédouin,
« vous fixez les regards du monde.

« Soldats, votre destinée est belle, parce que
« vous êtes dignes de ce que vous avez fait, et de
« l'opinion qu'on a de vous. Vous mourrez avec
« honneur comme les braves dont les noms sont
« inscrits sur cette pyramide, ou vous retournerez
« dans votre patrie couverts de lauriers et de l'ad-
« miration de tous les peuples.

« Depuis cinq mois que nous sommes éloignés
« de l'Europe, nous avons été l'objet perpétuel des
« sollicitudes de nos compatriotes. Dans ce jour,
« quarante millions de citoyens célèbrent l'ère des
« gouvernemens représentatifs, quarante millions
« de citoyens pensent à vous ; tous disent : C'est à
« leurs travaux, à leur sang, que nous devons la
« paix générale, le repos, la prospérité du commerce
« et les bienfaits de la liberté civile. »

CHAPITRE XIV.

EFFET DE L'EXPÉDITION D'ÉGYPTE EN EUROPE. CONSÉQUENCES FUNESTES DE LA BATAILLE NAVALE D'ABOUKIR. — DÉCLARATION DE GUERRE DE LA PORTE. — EFFORTS DE L'ANGLETERRE POUR FORMER UNE NOUVELLE COALITION. — CONFÉRENCES AVEC L'AUTRICHE A SELZ. PROGRÈS DES NÉGOCIATIONS DE RASTADT. — NOUVELLES COMMOTIONS EN HOLLANDE, EN SUISSE ET DANS LES RÉPUBLIQUES ITALIENNES. CHANGEMENT DE LA CONSTITUTION CISALPINE; GRANDS EMBARRAS DU DIRECTOIRE A CE SUJET. — SITUATION INTÉRIEURE. UNE NOUVELLE OPPOSITION SE PRONONCE DANS LES CONSEILS. — DISPOSITION GÉNÉRALE A LA GUERRE. LOI SUR LA CONSCRIPTION. — FINANCES DE L'AN VII. — REPRISE DES HOSTILITÉS. INVASION DES ÉTATS ROMAINS PAR L'ARMÉE NAPOLITAINE. — CONQUÊTE DU ROYAUME DE NAPLES PAR LE GÉNÉRAL CHAMPIONNET. — ABDICATION DU ROI DE PIÉMONT.

L'EXPÉDITION d'Égypte resta un mystère en Europe longtemps encore après le départ de notre flotte. La prise de Malte commença à fixer les conjectures. Cette place réputée imprenable et enlevée en passant, jeta sur les argonautes français un éclat extraordinaire. Le débarquement en Égypte, l'occupation d'Alexandrie, la bataille des Pyramides, frappèrent toutes les imaginations en France et en Europe. Le nom de Bonaparte, qui avait paru si grand quand il arrivait des Alpes, produisit un effet plus singulier et plus étonnant encore arrivant des contrées lointaines de l'Orient. Bonaparte et l'Égypte étaient le sujet de toutes les conversations. Ce n'était rien que les projets exécutés; on en supposait de plus gigantesques encore. Bonaparte allait, disait-on, traverser la Syrie et l'Arabie, et se jeter sur Constantinople ou sur l'Inde.

La malheureuse bataille d'Aboukir vint, non pas détruire le prestige de l'entreprise, mais réveiller toutes les espérances des ennemis de la France, et hâter le succès de leurs trames. L'Angleterre, qui était extrêmement alarmée pour sa puissance commerciale, et qui n'attendait que le moment favorable pour tourner contre nous de nouveaux ennemis, avait rempli Constantinople de ses intrigues. Le Grand-Seigneur n'était pas fâché de voir punir les Mameluks, mais il ne voulait pas perdre l'Égypte. M. de Talleyrand, qui avait dû se rendre auprès du divan pour lui faire agréer des satisfactions, n'était point parti. Les agens de l'Angleterre eurent le champ libre; ils persuadèrent à la Porte que l'ambition de la France était insatiable; qu'après avoir troublé l'Europe, elle voulait bouleverser l'Orient, et qu'au mépris d'une antique alliance, elle venait envahir la plus riche province de l'empire turc. Ces suggestions et l'or répandu dans le divan n'auraient pas suffi pour le décider, si la belle flotte de Brueys avait pu venir canonner les Dardanelles; mais la bataille d'Aboukir priva les Français de tout leur ascendant dans le Levant, et donna à l'Angleterre une prépondérance décidée. La Porte déclara solennellement la guerre à la France[1], et, pour une province perdue depuis long-temps, se brouilla avec son amie naturelle, et se lia avec ses ennemis les plus redoutables, la Russie et l'Angleterre. Le sultan ordonna la réunion d'une armée, pour aller reconquérir l'Égypte. Cette circonstance rendait singulièrement difficile la position des Français. Séparés de la France, et privés de tout secours par les flottes victorieuses des Anglais, ils étaient exposés en outre à voir fondre sur eux toutes les hordes de l'Orient. Ils n'étaient que trente mille environ pour lutter contre tant de périls.

Nelson victorieux vint à Naples radouber son escadre abîmée, et recevoir les honneurs du triomphe. Malgré les traités qui liaient la cour de Naples à la France, et qui lui interdisaient de fournir aucun secours à nos ennemis, tous les ports et les chantiers de la Sicile furent ouverts à Nelson. Lui-même fut accueilli avec des honneurs extraordinaires. Le roi et la reine vinrent le recevoir à l'entrée du port, et l'appelèrent le héros libérateur de la Méditerranée. On se mit à dire que le triomphe

---

[1]. 18 fructidor an VI (4 septembre).

de Nelson devait être le signal du réveil général, que les puissances devaient profiter du moment où la plus redoutable armée de la France, et son plus grand capitaine, étaient enfermés en Égypte, pour marcher contre elle, et refouler dans son sein ses soldats et ses principes. Les suggestions furent extrêmement actives auprès de toutes les cours. On écrivit en Toscane et en Piémont, pour réveiller leur haine jusqu'ici déguisée. C'était le moment, disait-on, de seconder la cour de Naples, de se liguer contre l'ennemi commun, de se soulever tous à la fois sur les derrières des Français, et de les égorger d'un bout à l'autre de la Péninsule. On dit à l'Autriche qu'elle devait profiter du moment où les puissances italiennes prendraient les Français par derrière, pour les attaquer par devant, et leur enlever l'Italie. La chose devait être facile, car Bonaparte et sa terrible armée n'étaient plus sur l'Adige. On s'adressa à l'Empire dépouillé d'une partie de ses états, et réduit à céder la rive gauche du Rhin; on chercha à tirer la Prusse de sa neutralité; enfin on employa auprès de Paul Ier les moyens qui pouvaient agir sur son esprit malade, et le décider à fournir les secours si long-temps et si vainement promis par Catherine.

Ces suggestions ne pouvaient manquer d'être bien accueillies auprès de toutes les cours; mais toutes n'étaient pas en mesure d'y céder. Les plus voisines de la France étaient les plus irritées et les plus disposées à refouler la révolution; mais par cela seul qu'elles étaient plus rapprochées du colosse républicain, elles étaient condamnées aussi à plus de réserve et de prudence, avant d'entrer en lutte avec lui. La Russie, la plus éloignée de la France, la moins exposée à ses vengeances, soit par son éloignement, soit par l'état moral de ses peuples, était la plus facile à décider. Catherine, dont la politique habile avait tendu toujours à compliquer la situation de l'Occident, soit pour avoir le prétexte d'y intervenir, soit pour avoir le temps de faire en Pologne ce qu'elle voulait, Catherine n'avait pas emporté sa politique avec elle. Cette politique est innée dans le cabinet russe; elle vient de sa position même : elle peut changer de procédés ou de moyens, suivant que le souverain est astucieux ou violent; mais elle tend toujours au même but, par un penchant irrésistible. L'habile Catherine s'était contentée de donner des espérances et des secours aux émigrés; elle avait prêché la croisade sans envoyer un soldat. Son successeur allait suivre le même but, mais avec son caractère. Ce prince violent et presque insensé, mais du reste assez généreux, avait d'abord paru s'écarter de la politique de Catherine, et refusé d'exécuter le traité d'alliance conclu avec l'Angleterre et l'Autriche; mais après cette déviation d'un moment, il était bientôt revenu à la politique de son cabinet. On le vit donner asile au prétendant, et prendre les émigrés à sa solde, après le traité de Campo-Formio. On lui persuada qu'il devait se faire le chef de la noblesse européenne menacée par les démagogues. La démarche de l'ordre de Malte, qui le prit pour son protecteur, contribua à exalter sa tête, et il embrassa l'idée qu'on lui proposait, avec la mobilité et l'ardeur des princes russes. Il offrit sa protection à l'Empire, et voulut se porter garant de son intégrité. La prise de Malte le remplit de colère, et il offrit la coopération de ses armées contre la France. L'Angleterre triomphait donc à Saint-Pétersbourg comme à Constantinople, et elle allait faire marcher d'accord des ennemis jusque-là irréconciliables.

Le même zèle ne régnait pas partout. La Prusse se trouvait trop bien de sa neutralité et de l'épuisement de l'Autriche pour vouloir intervenir dans la lutte des deux systèmes. Elle veillait seulement à ses frontières du côté de la Hollande et de la France, pour empêcher la contagion révolutionnaire. Elle avait rangé ses armées de manière à former une espèce de cordon sanitaire. L'Empire, qui avait appris à ses dépens à connaître la puissance de la France, et qui était exposé à devenir toujours le théâtre de la guerre, souhaitait la paix. Les princes dépossédés eux-mêmes la souhaitaient aussi, parce qu'ils étaient assurés de trouver des indemnités sur la rive droite; les princes ecclésiastiques seuls, menacés de la sécularisation, désiraient la guerre. Les puissances italiennes du Piémont et de la Toscane ne demandaient pas mieux qu'une occasion, mais elles tremblaient sous la main de fer de la république française. Elles attendaient que Naples ou l'Autriche leur donnât le signal. Quant à l'Autriche, quoiqu'elle fût la mieux disposée des cours formant la coalition monarchique, elle hésitait cependant avec sa lenteur ordinaire à prendre un parti, et surtout elle craignait pour ses peuples déjà très épuisés par la guerre. La France lui avait opposé deux républiques nouvelles, la Suisse et Rome, l'une sur ses flancs, l'autre en Italie, ce qui l'irritait fort et la disposait tout à fait à rentrer en lutte; mais elle aurait passé par-dessus ces nouveaux envahissemens de la coalition républicaine, si on l'avait dédommagée par quelques conquêtes. C'est pour ce but qu'elle avait proposé des conférences à Selz. Ces conférences devaient avoir lieu dans l'été de 1798, non loin du congrès de Rastadt, et concurremment avec ce congrès. De leur résultat dépendaient la détermination de l'Autriche et le succès des efforts tentés pour former une nouvelle coalition.

François (de Neufchâteau) était l'envoyé choisi

par la France. C'est pour ce motif qu'on avait désigné la petite ville de Selz, à cause de sa situation sur les bords du Rhin, non loin de Rastadt, mais sur la rive gauche. Cette dernière condition était nécessaire, parce que la constitution défendait au directeur sortant de s'éloigner de France avant un délai fixé. M. de Cobentzel avait été envoyé par l'Autriche. Dès les premiers momens on put voir les dispositions de cette puissance. Elle voulait être dédommagée, par des extensions de territoire, des conquêtes que le système républicain avait faites en Suisse et en Italie. La France voulait avant tout qu'on s'entendît sur les événemens de Vienne, et que des satisfactions fussent accordées pour l'insulte faite à Bernadotte. Mais l'Autriche évitait de s'expliquer sur ce point, et ajournait toujours cette partie de la négociation. Le négociateur français y revenait sans cesse ; du reste il avait l'ordre de se contenter de la moindre satisfaction. La France aurait voulu que le ministre Thugut, disgracié en apparence, le fût réellement, et qu'une simple démarche, la plus insignifiante du monde, fût faite auprès de Bernadotte, pour réparer l'outrage qu'il avait reçu. M. de Cobentzel se contenta de dire que sa cour désapprouvait ce qui s'était passé à Vienne, mais il ne convint d'aucune satisfaction, et il continua d'insister sur les extensions de territoire qu'il réclamait. Il était clair que les satisfactions d'amour-propre ne seraient accordées qu'autant que celles d'ambition auraient été obtenues. L'Autriche disait que l'institution des deux républiques romaine et helvétique, et l'influence évidente exercée sur les républiques cisalpine, ligurienne et batave, étaient des violations du traité de Campo-Formio, et une altération dangereuse de l'état de l'Europe; elle soutenait qu'il fallait que la France accordât des dédommagemens, si elle voulait qu'on lui pardonnât ses dernières usurpations; et pour dédommagement, le négociateur autrichien demandait de nouvelles provinces en Italie. Il voulait que la ligne de l'Adige fût portée plus loin, et que les possessions autrichiennes s'étendissent jusqu'à l'Adda et au Pô, c'est-à-dire que l'on donnât à l'empereur une grande moitié de la république cisalpine. M. de Cobentzel proposait de dédommager la république cisalpine avec une partie du Piémont; le surplus de ce royaume aurait été donné à l'archiduc de Toscane; et le roi de Piémont aurait reçu en dédommagement les états de l'Église. Ainsi, au prix d'un agrandissement pour lui en Lombardie, et pour sa famille en Toscane, l'empereur aurait sanctionné l'institution de la république helvétique, le renversement du pape et le démembrement de la monarchie du Piémont. La France ne pouvait consentir à ces propositions par une foule de raisons. D'abord elle ne pouvait démembrer la Cisalpine à peine formée, et replacer sous le joug autrichien des provinces qu'elle avait affranchies, et auxquelles elle avait promis et fait payer la liberté; enfin elle avait, l'année précédente, conclu un traité avec le roi de Piémont, par lequel elle lui garantissait ses états. Cette garantie était surtout stipulée contre l'Autriche. La France ne pouvait donc pas sacrifier le Piémont. Aussi François (de Neufchâteau) ne put-il adhérer aux propositions de M. de Cobentzel. On se sépara sans avoir rien conclu. Aucune satisfaction n'était accordée pour l'événement de Vienne. M. de Degelmann, qui devait être envoyé à Paris comme ambassadeur, n'y vint pas, et on déclara que les deux cabinets continueraient de correspondre par leurs ministres au congrès de Rastadt. Cette séparation fut généralement prise pour une espèce de rupture.

Les résolutions de l'Autriche furent évidemment fixées dès cet instant; mais avant de recommencer les hostilités avec la France, elle voulait s'assurer le concours des principales puissances de l'Europe. M. de Cobentzel partit pour Berlin, et dut se rendre de Berlin à Saint-Pétersbourg. Le but de ces courses était de contribuer avec l'Angleterre à former la nouvelle coalition. L'empereur de Russie avait envoyé à Berlin l'un des plus importans personnages de son empire, le prince

Repnin. M. de Cobentzel devait réunir ses efforts à ceux du prince Repnin et de la légation anglaise, pour entraîner le jeune roi.

La France, de son côté, avait envoyé l'un de ses plus illustres citoyens à Berlin; c'était Sièyes. La réputation de Sièyes avait été immense avant le règne de la convention. Elle s'était évanouie sous le niveau du comité de salut public. On la vit renaître tout à coup, lorsque les existences purent recommencer leurs progrès naturels; et le nom de Sièyes était redevenu le plus grand nom de France, après celui de Bonaparte; car en France, une réputation de profondeur est ce qui produit le plus d'effet après une grande réputation militaire. Sièyes était donc l'un des deux grands personnages du temps. Toujours boudant et frondant le gouvernement, non pas comme Bonaparte, par ambition, mais par humeur contre une constitution qu'il n'avait pas faite, il ne laissait pas que d'être importun. On eut l'idée de lui donner une ambassade. C'était une occasion de l'éloigner, de l'utiliser, et surtout de lui fournir des moyens d'existence. La révolution les lui avait enlevés tous, en abolissant les bénéfices ecclésiastiques. Une grande ambassade permettait de les lui rendre. La plus grande était celle de Berlin, car on n'avait d'envoyés ni en Autriche, ni en Russie, ni en Angleterre. Berlin était le théâtre de toutes les intrigues, et Sièyes, quoique peu propre au maniement des affaires, était cependant un observateur fin et sûr. De plus, sa grande renommée le rendait particulièrement propre à représenter la France, surtout auprès de l'Allemagne, à laquelle il convenait plus qu'à tout autre pays.

Le roi ne vit pas arriver avec plaisir dans ses états un révolutionnaire si célèbre; cependant il n'osa pas le refuser. Sièyes se comporta avec mesure et dignité; il fut reçu de même, mais laissé dans l'isolement. Comme tous nos envoyés à l'étranger, il était observé avec soin, et pour ainsi dire séquestré. Les Allemands étaient fort curieux de le voir, mais ne l'osaient pas. Son influence sur la cour de Berlin était nulle. C'était le sentiment de ses intérêts qui seul inspirait le roi de Prusse contre les instances de l'Angleterre, de l'Autriche et de la Russie.

Tandis qu'en Allemagne on travaillait à décider le roi de Prusse, la cour de Naples, pleine de joie et de témérité depuis la victoire de Nelson, faisait des préparatifs immenses de guerre, et redoublait ses sollicitations auprès de la Toscane et du Piémont. La France, par une espèce de complaisance, lui avait laissé occuper le duché de Bénévent. Mais cette concession ne l'avait point calmée. Elle se flattait de gagner à la prochaine guerre une moitié des états du pape.

Les négociations de Rastadt se poursuivaient avec

succès pour la France. Treilhard, devenu directeur, et Bonaparte parti pour l'Égypte, avaient été remplacés au congrès par Jean Debry et Roberjot. Après avoir obtenu la ligne du Rhin, il restait à résoudre une foule de questions militaires, politiques, commerciales. Notre députation était devenue extrêmement exigeante, et demandait beaucoup plus qu'elle n'avait droit d'obtenir. Elle voulait d'abord toutes les îles du Rhin, ce qui était un article important, surtout sous le rapport militaire. Elle voulait ensuite garder Kehl et son territoire, vis-à-vis Strasbourg; Cassel et son territoire, vis-à-vis Mayence. Elle voulait que le pont commercial entre les deux Brisach fût rétabli; que cinquante arpens de terrain nous fussent accordés en face de l'ancien pont de Huningue, et que l'importante forteresse d'Ehrenbreitstein fût démolie. Elle demandait ensuite que la navigation du Rhin, et de tous les fleuves d'Allemagne aboutissant au Rhin, fût libre, que tous les droits de péage fussent abolis; que les marchandises fussent, sur les deux rives, soumises à un même droit de douane; que les chemins de halage fussent conservés, et entretenus par les riverains. Elle demandait enfin une dernière condition fort importante, c'est que les dettes des pays de la rive gauche cédés à la France fussent transportées sur les pays de la rive droite, destinés à être donnés en indemnité.

La députation de l'Empire répondit avec raison que la ligne du Rhin devait présenter une sûreté égale aux deux nations; que c'était la raison d'une sûreté égale, qui avait été surtout alléguée, pour faire accorder cette ligne à la France; mais que cette sûreté n'existerait plus pour l'Allemagne, si la France gardait tous les points offensifs, soit en se réservant les îles, soit en gardant Cassel et Kehl, et cinquante arpens vis-à-vis Huningue, etc. La députation de l'Empire ne voulut donc pas admettre les demandes de la France, et proposa pour véritable ligne du partage, le *thalweg*, c'est-à-dire le milieu du principal bras navigable. Toutes les îles qui étaient à droite de cette ligne devaient appartenir à l'Allemagne, toutes celles qui étaient à gauche devaient appartenir à la France. De cette manière, on plaçait entre les deux peuples le véritable obstacle qui fait d'un fleuve une ligne militaire, c'est-à-dire le principal bras navigable. Par suite de ce principe, la députation demandait la démolition de Cassel et de Kehl, et refusait les cinquante arpens vis-à-vis Huningue. Elle ne voulait pas que la France conservât aucun point offensif, lorsque l'Allemagne les perdait tous. Elle refusait avec moins de raison la démolition d'Ehrenbreitstein, qui était incompatible avec la sûreté de la ville de Coblentz. Elle accordait la libre navigation du Rhin, mais elle la demandait pour toute l'étendue de son cours, et voulait que la France obligeât la république batave à reconnaître cette liberté. Quant à la libre navigation des fleuves de l'intérieur de l'Allemagne, cet article dépassait, disait-elle, sa compétence, et regardait chaque état individuellement. Elle accordait le chemin de halage. Elle voulait que tout ce qui était relatif aux péages et à leur abolition fût renvoyé à un traité de commerce. Elle voulait enfin, relativement aux pays de la rive gauche cédés à la France, que leurs dettes restassent à leur charge, par le principe que la dette suit son gage, et que les biens de la noblesse immédiate fussent considérés comme propriétés particulières, et conservés à ce titre. La députation demandait accessoirement que les troupes françaises évacuassent la rive droite et cessassent le blocus d'Ehrenbreitstein, parce qu'il réduisait les habitans à la famine.

Ces prétentions contraires donnèrent lieu à une suite de notes et de contre-notes, pendant tout l'été. Enfin, vers le mois de vendémiaire an VI (août et septembre 1798), le *thalweg* fut admis par la députation française. Le principal bras navigable fut pris pour limite entre la France et l'Allemagne, et les îles durent être partagées conséquemment à ce principe. La France consentit à la démolition de Cassel et de Kehl, mais elle exigea l'île de Pettersau, qui est placée dans le Rhin à peu près à la hauteur de Mayence, et qui est d'une grande importance pour cette place. L'Empire germanique consentit de son côté à la démolition d'Ehrenbreitstein. La libre navigation du Rhin et l'abolition des péages furent accordées. Il restait à s'entendre sur l'établissement des ponts commerciaux, sur les biens de la noblesse immédiate, sur l'application des lois de l'émigration dans les pays cédés, et sur les dettes de ces pays. Les princes séculiers avaient déclaré qu'il fallait faire toutes les concessions compatibles avec l'honneur et la sûreté de l'Empire, afin d'obtenir la paix, si nécessaire à l'Allemagne. Il était évident que la plupart de ces princes voulaient traiter; la Prusse les y engageait. Quant à l'Autriche, elle commençait à montrer des dispositions toutes contraires, et à exciter le ressentiment des princes ecclésiastiques contre la marche des négociations. Les députés de l'Empire, tout en se prononçant pour la paix, gardaient cependant la plus grande mesure, par la crainte que leur causait l'Autriche, et louvoyaient entre celle-ci et la Prusse. Quant aux ministres français, ils montraient une extrême raideur; ils vivaient à part, et dans une espèce d'isolement, comme tous nos ministres en Europe. Telle était la situation du congrès à la fin de l'été de l'an vi (1798).

Pendant que ces événemens se passaient en

Orient et en Europe, la France, toujours chargée du soin de diriger les cinq républiques instituées autour d'elle, avait eu des soucis sans fin. C'étaient des difficultés continuelles pour y diriger l'esprit public, pour y faire vivre nos troupes, pour y mettre d'accord nos ambassadeurs avec nos généraux, pour y maintenir enfin la bonne harmonie avec les états voisins.

Presque partout il avait fallu faire comme en France, c'est-à-dire, après avoir frappé sur un parti, frapper bientôt sur l'autre. En Hollande on avait exécuté, le 3 pluviôse (22 janvier), une espèce de 18 fructidor pour écarter les fédéralistes, abolir les anciens règlemens, et donner au pays une constitution unitaire, à peu près semblable à celle de la France. Mais cette révolution avait tourné beaucoup trop au profit des démocrates. Ceux-ci s'étaient emparés de tous les pouvoirs. Après avoir exclu de l'assemblée nationale tous les députés qui leur paraissaient suspects, ils s'étaient eux-mêmes constitués en directoire et en deux conseils, sans recourir à de nouvelles élections. Ils avaient voulu par là imiter la convention nationale de France, et ses fameux décrets des 15 et 13 fructidor. Ils s'étaient entièrement emparés depuis de la direction des affaires, et ils sortaient de la ligne où le directoire français voulait maintenir toutes les républiques confiées à ses soins. Le général Daendels, l'un des hommes les plus distingués du parti modéré, vint à Paris, s'entendit avec nos directeurs, et repartit pour aller en Hollande porter aux démocrates le coup qu'on leur avait récemment porté à Paris, en les excluant du corps législatif par les scissions. Ainsi, tout ce qu'on faisait en France, il fallait immédiatement après le répéter dans les états qui dépendaient d'elle. Joubert eut ordre d'appuyer Daendels. Celui-ci se réunit aux ministres, et avec le secours des troupes bataves et françaises, dispersa le directoire et les conseils, forma un gouvernement provisoire, et fit ordonner de nouvelles élections. Le ministre de France, Delacroix, qui avait appuyé les démocrates, fut rappelé. Ces scènes produisirent leur effet accoutumé. On ne manqua pas de dire que les constitutions républicaines ne pouvaient marcher seules, qu'à chaque instant il fallait le levier des baïonnettes, et que les nouveaux états se trouvaient sous la dépendance la plus complète de la France.

En Suisse, l'établissement de la république *une et indivisible* n'avait pas pu se faire sans combats. Les petits cantons de Schwitz, Zug, Glaris, excités par les prêtres et les aristocrates suisses, avaient juré de s'opposer à l'adoption du régime nouveau. Le général Schauembourg, sans vouloir les réduire par la force, avait interdit toute communication des autres cantons avec ceux-ci. Les petits cantons réfractaires coururent aussitôt aux armes et envahirent Lucerne, où ils pillèrent et dévastèrent. Schauembourg marcha sur eux, et après quelques combats opiniâtres, les réduisit à demander la paix. Le gage de cette paix avait été l'acceptation de la constitution nouvelle. Il fallut employer aussi le fer et même le feu pour réprimer les paysans du Haut-Valais, qui avaient fait une descente dans le Bas-Valais, dans le but d'y rétablir leur domination. Malgré ces obstacles, en prairial (mai 1798), la constitution était partout en vigueur. Le gouvernement helvétique était réuni à Arau. Composé d'un directoire et de deux conseils, il commençait à s'essayer dans l'administration du pays. Le nouveau commissaire français était Rapinat, beau-frère de Rewbell. Le gouvernement helvétique devait s'entendre avec Rapinat pour l'administration des affaires. Les circonstances rendaient cette administration difficile. Les prêtres et les aristocrates, postés dans les montagnes, épiaient le moment favorable pour soulever de nouveau la population. Il fallait se tenir en garde contre eux, nourrir et satisfaire l'armée française qu'on avait à leur opposer, organiser l'administration, et se mettre en mesure d'exister bientôt d'une manière indépendante. Cette tâche n'était pas moins difficile pour le gouvernement helvétique que pour le commissaire français placé auprès de lui.

Il était naturel que la France s'emparât des caisses appartenant aux anciens cantons aristocratiques, pour payer les frais de la guerre. L'argent contenu dans les caisses, et les approvisionnemens renfermés dans les magasins formés par les ci-devant cantons, lui étaient indispensables pour faire vivre son armée. C'était l'exercice le plus ordinaire du droit de conquête; elle aurait pu sans doute renoncer à ce droit, mais la nécessité la forçait d'en user dans le moment. Rapinat eut donc ordre de mettre le scellé sur toutes les caisses. Beaucoup de Suisses, même parmi ceux qui avaient souhaité la révolution, trouvèrent fort mauvais qu'on s'emparât du pécule et des magasins des anciens gouvernemens. Les Suisses sont, comme tous les montagnards, sages et braves, mais d'une extrême avarice. Ils voulaient bien qu'on leur apportât la liberté, qu'on les débarrassât de leurs oligarques, mais ils ne voulaient pas faire les frais de la guerre. Tandis que la Hollande et l'Italie avaient souffert, presque sans se plaindre, le fardeau énorme des campagnes les plus longues et les plus dévastatrices, les patriotes suisses jetèrent les hauts cris pour quelques millions dont on s'empara. Le directoire helvétique fit de son côté apposer de nouveaux scellés sur ceux qui venaient d'être apposés par Rapinat, et protesta ainsi contre la mesure qui mettait les caisses à la disposition de la France.

Rapinat fit sur-le-champ enlever les scellés du directoire helvétique, et déclara à ce directoire qu'il était borné aux fonctions administratives, qu'il ne pouvait rien contre l'autorité de la France, et qu'à l'avenir ses lois et ses décrets n'auraient de vigueur qu'autant qu'ils ne contiendraient rien de contraire aux arrêtés du commissaire et du général français. Les ennemis de la révolution, et il s'en était glissé plus d'un dans les conseils helvétiques, triomphèrent de cette lutte et crièrent à la tyrannie. Ils dirent que leur indépendance était violée, et que la république française, qui avait prétendu leur apporter la liberté, ne leur apportait en réalité que l'asservissement et la misère. L'opposition ne se manifestait pas seulement dans les conseils, elle était aussi dans le directoire et dans les autorités locales. A Lucerne et à Berne, d'anciens aristocrates occupaient les administrations; ils apportaient des obstacles de toute espèce à la levée de quinze millions frappés sur les anciennes familles nobles pour les besoins de l'armée. Rapinat prit sur lui de purger le gouvernement et les administrations helvétiques. Par une lettre du 28 prairial (16 juin), il demanda au gouvernement helvétique la démission de deux directeurs, les nommés Bay et Pfiffer, celle du ministre des affaires étrangères, et le renouvellement des chambres administratives de Lucerne et de Berne. Cette demande, faite avec le ton d'un ordre, ne pouvait être refusée. Les démissions furent données sur-le-champ; mais la rudesse avec laquelle se conduisit Rapinat fit élever de nouveaux cris, et mit tous les torts de son côté. Il compromettait en effet son gouvernement, en violant ouvertement les formes pour faire des changemens qu'il eût été facile d'obtenir par d'autres moyens. Sur-le-champ, le directoire français écrivit au directoire helvétique pour désapprouver la conduite de Rapinat, et pour donner satisfaction de cette violation de toutes les formes. Rapinat fut rappelé; néanmoins les membres démissionnaires demeurèrent exclus. Les conseils helvétiques nommèrent, pour remplacer les deux directeurs démissionnaires, Ochs, l'auteur de la constitution, et le colonel Laharpe, le frère du général mort en Italie, l'un des auteurs de la révolution du canton de Vaud, et l'un des citoyens les plus probes et les mieux intentionnés de son pays.

Une alliance offensive et défensive fut conclue entre les républiques helvétique et française le 2 fructidor (19 août). D'après ce traité, celle des deux puissances qui était en guerre avait droit de requérir l'intervention de l'autre et de lui demander un secours dont la force devait être déterminée suivant les circonstances. La puissance requérante devait payer les troupes fournies par l'autre; la libre navigation de tous les fleuves de la Suisse et de la France était réciproquement stipulée. Deux routes devaient être ouvertes, l'une de France à la Cisalpine, en traversant le Valais et le Simplon, l'autre de France en Souabe, en remontant le Rhin et en suivant la rive orientale du lac de Constance. Dans ce système des républiques unies, la France s'assurait deux grandes routes militaires pour se rendre dans les états de ses alliés, et être en mesure de déboucher rapidement en Italie ou en Allemagne. On a dit que ces deux routes transportaient le théâtre de la guerre dans les états alliés. Ce n'étaient pas les routes, mais l'alliance avec la France qui exposait ces états à devenir le théâtre de la guerre. Les routes n'étaient qu'un moyen d'accourir plus tôt et de les protéger à temps, en prenant l'offensive en Allemagne ou en Italie.

La ville de Genève fut réunie à la France, ainsi que la ville de Mulhausen. Les bailliages italiens, qui avaient long-temps hésité entre la Cisalpine et la république helvétique, se déclarèrent pour celle-ci, et votèrent leur réunion. Les ligues grises, que le directoire aurait voulu réunir à la Suisse, étaient partagées en deux factions rivales, et balançaient entre la domination autrichienne et la domination helvétique. Nos troupes les observaient. Les moines et les agens étrangers amenèrent un nouveau désastre dans l'Underwalden. Ils firent soulever les paysans de cette vallée contre les troupes françaises. Un combat des plus acharnés eut lieu à Stanz, et il fallut mettre le feu à ce malheureux bourg pour en chasser les fanatiques qui s'y étaient établis.

Les mêmes difficultés se présentaient de l'autre côté des Alpes. Une espèce d'anarchie régnait entre les sujets des nouveaux états et leurs gouvernemens, entre ces gouvernemens et nos armées, entre nos ambassadeurs et nos généraux. C'était une épouvantable confusion. La petite république ligurienne était acharnée contre le Piémont, et voulait à tout prix y introduire la révolution. Grand nombre de démocrates piémontais s'étaient réfugiés dans son sein, et en étaient sortis armés et organisés, pour faire des incursions dans leur pays, et essayer d'y renverser le gouvernement royal. Une autre bande était partie du côté de la Cisalpine, et s'était avancée par Domo-d'Ossola. Mais ces tentatives furent repoussées et une foule de victimes inutilement sacrifiées. La république ligurienne n'avait pas renoncé pour cela à harceler le gouvernement de Piémont; elle recueillait et armait de nouveaux réfugiés, et voulait elle-même faire la guerre. Notre ministre à Gênes, Sotin, avait la plus grande peine à la contenir. De son côté, notre ministre à Turin, Ginguené, n'avait pas moins de peine à répondre aux plaintes continuelles du Piémont, et à le modérer dans ses projets de vengeance contre les patriotes.

La Cisalpine était dans un désordre effrayant. Bonaparte en la constituant n'avait pas eu le temps de calculer exactement les proportions qu'il aurait fallu observer dans les divisions du territoire et dans le nombre des fonctionnaires, ni d'organiser le régime municipal et le système financier. Ce petit état avait à lui seul deux cent quarante représentans. Les départemens étant trop nombreux, il était dévoré par une multitude de fonctionnaires. Il n'avait aucun système régulier et uniforme d'impôts. Avec une richesse considérable, il n'avait point de finances, et il pouvait à peine suffire à payer le subside convenu pour l'entretien de nos armées. Du reste, sous tous les rapports, la confusion était au comble. Depuis l'exclusion de quelques membres du conseil, prononcée par Berthier, lorsqu'il avait voulu faire accepter le traité d'alliance avec la France, les révolutionnaires l'avaient emporté, et le langage des jacobins dominait dans les conseils et les clubs. Notre armée secondait ce mouvement et appuyait toutes les exagérations. Brune, après avoir achevé la soumission de la Suisse, était retourné en Italie, où il avait reçu le commandement général de toutes les troupes françaises, depuis le départ de Berthier pour l'Égypte. Il était à la tête des patriotes les plus véhémens. Lahoz, le commandant des troupes lombardes, dont l'organisation avait été commencée sous Bonaparte, abondait dans les mêmes idées et les mêmes sentimens. Il existait, en outre, d'autres causes de désordres dans l'inconduite de nos officiers. Ils se comportaient dans la Cisalpine comme en pays conquis. Ils maltraitaient les habitans, exigeaient des logemens qui, d'après les traités, ne leur étaient pas dus, dévastaient les lieux qu'ils habitaient, se permettaient souvent des réquisitions comme en temps de guerre, extorquaient de l'argent des administrations locales, puisaient dans les caisses des villes sans alléguer aucune espèce de prétexte que leur bon plaisir. Les commandans de place exerçaient surtout des exactions intolérables, Le commandant de Mantoue s'était permis, par exemple, d'affermer à son profit la pêche du lac. Les généraux proportionnaient leur exigence à leur grade, et indépendamment de tout ce qu'ils extorquaient, ils faisaient avec les compagnies des profits scandaleux. Celle qui était chargée d'approvisionner l'armée en Italie, abandonnait aux états-majors quarante pour cent de bénéfice; et on peut juger par là de ce qu'elle devait gagner pour faire de pareils avantages à ses protecteurs. Par l'effet des désertions, il n'y avait pas dans les rangs la moitié des hommes portés sur les états, de manière que la république payait le double de ce qu'elle aurait dû. Malgré toutes ces malversations, les soldats étaient mal payés, et la solde du plus grand nombre était arriérée de plusieurs mois. Ainsi, le pays que nous occupions était horriblement foulé, sans que nos soldats s'en trouvassent mieux. Les patriotes cisalpins toléraient tous ces désordres sans se plaindre, parce que l'état-major leur prêtait son appui.

A Rome, les choses se passaient mieux. Là, une commission, composée de Daunou, Florent et Faypoult, gouvernait avec sagesse et probité le pays affranchi. Ces trois hommes avaient composé une constitution qui avait été adoptée, et qui, sauf quelques différences, et les noms qui n'étaient pas les mêmes, ressemblait exactement à la constitution française. Les directeurs s'appelaient des consuls, le conseil des anciens s'appelait le sénat; le second conseil le tribunat. Mais ce n'était pas tout que de donner une constitution, il fallait la mettre en vigueur. Ce n'était pas, comme on aurait pu le croire, le fanatisme des Romains qui s'opposait à son établissement, mais leur paresse. Il n'y avait guère d'opposans que dans quelques paysans de l'Apennin, poussés par les moines, et du reste faciles à soumettre. Mais il y avait dans les habitans de Rome, appelés à composer le consulat, le sénat et le tribunat, une insouciance, une inaptitude extrême au travail. Il fallait de grands efforts pour les décider à siéger de deux jours l'un, et ils voulaient absolument des vacances pour l'été. A cette paresse il faut joindre une inexpérience et une incapacité absolues en fait d'administration. Il y avait plus de zèle dans les Cisalpins, mais c'était du zèle sans lumière et sans mesure, ce qui le rendait tout aussi funeste que l'insouciance. Il était à craindre que, dès le départ de la commission française, le gouvernement romain tombât en dissolution, par l'inaction ou la retraite de ses membres. Et cependant on aimait beaucoup les places à Rome, on les aimait comme on le fait dans tout état sans industrie.

La commission avait mis fin à toutes les malversations qui avaient été commises au premier moment de notre entrée à Rome. Elle s'était emparée de la gestion des finances, et les dirigeait avec probité et habileté. Faypoult, qui était un administrateur intègre et capable, avait établi pour tout l'état romain un système d'impôts fort bien entendu. Il était parvenu ainsi à suffire aux besoins de notre armée; il avait payé tout l'arriéré de solde non-seulement à l'armée de Rome, mais encore à la division embarquée à Civita-Vecchia. Si les finances eussent été conduites de la même manière dans la Cisalpine, le pays n'eût pas été foulé, et nos soldats se fussent trouvés dans l'abondance. L'autorité militaire était à Rome entièrement soumise à la commission. Le général Saint-Cyr, qui avait remplacé Masséna, se distinguait par une sévère probité; mais, partageant le goût d'autorité qui devenait général chez tous ses camarades, il paraissait mécontent d'être soumis à la commission. A Milan surtout, on était fort peu satisfait de tout ce qui se faisait à Rome. Les démocrates italiens étaient irrités de voir les démocrates romains annulés ou contenus par la commission. L'état-major français, duquel relevaient les divisions stationnées à Rome, voyait avec peine une riche partie des pays conquis lui échapper, et soupirait après le moment où la commission quitterait ses fonctions.

C'est à tort qu'on ferait au directoire français un reproche du désordre qui régnait dans les pays alliés. Aucune volonté, si forte qu'elle fût, n'aurait pu empêcher le débordement des passions qui les troublaient, et quant aux exactions, la volonté de Napoléon lui-même n'a pas réussi à les empêcher dans les provinces conquises. Ce qu'un seul individu, plein de génie et de vigueur, n'aurait pu exécuter, un gouvernement composé de cinq membres, et placé à des distances immenses, le pouvait encore moins. Cependant il y avait dans la majorité de notre directoire le plus grand zèle à assurer le bien-être des nouvelles républiques, et la plus vive indignation contre l'insolence et les concussions des généraux, contre les vols manifestes des compagnies. Excepté Barras, qui était de moitié dans tous les profits des compagnies, qui était l'espoir de tous les brouillons de Milan, les quatre autres directeurs dénonçaient avec la plus grande énergie ce qui se faisait en Italie. Larévellière surtout, dont la sévère probité était révoltée de tant de désordres, proposa au directoire un plan qui fut agréé. Il voulait qu'une commission continuât à diriger le gouvernement romain, et à contenir l'autorité militaire; qu'un ambassadeur fût envoyé à Milan, pour y représenter le gouvernement français, et y enlever toute influence à l'état-major; que cet ambassadeur fût chargé de faire à la constitution cisalpine les changemens qu'elle exigeait, comme de réduire le nombre des divisions locales, des fonctionnaires publics, et des membres des conseils; qu'enfin cet ambassadeur eût pour adjoint un administrateur capable de créer un système d'impôt et de comptabilité. Ce plan fut adopté. Trouvé, naguère ministre de France à Naples, et Faypoult, l'un des membres de la commission de Rome, furent envoyés à Milan pour exécuter les mesures proposées par Larévellière.

Trouvé devait, aussitôt qu'il serait arrivé à Milan, s'entourer des hommes les plus éclairés de la Cisalpine, et convenir avec eux de tous les changemens qu'il était nécessaire de faire soit à la constitution, soit au personnel du gouvernement. Il devait ensuite, quand tous ces changemens seraient arrêtés, les faire proposer dans les conseils de la Cisalpine, par des députés à sa dévotion, et au besoin les appuyer de l'autorité de la France. Il devait cependant cacher sa main autant qu'il serait possible.

Trouvé, rendu de Naples à Milan, y fit ce qu'on lui avait ordonné. Mais le secret de sa mission était difficile à garder. On sut bientôt qu'il venait changer la constitution, et surtout réduire le nombre des places de toute espèce. Les patriotes, qui sentaient bien, à la conduite de l'ambassadeur, que les réductions porteraient sur eux, étaient furieux. Ils s'appuyèrent sur l'état-major de l'armée, fort indisposé lui-même contre l'autorité nouvelle qu'il lui fallait subir, et on vit s'établir une lutte scandaleuse entre la légation française et l'état-major français, entouré des patriotes italiens. Trouvé et les hommes qui se rendaient chez lui, furent dénoncés avec une extrême violence dans les conseils cisalpins. On prétendit que le ministre français venait violer la constitution, et renouveler l'un de ces actes d'oppression que le directoire avait exercés sur toutes les républiques alliées. Trouvé essuya des désagrémens de toute espèce, de la part des patriotes italiens et de nos officiers. Ceux-ci se conduisirent avec la dernière indécence, dans un bal qu'il donnait, et y causèrent le plus grand scandale. Ces scènes étaient déplorables, surtout à cause de l'effet qu'elles produisaient sur les ministres étrangers. Non-seulement on leur donnait le spectacle des plus fâcheuses divisions, mais on les insultait dans les dîners diplomatiques, en buvant, à leur face, à l'extermination de tous les rois. Le plus véhément jacobinisme régnait à Milan. Brune et Lahoz partirent pour Paris, afin d'aller se ménager l'appui de Barras. Mais le directoire, averti d'avance, était inébranlable dans ses résolutions. Lahoz eut l'ordre de repartir de Paris, à l'instant même où il arrivait. Quant à Brune, il lui fut prescrit de retourner à Milan, et d'y concourir aux changemens que Trouvé allait faire exécuter.

Après avoir accompli les diverses modifications nécessaires à la constitution, Trouvé assembla chez lui les députés les plus sages, et les leur soumit. Ils les approuvèrent; mais le déchaînement était si grand, qu'ils n'osèrent pas se charger de les proposer eux-mêmes aux deux conseils. Trouvé fut donc obligé de déployer l'autorité française, et d'exercer ostensiblement un pouvoir qu'il aurait voulu cacher. Du reste, peu importait, au fond, le mode employé. Il eût été absurde à la France, qui avait créé ces républiques nouvelles et qui les faisait exister par son appui, de ne pas profiter de sa force pour y établir l'ordre qu'elle croyait le meilleur. Le fâcheux était qu'elle n'eût pas fait le mieux possible dès le premier jour et en une seule fois, afin de ne plus être obligée de renouveler ces actes de sa toute-puissance. Le 30 août (13 fructidor an VI), Trouvé assembla le directoire et les deux conseils de la Cisalpine; il leur présenta la nouvelle constitution et toutes les lois administratives et financières que Faypoult avait préparées. Les conseils étaient réduits de deux cent quarante à cent vingt membres. Les individus à conserver dans les conseils et le gouvernement étaient désignés. Un système d'impôt régulier était établi. Il y avait des impôts personnels et indirects, système qu'on essayait d'établir dans le moment en France, et qui déplaisait beaucoup aux patriotes. Tous ces changemens furent approuvés et adoptés. Brune avait été obligé de fournir l'appui des troupes françaises. Aussi la colère des patriotes cisalpins fut-elle vaine, et la révolution se fit sans obstacles. Il fut décidé en outre qu'une prochaine convocation des assemblées primaires aurait lieu, pour approuver les changemens faits à la constitution.

La tâche de Trouvé était achevée; mais le gouvernement français, voyant le soulèvement que ce ministre avait excité, pensa qu'il n'était pas possible de le laisser dans la Cisalpine, qu'il fallait lui donner une autre ambassade, et envoyer à Milan un homme étranger aux dernières querelles. Malheureusement le directoire se laissa imposer un ci-devant membre des jacobins, qui était devenu un souple et bas courtisan de Barras, qui avait été associé par lui au trafic des compagnies, et placé sur la voie des honneurs; c'était Fouché, dont Barras surprit la nomination à ses collègues. Fouché partit pour remplacer Trouvé, et celui-ci dut se rendre à Stuttgard. Mais Brune, profitant du départ de Trouvé, se permit, avec une audace qui n'est explicable que par la licence militaire qui régnait alors, de faire à l'ouvrage du ministre de France les plus graves changemens. Il exigea la démission de trois des directeurs nommés par Trouvé, il changea plusieurs ministres, et fit différentes altérations à la constitution. L'un des trois directeurs dont il avait demandé la démission, Sopranzi, ayant courageusement refusé de la donner, il le fit saisir de force pas ses soldats, et arracher du palais du gouvernement. Il se hâta ensuite de convoquer les assemblées primaires, pour leur faire approuver l'œuvre de Trouvé, modifiée comme elle venait de l'être par lui. Fouché, qui arriva dans cet intervalle, aurait dû s'opposer à cette convocation, et ne pas permettre qu'on fît sanctionner des changemens que le général n'avait pas eu mission de faire; mais il laissa Brune agir à son gré. Les modifications de Trouvé, et les modifications plus récentes de Brune, furent approuvées par les assemblées primaires, soumises à la fois au pouvoir militaire et à la violence des patriotes.

Quand le directoire français apprit ces détails, il ne faiblit point. Il cassa tout ce qu'avait fait Brune, il le destitua, et chargea Joubert d'aller rétablir les choses dans l'état où les avait mises Trouvé. Fouché fit des objections; il prétendit que la constitution nouvelle, étant approuvée avec les changemens que Brune y avait apportés, il serait d'un mauvais effet d'y revenir encore. Il avait raison, et il gagna même Joubert à son avis. Mais le directoire ne devait pas souffrir de pareilles hardiesses de la part de ses généraux, et surtout il ne devait pas leur permettre d'exercer un pareil pouvoir dans les états alliés. Il rappela Fouché lui-même, qui, de cette manière, ne passa que peu de jours dans la Cisalpine, et il ordonna le rétablissement intégral de la constitution, telle que Trouvé l'avait faite au nom de la France. Quant aux individus auxquels Brune avait arraché leur démission, on les engagea à la renouveler, pour éviter de nouveaux changemens.

La Cisalpine resta donc constituée comme le directoire avait voulu qu'elle le fût, sauf la destitution de quelques individus changés par Brune. Mais ces changemens continuels, ces tiraillemens, ces luttes de nos agens civils et militaires, étaient du plus déplorable effet, décourageaient les nouveaux peuples affranchis, déconsidéraient la république-mère, et prouvaient la difficulté de maintenir tous ces corps dans leur orbite.

Les événemens de la Cisalpine furent gravement reprochés au directoire, car il est d'usage de tout changer en griefs contre un gouvernement qu'on attaque, et de lui faire un crime des obstacles même qu'il rencontre dans sa marche. La double opposition qui commençait à reparaître dans les conseils attaqua diversement les opérations exécutées en Italie. Le thème était tout simple pour l'opposition patriote : on avait commis un attentat, disait-elle, contre l'indépendance d'une république alliée ; on avait même commis une infraction aux lois française, car la constitution cisalpine qu'on venait d'altérer était garantie par un traité d'alliance, et ce traité, approuvé par les conseils, ne pouvait être enfreint par le directoire. Quant à l'opposition constitutionnelle, ou modérée, il était naturel de s'attendre à son approbation plutôt qu'à ses reproches, parce que les changemens faits dans la Cisalpine étaient dirigés contre les patriotes exclusifs. Mais dans cette partie de l'opposition se trouvait Lucien Bonaparte. Il cherchait des sujets de querelle au gouvernement, et il croyait d'ailleurs devoir défendre l'œuvre de son frère, attaquée par le directoire. Il cria, comme les patriotes, que l'indépendance des alliés était attaquée, que les traités étaient violés, etc.

Les deux oppositions se prononçaient plus ouvertement de jour en jour. Elles commençaient à contester au directoire certaines attributions dont il avait été pourvu par la loi du 19 fructidor, et dont il avait quelquefois fait usage. Ainsi cette loi lui donnait le droit de fermer les clubs, ou de supprimer les journaux dont la direction lui paraîtrait dangereuse. Le directoire avait fermé quelques clubs devenus trop violens, et supprimé quelques journaux qui avaient donné des nouvelles fausses et imaginées évidemment dans une intention malveillante. Il y eut un journal, entre autres, qui prétendit que le directoire allait réunir à la France le pays de Vaud : le directoire le supprima. Les patriotes s'élevèrent contre cette puissance arbitraire, et demandèrent le rapport de plusieurs des articles de la loi du 19 fructidor. Les conseils décidèrent que ces articles resteraient en vigueur jusqu'à l'établissement d'une loi sur la presse; et un travail fut ordonné pour la préparation de cette loi.

Le directoire essuya également de fortes contradictions en matière de finances. Il s'agissait de clore le budget de l'an VI (1797-1798), et de proposer celui de l'an VII (1798-1799). Celui de l'an VI avait été fixé à 616 millions; mais sur les 616 millions, il y avait eu un déficit de 62 millions, et, outre ce déficit, un arriéré considérable dans les rentrées. Les créanciers, malgré la solennelle promesse d'acquitter le tiers consolidé, n'avaient pas été payés intégralement. On décida qu'ils recevraient, en paiement de l'arriéré, des bons recevables en acquittement des impôts. Il fallait fixer sur-le-champ le budget de l'an VII, dans lequel on allait entrer. Les dépenses furent arrêtées à 600 millions, sans la supposition d'une nouvelle guerre continentale. Il fallut réduire les contributions foncière et personnelle, beaucoup trop fortes, et élever les impôts du timbre, de l'enregistrement, des douanes, etc. On décréta des centimes additionnels pour les dépenses locales, et des octrois aux portes des villes pour l'entretien des hôpitaux et autres établissemens. Malgré ces augmentations, le ministre Ramel soutint que les impôts ne rentreraient tout au plus qu'aux trois quarts, à en juger par les années précédentes, et que c'était les exagérer beaucoup que de porter les rentrées effectives à 450 ou 500 millions. Il demanda donc de nouvelles ressources, pour couvrir réellement la dépense de 600 millions; il proposa un impôt sur les portes et fenêtres, et un impôt sur le sel. Il s'éleva à ce sujet de violentes contestations. On décréta l'impôt sur les portes et fenêtres, et on prépara un rapport sur l'impôt du sel.

Ces contradictions n'avaient rien de fâcheux en elles-mêmes, mais elles étaient le symptôme d'une haine sourde, à laquelle il ne fallait que des malheurs publics pour éclater. Le directoire, parfaitement instruit de l'état de l'Europe, voyait bien que de nouveaux dangers se préparaient, et que la guerre allait se ranimer sur le continent. Il ne pouvait guère plus en douter au mouvement des différens cabinets. Cobentzel et Repnin n'avaient pu arracher la Prusse à sa neutralité, et l'avaient quittée avec un grand mécontentement. Mais Paul Ier, complètement séduit, avait stipulé un traité d'alliance avec l'Autriche, et on disait ses troupes en marche. L'Autriche armait avec activité; la cour de Naples ordonnait l'enrôlement de toute sa population. Il eût été de la plus grande imprudence de ne pas faire de préparatifs, en voyant un pareil mouvement, depuis les bords de la Vistule jusqu'à ceux du Volturne. Nos armées étant singulièrement diminuées par la désertion, le directoire résolut de pourvoir à leur recrutement par une grande institution, qui restait encore à créer. La convention avait puisé deux fois dans la population de la France, mais d'une manière extraordinaire, sans laisser de loi permanente pour la levée annuelle des soldats. En mars 1793, elle avait ordonné une levée de trois cent mille hommes; en août de la même année, elle avait pris la grande et belle résolution de la levée en masse, génération par génération. Depuis, la république avait existé par cette mesure seule, en forçant à rester sous les drapeaux ceux qui avaient pris les armes à cette époque. Mais le feu, les maladies en avaient détruit un grand nombre; la paix en avait ramené un grand nombre encore dans leurs foyers. On n'avait délivré que douze mille congés, mais il y avait eu dix fois plus de déserteurs; et il était difficile d'être sévère envers des hommes qui avaient défendu pendant six années leur patrie, et qui l'avaient fait triompher de l'Europe au prix de leur sang. Les cadres restaient, et ils étaient excellens. Il fallait les remplir par de nouvelles levées, et prendre, non pas une mesure extraordinaire et temporaire, mais une mesure générale et permanente; il fallait rendre une loi, enfin, qui devînt, en quelque sorte, partie inhérente de la constitution. On imagina la conscription.

Le général Jourdan fut le rapporteur de cette loi grande et salutaire, dont on a abusé comme de toutes les choses de ce monde, mais qui n'en a pas moins sauvé la France et porté sa gloire au comble. Par cette loi, chaque Français fut déclaré soldat de droit, pendant une époque de sa vie. Cette époque était de vingt à vingt-cinq ans. Les jeunes gens arrivés à cet âge étaient partagés en cinq classes, année par année. Suivant la nécessité, le gouvernement appelait des hommes en commençant par la première classe, celle de vingt ans, et par les plus jeunes de chaque classe. Il pouvait successivement appeler les cinq classes, au fur et à mesure des besoins. En temps de paix, les conscrits étaient obligés de servir jusqu'à vingt-cinq ans. Ainsi la durée du service des soldats variait d'une année à cinq, suivant qu'ils avaient été pris de vingt-cinq à vingt ans. En temps de guerre, cette durée était illimitée; c'était au gouvernement à délivrer des congés, quand il croyait le pouvoir sans inconvénient. Il n'y avait d'exemption d'aucune espèce, excepté pour ceux qui s'étaient mariés avant la loi, ou qui avaient déjà payé leur dette dans les guerres précédentes. Cette loi pourvoyait ainsi aux cas ordinaires; mais dans les cas extraordinaires, lorsque la patrie était déclarée en danger, le gouvernement avait droit, comme en 93, sur la population entière; et la levée en masse recommençait.

Cette loi fut adoptée sans opposition, et considérée comme l'une des plus importantes créations de la révolution [1]. Sur-le-champ le directoire de-

---

(1) Elle fut rendue le 19 fructidor an VI (5 septembre).

manda à en faire usage, et réclama la levée de deux cent mille conscrits, pour compléter les armées et les mettre sur un pied respectable. Cette demande fut accordée par acclamations le 2 vendémiaire an VII (23 septembre 1798). Bien que les deux oppositions contrariassent souvent le directoire, par humeur ou jalousie, cependant elles voulaient que la république conservât son ascendant en présence des puissances de l'Europe. Une levée d'hommes exige une levée d'argent. Le directoire demanda, en sus du budget, 125 millions dont 90 pour l'équipement de deux cent mille conscrits, et 35 pour réparer le dernier désastre de la marine. La question était de savoir où on les prendrait. Le ministre Ramel prouva que les bons pour le remboursement des deux tiers de la dette étaient rentrés presque en totalité, qu'il restait 400 millions en biens nationaux, lesquels étaient libres par conséquent, et pouvaient être consacrés aux nouveaux besoins de la république. On décréta en conséquence la mise en vente de 125 millions de biens nationaux. Un douzième devait être payé comptant, le reste en obligations des acquéreurs, négociables à volonté, et payables successivement dans un délai de dix-huit mois. Elles devaient porter intérêt à cinq pour cent. Ce papier pouvait équivaloir à un paiement au comptant, par la facilité de le donner aux compagnies. Les biens devaient être vendus huit fois le revenu. Cette ressource ne fut pas plus contestée que la loi de recrutement, dont elle était la conséquence.

Le directoire se mit ainsi en mesure de répondre aux menaces de l'Europe, et de soutenir la dignité de la république. Deux événemens de médiocre importance venaient d'avoir lieu, l'un en Irlande, l'autre à Ostende. L'Irlande s'était soulevée, et le directoire y avait envoyé le général Humbert avec quinze cents hommes[1]. Malheureusement un envoi de fonds que devait faire la trésorerie ayant été retardé, une seconde division de six mille hommes, commandée par le général Sarrazin, n'avait pu mettre à la voile, et Humbert était resté sans appui. Il s'était maintenu long-temps, et assez pour prouver que l'arrivée du renfort attendu aurait changé entièrement la face des choses. Mais, après une suite de combats honorables, il venait d'être obligé de mettre bas les armes avec tout son corps. Un échec de même nature, essuyé par les Anglais, venait de compenser cette perte. Les Anglais venaient par intervalles lancer quelques bombes sur nos ports de l'Océan. Ils voulurent faire un débarquement à Ostende, pour détruire les écluses; mais, poursuivis à outrance, coupés de leurs vais-

---

[1]. Il débarqua le 5 fructidor (22 août) et fut battu et fait prisonnier le 22 (8 septembre) par le général Cornwalis.

seaux, ils furent pris au nombre de deux mille hommes.

Bien que l'Autriche eût contracté une alliance avec la Russie et avec l'Angleterre, et qu'elle pût compter sur une armée russe et sur un subside anglais, néanmoins elle hésitait encore à rentrer en lutte avec la république française. L'Espagne, qui voyait avec peine l'incendie rallumé sur le continent, et qui craignait également les progrès du système républicain et sa ruine, car dans un cas elle pouvait être révolutionnée, et dans l'autre punie de son alliance avec la France, l'Espagne s'était interposée de nouveau pour calmer des adversaires irrités. Sa médiation, en provoquant des discussions, en faisant naître quelque possibilité d'arrangement, amenait de nouvelles hésitations à Vienne, ou du moins de nouvelles lenteurs. A Naples, où le zèle était furibond, on était indigné de tout délai, et on voulait trouver une manière d'engager la lutte, pour forcer l'Autriche à tirer le fer. La folie de cette petite cour était sans exemple. Le sort des Bourbons était, à cette époque, d'être conduits par leurs femmes à toutes les fautes. On en avait vu trois à la fois dans le même cas: Louis XVI, Charles IV et Ferdinand. Le sort de l'infortuné Louis XVI est connu. Charles IV et Ferdinand, quoique par des voies différentes, étaient entraînés, par la même influence, à une ruine inévitable. On avait fait prendre au peuple de Naples la cocarde anglaise; Nelson était traité comme un dieu tutélaire. On avait ordonné la levée du cinquième de la population, espèce d'extravagance, car il eût suffi d'en bien armer le cinquantième, pour prendre rang parmi les puissances. Chaque couvent devait fournir un cavalier équipé; une partie des biens du clergé avait été mise en vente; tous les impôts avaient été doublés; enfin ce faiseur de projets malheureux, dont tous les plans militaires avaient si mal réussi, et que la destinée réservait à des revers d'une si étrange espèce, Mack avait été demandé à Naples pour être mis à la tête de l'armée napolitaine. On lui décerna le triomphe avant la victoire, et on lui donna le titre de libérateur de l'Italie, le même qu'avait porté Bonaparte. A ces grands moyens on ajoutait des neuvaines à tous les saints, des prières à saint Janvier, et des supplices contre ceux qui étaient soupçonnés de partager les opinions françaises.

La petite cour de Naples continuait ses intrigues en Piémont et en Toscane. Elle voulait que les Piémontais s'insurgeassent sur les derrières de l'armée qui gardait la Cisalpine, et les Toscans sur les derrières de celle qui gardait Rome. Les Napolitains auraient profité de l'occasion pour attaquer de front l'armée de Rome; les Autrichiens en auraient profité aussi pour attaquer de front celle de la Cisalpine, et on augurait de toutes ces combinaisons, que pas un Français ne se sauverait. Le roi de Piémont, prince religieux, avait quelques scrupules à cause du traité d'alliance qui le liait à la France; mais on lui disait que la foi promise à des oppresseurs n'engageait pas, et que les Piémontais avaient le droit d'assassiner jusqu'au dernier Français. Du reste, les scrupules étaient moins ici le véritable obstacle que la surveillance rigoureuse du directoire. Quant à l'archiduc de Toscane, il manquait entièrement de moyens. Naples, pour le décider, promettait de lui envoyer une armée par la flotte de Nelson.

Le directoire, de son côté, était sur ses gardes, et il prenait ses précautions. La république ligurienne, toujours acharnée contre le roi de Piémont, avait enfin déclaré la guerre à ce prince. A une haine de principes se joignait une vieille haine de voisinage; et ces deux petites puissances en voulaient venir aux mains à tout prix. Le directoire intervint dans la querelle, signifia à la république ligurienne qu'il fallait poser les armes, et déclara au roi de Piémont qu'il se chargeait de maintenir la tranquillité dans ses états, mais que, pour cela, il fallait qu'il y occupât un poste important. En conséquence, il lui demanda de laisser occuper par les troupes françaises la citadelle de Turin. Une pareille prétention n'était justifiable que par les craintes que la cour de Piémont inspirait. Il y avait incompatibilité entre les anciens et les nouveaux états, et ils ne pouvaient pas se fier les uns aux autres. Le roi de Piémont fit de grandes remontrances; mais il n'y avait pas moyen de résister aux demandes du directoire. Les Français occupèrent la citadelle, et commencèrent sur-le-champ à l'armer. Le directoire avait détaché l'armée de Rome de celle de la Cisalpine, et lui avait donné, pour la commander, le général Championnet, qui s'était distingué sur le Rhin. L'armée était disséminée dans tout l'état romain; il y avait dans la Marche d'Ancône quatre à cinq mille hommes commandés par le général Casa-Bianca; le général Lemoine était avec deux ou trois mille hommes sur le penchant opposé de l'Apennin, vers Terni. Macdonald, avec la gauche, forte de cinq mille hommes à peu près, était répandu sur le Tibre. Il y avait à Rome une petite réserve. L'armée dite de Rome était donc de quinze à seize mille hommes au plus. La nécessité de surveiller le pays, et la difficulté d'y vivre, nous avaient obligés de disperser nos troupes; et si un ennemi actif et bien secondé avait su saisir l'occasion, il aurait pu faire repentir les Français de leur isolement.

On comptait beaucoup sur cette circonstance à Naples; on se flattait de surprendre les Français et de les détruire en détail. Quelle gloire de prendre l'initiative, de remporter le premier succès, et de forcer enfin l'Autriche à entrer dans la carrière, après la lui avoir ouverte! Ce furent là les raisons qui engagèrent la cour de Naples à prendre l'initiative. Elle espérait que les Français seraient facilement battus, et que l'Autriche ne pourrait plus hésiter, quand une fois le fer serait tiré. M. de Gallo et le prince Belmonte-Pignatelli, qui connaissaient un peu mieux l'Europe et les affaires, s'opposaient à ce qu'on prît l'initiative; mais on refusa d'écouter leurs sages conseils. Pour décider ce pauvre roi, et l'arracher à ses innocentes occupations, on supposa, dit-on, une fausse lettre de l'empereur, qui provoquait le commencement des hostilités. Dès lors les ordres de marche furent donnés pour la fin de novembre. Toute l'armée napolitaine fut mise en mouvement. Le roi lui-même partit avec un grand appareil, pour assister aux opérations. Il n'y eut pas de déclaration de guerre, mais une sommation aux Français d'évacuer l'état romain : ils répondirent à cette sommation en se préparant à combattre, malgré la disproportion du nombre.

Dans la situation respective des deux armées, rien n'était plus facile que d'accabler les Français, dispersés dans les provinces romaines, à droite et à gauche de l'Apennin. Il fallait marcher directement sur leur centre, et porter la masse des forces napolitaines entre Rome et Terni. La gauche des Français, placée au-delà de l'Apennin pour garder les Marches, eût été coupée de leur droite, placée en deçà pour garder les rives du Tibre. On les eût ainsi empêchés de se rallier, et on les aurait ramenés en désordre jusque dans la Haute-Italie. La Péninsule du moins eût été délivrée ; et la Toscane, l'état romain, les Marches, seraient entrés sous la domination de Naples. Le nombre des troupes napolitaines rendait ce plan encore plus facile et plus sûr; mais il était impossible que Mack employât une manœuvre aussi simple. Comme dans ses anciens plans, il voulut envelopper l'ennemi par une multitude de corps détachés. Il avait près de soixante mille hommes, dont quarante mille formaient l'armée active, et vingt mille les garnisons. Au lieu de diriger cette masse de forces sur le point essentiel de Terni, il la divisa en six colonnes. La première, agissant sur les revers de l'Apennin, le long de l'Adriatique, dut se porter par la route d'Ascoli dans les Marches ; la seconde et la troisième, agissant sur l'autre côté des monts, et se liant à la précédente, durent marcher, l'une sur Terni, l'autre sur Magliano; la quatrième et la principale, formant le corps de bataille, fut dirigée sur Frascati et sur Rome ; une cinquième, longeant la Méditerranée, eut la mission de parcourir les

Marais Pontins, et de rejoindre le corps de bataille sur la voie Appienne; enfin la dernière, embarquée sur l'escadre de Nelson, fut dirigée sur Livourne, pour soulever la Toscane et fermer la retraite aux Français. Ainsi tout était préparé pour les envelopper et les perdre tous, mais rien ne l'était pour les battre auparavant.

C'est dans cet ordre que Mack se mit en marche avec ses quarante mille hommes. La quantité de ses bagages, l'indiscipline des troupes, le mauvais état des chemins, rendaient ses mouvemens très lents. L'armée napolitaine formait une longue queue, sans ordre et sans ensemble. Championnet, averti à temps du péril, détacha deux corps pour observer la marche de l'ennemi, et protéger les corps isolés qui se repliaient. Ne croyant pas pouvoir conserver Rome, il résolut de prendre une position en arrière, sur les bords du Tibre, entre Civita-Castellana et Civita-Ducale, et là de concentrer ses forces pour reprendre l'offensive.

Tandis que Championnet se retirait sagement, et évacuait Rome, en laissant huit cents hommes dans le château Saint-Ange, Mack s'avançait fièrement sur toutes les routes, et semblait ne pouvoir trouver de résistance. Il arriva aux portes de Rome le 9 frimaire an VII (29 novembre 1798), et y entra sans obstacle. On avait préparé au roi une réception triomphale. Ce pauvre prince, traité en conquérant et en libérateur, fut enivré de l'espèce de gloire militaire qu'on lui avait apprêtée. Du reste, on lui conseillait un noble usage de la victoire, et il invita le pape à venir reprendre possession de ses états. Cependant son armée, moins généreuse que lui, commit d'horribles pillages. La populace romaine, avec sa mobilité accoutumée, se précipita sur les maisons de ceux qu'on accusait d'être révolutionnaires, et les dévasta. La dépouille mortelle du malheureux Duphot fut exhumée et indignement outragée.

Pendant que les Napolitains occupaient ainsi leur temps à Rome, Championnet exécutait avec une rare activité l'habile détermination qu'il avait prise. Sentant que le point essentiel était au centre sur le Haut-Tibre, il fit prendre à Macdonald une forte position à Civita-Castellana, et le renforça de toutes les troupes dont il put disposer. Il transporta une partie des forces qu'il avait dans les Marches, au-delà de l'Apennin, et ne laissa au général Casa-Bianca que ce qui lui était strictement nécessaire pour retarder de ce côté la marche de l'ennemi. Lui-même courut à Ancône pour hâter l'arrivée de ses parcs et des munitions. Ne s'effrayant pas plus qu'il ne fallait de ce qui se préparait sur ses derrières en Toscane, il chargea un officier, avec un faible détachement, d'observer ce qui se passait de ce côté.

Les Napolitains rencontrèrent enfin les Français sur les différentes routes qu'ils parcouraient. Ils étaient trois fois plus nombreux, mais ils avaient affaire aux fameuses bandes d'Italie, et ils trouvèrent que la tâche était rude. Dans les Marches, la colonne qui s'avançait par Ascoli fut repoussée au loin par Casa-Bianca. Sur la route de Terni, un colonel napolitain fut enlevé avec tout son corps par le général Lemoine. Cette première expérience de la guerre avec les Français était peu faite pour encourager les Napolitains. Cependant Mack fit ses dispositions pour enlever la position qu'il sentait la plus importante, celle de Civita-Castellana, où Macdonald se trouvait avec le gros de nos troupes. Civita-Castellana est l'ancienne Veïes. Elle est placée sur un ravin, dans une position très forte. Les Français tenaient plusieurs postes éloignés qui en couvraient les approches. Le 14 frimaire an VII (4 décembre), Mack fit attaquer Borghetto, Nepi, Rignano, par des forces considérables. Il dirigea par la rive opposée du Tibre une colonne accessoire, qui devait s'emparer de Rignano. Aucune de ces attaques ne réussit. L'une des colonnes, mise en fuite, perdit toute son artillerie. Une seconde, enveloppée, perdit trois mille prisonniers. Les autres, découragées, se bornèrent à de simples démonstrations. Nulle part enfin les troupes napolitaines ne purent soutenir le choc des troupes françaises. Mack, un peu déconcerté, renonça à enlever la position centrale de Civita-Castellana, et commença à s'apercevoir que ce n'était pas sur ce point qu'il aurait fallu essayer de forcer la ligne ennemie. C'est à Terni, point plus rapproché de l'Apennin, et moins défendu par les Français, qu'il aurait dû frapper le coup principal. Il songea dès lors à dérober ses troupes, et à les reporter de Civita-Castellana sur Terni. Mais pour cacher ce mouvement, il aurait fallu une rapidité d'exécution impossible avec des troupes sans discipline. Il fallut plusieurs jours pour faire repasser le Tibre au gros de l'armée; et Mack ralentit encore par sa propre faute une opération déjà trop lente. Macdonald, qu'il croyait retenir à Civita-Castellana par des démonstrations, s'était déjà transporté de Civita-Castellana au-delà du Tibre. Lemoine avait été renforcé à Terni. Ainsi, les Napolitains avaient été prévenus sur tous les points qu'ils se proposaient de surprendre. Le premier mouvement du général Metsch, de Calvi sur Otricoli, n'amena qu'un désastre. Le 19 frimaire (9 décembre), ramené d'Otricoli sur Calvi, ce général fut entouré et obligé de mettre bas les armes, avec quatre mille hommes, devant un corps de trois mille cinq cents. Dès cet instant, Mack ne songea plus qu'à rentrer dans Rome, et à se replier de Rome jusqu'au pied des montagnes de

Frascati et d'Albano, pour y rallier son armée, et la renforcer de nouveaux bataillons. C'était là une triste ressource, car ce n'était pas la quantité des soldats qu'il fallait augmenter, c'était leur qualité qu'il aurait fallu changer; et ce n'était pas en se retirant à quelques lieues du champ de bataille qu'on pouvait trouver le temps de leur donner la discipline et la bravoure.

Le roi de Naples, en apprenant ces tristes événemens, sortit furtivement de Rome, où il était entré quelques jours auparavant en triomphe. Les Napolitains l'évacuèrent en désordre, à la grande satisfaction des Romains, qui étaient déjà beaucoup plus importunés de leur présence, qu'ils ne l'avaient été de celle des Français. Championnet rentra dans Rome dix-sept jours après en être sorti. Il avait mérité véritablement les honneurs du triomphe. Se concentrant habilement avec quinze ou seize mille hommes, il avait su reprendre l'offensive contre quarante mille, et les avait poussés en désordre devant lui. Championnet ne voulut pas se borner à la simple défense des États romains, il conçut le projet audacieux de conquérir le royaume de Naples avec sa faible armée. L'entreprise était difficile, moins à cause de la force de l'armée napolitaine que de la disposition des habitans, qui pouvaient nous faire une guerre de partisans fort longue et fort dangereuse. Championnet n'en persista pas moins à s'avancer. Il partit de Rome pour suivre la retraite de Mack. Il lui fit sur la route une grande quantité de prisonniers, et mit dans une déroute complète la colonne qui avait été débarquée en Toscane, et dont il ne s'échappa que trois mille hommes.

Mack, entièrement démoralisé, se replia rapidement dans le royaume de Naples, et ne s'arrêta que devant Capoue, sur la ligne du Volturne. Il fit choix de ses troupes les meilleures, les plaça devant Capoue et sur toute la ligne du fleuve, qui est très profond, et qui forme une barrière difficile à franchir. Pendant ce temps, le roi était rentré à Naples, et son retour subit y avait jeté la confusion. Le peuple, furieux des échecs essuyés par l'armée, criait à la trahison, demandait des armes, et menaçait d'égorger les généraux, les ministres, tous ceux auxquels il attribuait les malheurs de la guerre. Il voulait égorger aussi tous ceux qu'on accusait de désirer les Français et la révolution. Cette cour odieuse n'hésita pas à donner aux lazzaronis des armes dont il était facile de prévoir l'usage. A peine ces espèces de barbares eurent-ils reçu les dépouilles des arsenaux, qu'ils s'insurgèrent et se rendirent maîtres de Naples. Criant toujours à la trahison, ils s'emparèrent d'un messager du roi, et l'assassinèrent. Le favori Acton, auquel on commençait à attribuer les malheurs publics, la reine, le roi, toute la cour, étaient dans l'épouvante. Naples ne paraissait plus un séjour assez sûr; l'idée de se réfugier en Sicile fut aussitôt conçue et adoptée. Le 11 nivôse (31 décembre), les meubles précieux de la couronne, tous les trésors des palais de Caserte et de Naples, et un trésor de vingt millions, furent embarqués sur l'escadre de Nelson, et on fit voile pour la Sicile. Acton, l'auteur de toutes les calamités publiques, ne voulut pas braver les dangers du séjour de Naples, et s'embarqua avec la reine. Tout ce qu'on ne put pas emporter fut brûlé. Ce fut au milieu d'une tempête, et à la lueur des flammes des chantiers incendiés, que cette cour lâche et criminelle abandonna à ses dangers le royaume qu'elle avait compromis. Elle laissa, dit-on, l'ordre d'égorger la haute bourgeoisie, accusée d'esprit révolutionnaire. Tout devait être immolé, jusqu'au rang de notaire. Le prince Pignatelli resta à Naples, chargé des pouvoirs du roi.

Pendant ce temps, Championnet s'avançait vers Naples. Il avait commis à son tour la même faute que Mack; il s'était divisé en plusieurs colonnes, qui devaient se joindre devant Capoue. Leur jonction à travers un pays difficile, au milieu d'un peuple fanatique et soulevé de toutes parts contre les prétendus ennemis de Dieu et de saint Janvier, était fort incertaine.

Championnet, arrivé avec son corps de bataille

sur les bords du Volturne, voulut faire une tentative sur Capoue. Repoussé par une nombreuse artillerie, il fut obligé de renoncer à un coup de main, et de replier ses troupes, en attendant l'arrivée des autres colonnes. Cette tentative eut lieu le 14 nivôse an VII (3 janvier 1799). Les paysans napolitains, insurgés de toutes parts, interceptaient nos courriers et nos convois. Championnet n'avait aucune nouvelle de ses autres colonnes, et sa position pouvait être considérée comme très critique. Mack profita de l'occasion pour lui faire des ouvertures amicales. Championnet, comptant sur la fortune des Français, repoussa hardiment les propositions de Mack. Heureusement il fut rejoint par ses colonnes, et il convint alors d'un armistice, aux conditions suivantes : Mack devait abandonner la ligne du Volturne, céder la ville de Capoue aux Français, se retirer derrière la ligne des Regi-Lagni du côté de la Méditerranée, et de l'Ofanto, du côté de l'Adriatique, et céder ainsi une grande partie du royaume de Naples. Outre ces concessions de territoire, on stipula une contribution de huit millions en argent. L'armistice fut signé le 22 nivôse (11 janvier).

Quand on apprit à Naples la nouvelle de l'armistice, le peuple se livra à la plus grande fureur, et cria plus vivement encore qu'il était trahi par les officiers de la couronne. La vue du commissaire chargé de recevoir la contribution de huit millions porta la multitude aux derniers excès ; elle se révolta, et empêcha l'exécution de l'armistice. Le tumulte fut porté à un tel degré, que le prince Pignatelli, épouvanté, abandonna Naples. Cette belle capitale resta livrée aux lazzaronis. Il n'y avait plus aucune autorité reconnue, et on était menacé d'un horrible bouleversement. Enfin, après trois jours de tumulte, on parvint à choisir un chef qui avait la confiance des lazzaronis, et qui avait quelques moyens de les contenir : c'était le prince de Moliterne. Pendant ce temps, les mêmes fureurs éclataient dans l'armée de Mack. Ses soldats, loin de s'en prendre de leurs malheurs à leur lâcheté, s'en prirent à leur général, et voulurent le massacrer. Le prétendu libérateur de l'Italie, qui avait reçu un mois auparavant les honneurs du triomphe, n'eut d'autre asile que le camp même des Français. Il demanda à Championnet la permission de se réfugier auprès de lui. Le généreux républicain, oubliant le langage peu convenable de Mack dans sa correspondance, lui donna asile, le fit asseoir à sa table, et lui laissa son épée.

Championnet, autorisé par le refus fait à Naples d'exécuter les conditions de l'armistice, s'avança sur cette capitale, dans le but de s'en emparer. La chose était difficile, car un peuple immense, qui, en rase campagne, eût été balayé par quelques escadrons de cavalerie, devenait très-redoutable derrière les murs d'une ville. On eut quelques combats à livrer pour approcher de la place, et les lazzaronis montrèrent là plus de courage que l'armée napolitaine. L'imminence du danger avait redoublé leur fureur. Le prince de Moliterne, qui voulait les modérer, avait cessé bientôt de leur convenir, et ils avaient pris pour chefs deux d'entre eux, les nommés Paggio et Michel-le-fou. Ils se livrèrent, dès cet instant, aux plus grands excès, et commirent toute espèce de violences contre les bourgeois et les nobles accusés de jacobinisme. Le désordre fut poussé à un tel point, que toutes les classes intéressées à l'ordre souhaitèrent l'entrée des Français. Les habitans firent prévenir Mack qu'ils se joindraient à lui pour livrer Naples. Le prince de Moliterne lui-même promit de s'emparer du fort Saint-Elme, et de le livrer aux Français. Le 4 pluviôse (23 janvier), Championnet donna l'assaut. Les lazzaronis se défendirent courageusement ; mais les bourgeois s'étant emparés du fort Saint-Elme et de différens postes de la ville, donnèrent entrée aux Français. Les lazzaronis, retranchés néanmoins dans les maisons, allaient se défendre de rues en rues, et incendier peut-être la ville ; mais on fit prisonnier un de leurs chefs, on le traita avec beaucoup d'égards, on lui promit de respecter saint Janvier, et on obtint enfin qu'il fît mettre bas les armes à tous les siens.

Championnet, dès cet instant, se trouva maître de Naples et de tout le royaume : il se hâta d'y rétablir l'ordre et de désarmer les lazzaronis. D'après les intentions du gouvernement français, il proclama la nouvelle république. Un nom antique lui fut donné, celui de république parthénopéenne. Telle fut l'issue des folies et des méchancetés de la cour de Naples. Vingt mille Français et deux mois suffirent pour déjouer ses vastes projets, changer ses états en république. Cette courte campagne de Championnet lui valut sur-le-champ une réputation brillante. L'armée de Rome prit dès lors le titre d'armée de Naples, et fut détachée de l'armée d'Italie. Championnet devint indépendant de Joubert.

Pendant que ces événemens avaient lieu dans la Péninsule, la chute du royaume de Piémont était enfin consommée. Déjà, par une précaution que les circonstances légitimaient assez, Joubert s'était emparé de la citadelle de Turin, et l'avait armée avec l'artillerie prise dans les arsenaux piémontais. Mais cette précaution était fort insuffisante dans l'état présent des choses. Le trouble régnait toujours dans le Piémont : les républicains faisaient sans cesse de nouvelles tentatives, et venaient même de perdre six cents hommes, pour avoir essayé de surprendre Alexandrie. Une mascarade sortie de la citadelle de Turin, où toute la cour était représentée, et qui était à la fois l'œuvre des Piémontais et des officiers français que les généraux ne pouvaient pas toujours contenir, avait failli provoquer un combat sanglant dans Turin même. La cour de Piémont ne pouvait pas être notre amie, et la correspondance du ministre de Naples avec M. de Priocca, ministre dirigeant de Piémont, le prouvait assez. Dans des circonstances pareilles, la France, exposée à une nouvelle guerre, ne pouvait pas laisser, sur ses communications des Alpes, deux partis aux prises et un gouvernement ennemi. Elle avait, sur la cour de Piémont, le droit que les défenseurs d'une place ont sur tous les bâtimens qui en gênent ou en compromettent la défense. Il fut décidé qu'on forcerait le roi de Piémont à abdiquer. On soutint les républicains, et on les aida à s'emparer de Novarre, Alexandrie, Suze, Chivasso. On dit alors au roi qu'il ne pouvait plus vivre dans des états qui se révoltaient, et qui allaient être bientôt le théâtre de la guerre : on lui demanda son abdication, en lui laissant l'île de Sardaigne. L'abdication fut signée le 19 frimaire (9 décembre 1798). Ainsi les deux princes les plus puissans de l'Italie, celui de Naples et de Piémont, n'avaient plus, de leurs états, que deux îles. Dans les circonstances qui se préparaient, on ne voulut pas se donner l'embarras de créer une nouvelle république, et en attendant le résultat de la guerre, il fut décidé que le Piémont serait provisoirement administré par la France. Il ne restait plus à envahir en Italie que la Toscane. Une simple signification suffisait pour l'occuper; mais on différait cette signification, et on attendait, pour la faire, que l'Autriche se fût ouvertement déclarée.

CHAPITRE XV.

ÉTAT DE L'ADMINISTRATION DE LA RÉPUBLIQUE ET DES ARMÉES AU COMMENCEMENT DE 1799.—PRÉPARATIFS MILITAIRES.— LEVÉE DE 200 MILLE CONSCRITS. — MOYENS ET PLANS DE GUERRE DU DIRECTOIRE ET DES PUISSANCES COALISÉES. — DÉCLARATION DE GUERRE A L'AUTRICHE. — OUVERTURE DE LA CAMPAGNE DE 1799. — INVASION DES GRISONS. — COMBAT DE PFULLENDORF. — BATAILLE DE STOCKACH. — RETRAITE DE JOURDAN. — OPÉRATIONS MILITAIRES EN ITALIE. — BATAILLE DE MAGNANO ; RETRAITE DE SCHÉRER. — ASSASSINAT DES PLÉNIPOTENTIAIRES FRANÇAIS A RASTADT. — EFFETS DE NOS PREMIERS REVERS. — ACCUSATIONS MULTIPLIÉES CONTRE LE DIRECTOIRE. — ÉLECTIONS DE L'AN VII. — SIÈYES EST NOMMÉ DIRECTEUR, EN REMPLACEMENT DE REWBELL.

TEL était l'état des choses au commencement de l'année 1799. La guerre, d'après les événemens que nous venons de rapporter, n'était plus douteuse. D'ailleurs les correspondances interceptées, la levée de boucliers de la cour de Naples, qui n'aurait pas pris l'initiative sans la certitude d'une intervention puissante, les préparatifs immenses de l'Autriche, enfin l'arrivée d'un corps russe en Moravie, ne laissaient plus aucune incertitude. On était en nivôse (janvier 1799), et il était évident que les hostilités seraient commencées avant deux mois. Ainsi l'incompatibilité des deux grands systèmes que la révolution avait mis en présence était prouvée par les faits. La France avait commencé l'année 1798 avec trois républiques à ses côtés, les républiques batave, cisalpine et ligurienne, et déjà il en existait six à la fin de cette année, par la création des républiques helvétique, romaine et parthénopéenne. Cette extension avait été moins le résultat de l'esprit de conquête, que de l'esprit de système. On avait été obligé de secourir les Vaudois opprimés : on avait été provoqué à Rome à venger la mort du malheureux Duphot, immolé en voulant séparer les deux partis : à Naples on n'avait fait que repousser une agression. Ainsi on avait été forcément conduit à rentrer en lutte. Il est constant que le directoire, quoique ayant une immense confiance dans la puissance française, désirait cependant la paix, pour des raisons politiques et financières; il est constant aussi que l'empereur, tout en désirant la guerre, voulait l'éloigner encore. Cependant tous s'étaient conduits comme s'ils avaient voulu rentrer immédiatement en lutte, tant était grande l'incompatibilité des deux systèmes.

La révolution avait donné au gouvernement français une confiance et une audace extraordinaire. Le dernier événement de Naples, quoique peu considérable en lui-même, venait de lui persuader encore que tout devait fuir devant les baïonnettes françaises. C'était du reste l'opinion de l'Europe. Il ne fallait rien moins que l'immensité des moyens réunis contre la France, pour donner à ses ennemis le courage de se mesurer avec elle. Mais cette confiance du gouvernement français dans ses forces était exagérée, et lui cachait une partie des difficultés de sa position. La suite a prouvé que ses ressources étaient immenses, mais que dans le moment elles n'étaient pas encore assez assurées pour garantir la victoire. Le directoire, outre la France, avait à administrer la Hollande, la Suisse, toute l'Italie, partagées en autant de républiques. Les administrer par l'intermédiaire de leur gouvernement, était, comme on l'a vu, encore plus difficile que si on avait commandé directement chez elles. On n'en pouvait presque tirer aucune ressource, ni en argent ni en hommes, par le défaut d'organisation. Il fallait cependant les défendre, et dès lors combattre sur une ligne qui, depuis le Texel, s'étendait sans interruption jusqu'à l'Adriatique, ligne qui, attaquée de front par la Russie et l'Autriche, était prise à revers par les flottes anglaises, soit en Hollande, soit à Naples. Les forces qu'une telle situation militaire exigeait, il fallait les tirer de France seulement. Or, les armées étaient singulièrement affaiblies. Quarante mille soldats, les meilleurs, étaient en Égypte sous notre grand capitaine. Les armées restées en France étaient diminuées de moitié par l'effet des désertions que la paix amène toujours. Le gouvernement payait le même nombre de soldats, mais il n'avait peut-être pas cent cinquante mille hommes effectifs. Les administrations et les états-majors faisaient le profit sur la solde, et c'était une surcharge inutile pour les finances. Ces cent cinquante mille hommes effectifs formaient des cadres excellens, qu'on pouvait remplir avec la nouvelle levée des conscrits; mais il fallait du temps pour cela, et on n'en avait pas eu assez depuis l'établissement de la conscription. Enfin, les finances étaient toujours dans le même délabrement, par la mauvaise organisation de la perception. On avait voté un budget de 600 millions, et une ressource extraordinaire de 125 millions, prise sur les 400 millions restans de biens nationaux ; mais la lenteur des rentrées, et l'erreur dans l'évaluation de certains produits, laissaient un déficit considérable. Enfin la subordination, si nécessaire dans une machine aussi vaste, commençait à disparaître. Les militaires devenaient très difficiles à contenir. Cet état de guerre perpétuelle leur faisait sentir qu'ils étaient nécessaires; ils en devenaient impérieux et exigeans. Placés dans des pays riches, ils voulaient en profiter, et ils étaient les complices de toutes les spoliations. Ils voulaient aussi faire triompher leurs opinions là où ils résidaient, et n'obéissaient qu'avec peine à la direction des agens civils. On l'a vu dans la querelle de Brune avec Trouvé. Enfin, dans l'intérieur, l'opposition qu'on a vu renaître depuis le 18 fructidor, et prendre deux caractères, se prononçait davantage. Les patriotes, réprimés aux dernières élections, se préparaient à triompher dans les nouvelles. Les modérés critiquaient froidement, mais amèrement, toutes les mesures du gouvernement, et suivant l'usage de toutes les oppositions, lui reprochaient même les difficultés qu'il avait à vaincre, et qui étaient le plus souvent insurmontables. Le gouvernement, c'est la force même : il faut qu'il triomphe ; tant pis pour lui s'il ne triomphe pas. On n'écoute jamais ses excuses, quand il explique pourquoi il n'a pas réussi.

Telle était la situation du directoire à l'instant où la guerre recommença avec l'Europe. Il fit de grands efforts pour rétablir l'ordre dans cette grande machine. La confusion régnait toujours en Italie. Les ressources de cette belle contrée étaient gaspillées, et se perdaient inutilement pour l'armée; quelques pillards en profitaient seuls. La commission chargée d'instituer et d'administrer la république romaine venait de terminer ses fonctions, et aussitôt l'influence des états-majors s'était fait sentir. On avait changé les consuls jugés trop modérés. On avait rompu les marchés avantageux pour l'entretien de l'armée. La commission, dans laquelle Faypoult avait la direction financière, avait conclu un marché pour l'entretien et le paiement des troupes stationnées à Rome, et pour le transport de tous les objets d'art envoyés en France. Elle avait adjugé en paiement des biens nationaux pris sur le clergé. Le marché, outre qu'il était modéré sous le rapport du prix, avait l'avantage de fournir un emploi aux biens nationaux. Il fut cassé, et donné ensuite à la compagnie Baudin, qui dévorait l'Italie. Cette compagnie se faisait appuyer par les états-majors, auxquels elle abandonnait un pour cent de profit. Le Piémont, qu'on venait d'occuper, offrait une nouvelle proie à dévorer, et la probité de Joubert, général en chef de l'armée d'Italie, n'était pas une garantie contre l'avidité de l'état-major et des compagnies. Naples surtout allait être mise au pillage. Il y avait dans le directoire quatre hommes intègres, Rewbell, Larévellière, Merlin et Treilhard, que tous les désordres révoltaient. Larévellière surtout, le plus sévère et le plus instruit des faits par ses relations particulières avec l'ambassadeur Trouvé et avec les membres de la commission de Rome, Larévellière voulait qu'on déployât la plus grande énergie. Il proposa et fit adopter un projet fort sage ; c'était d'instituer dans tous les pays dépendans de la France, et où résidaient nos armées, des commissions chargées de la partie civile et financière, et tout à fait indépendantes des états-majors. A Milan, à Turin, à Rome, à Naples, des commissions civiles devaient recevoir les contributions stipulées avec les pays alliés de la France, passer les marchés, faire tous les arrangemens financiers, fournir en un mot aux besoins des armées, mais ne laisser aucun maniement de fonds aux chefs militaires. Les commissions avaient cependant l'ordre de compter aux généraux les fonds qu'ils demanderaient, sans qu'ils fussent obligés de justifier pourquoi; ils n'en devaient compte qu'au gouvernement. Ainsi l'autorité militaire était encore bien ménagée. Les quatre directeurs firent adopter la mesure, et on signifia à Schérer l'ordre de la faire exécuter sur-le-champ avec la dernière rigueur. Comme il montrait quelque indulgence pour ses camarades, on lui signifia qu'il répondrait de tous les désordres qui ne seraient pas réprimés.

Cette mesure, quelque juste qu'elle fût, devait blesser beaucoup les états-majors. En Italie surtout ils parurent se révolter; ils dirent qu'on déshonorait les militaires par les précautions qu'on prenait à leur égard, qu'on enchaînait tout à fait les généraux, qu'on les privait de toute autorité. Championnet, à Naples, avait déjà tranché du législateur, et nommé des commissions chargées d'administrer le pays conquis. Faypoult était envoyé à Naples pour s'y charger de toute la partie financière. Il prit les arrêtés nécessaires pour faire rentrer l'administration dans ses mains, et révoqua certaines mesures fort mal entendues, prises par Championnet. Celui-ci, avec toute la morgue des gens de son état, surtout quand ils sont victorieux, se regarda comme offensé; il eut la hardiesse de prendre un arrêté par lequel il enjoignait à Faypoult et aux autres commissaires de quitter Naples sous vingt-quatre heures. Une pareille conduite était intolérable. Méconnaître les ordres du directoire et chasser de Naples les envoyés revêtus de ses pouvoirs, était un acte qui méritait la plus sévère répression, à moins qu'on ne voulût abdiquer l'autorité suprême et la remettre aux généraux. Le directoire ne faiblit pas, et grâce à l'énergie des membres intègres qui voulaient mettre fin aux gaspillages, il déploya ici toute son autorité. Il destitua Championnet, malgré l'éclat de ses derniers succès, et le livra à une commission militaire. Malheureusement l'insubordination ne s'arrêta pas là. Le brave Joubert se laissa persuader que l'honneur militaire était blessé par les arrêtés du directoire; il ne voulut pas conserver le commandement aux conditions nouvelles prescrites aux généraux, et donna sa démission. Le directoire l'accepta.

Bernadotte refusa de succéder à Joubert, par les mêmes motifs. Néanmoins le directoire ne céda pas et persista dans ses arrêtés.

Le directoire s'occupa ensuite de la levée des conscrits, qui s'exécutait lentement. Les deux premières classes ne pouvant pas fournir les deux cent mille hommes, il se fit autoriser à les prendre dans toutes les classes, jusqu'à ce que le nombre requis fût complet. Pour gagner du temps, il fut décidé que les communes seraient chargées elles-mêmes de l'équipement des nouvelles recrues, et que cette dépense serait comptée en déduction de la contribution foncière. Ces nouveaux conscrits, à peine équipés, devaient se rendre sur les frontières, y être formés en bataillons de garnison, remplacer les vieilles troupes dans les places et les camps de réserve, et dès que leur instruction serait suffisante, aller rejoindre les armées actives.

Le directoire s'occupait aussi du déficit. Le ministre Ramel, qui administrait toujours nos finances avec lumière et probité, depuis l'établissement du directoire, après avoir vérifié le produit des impôts, assurait que le déficit serait de 65 millions, sans compter tout l'arriéré provenant du retard dans les rentrées. Une violente dispute s'engagea sur la quotité du déficit. Les adversaires du directoire ne le portaient pas à plus de 15 millions. Ramel prouvait qu'il serait de 65 au moins, et peut-être même de 75. On avait imaginé l'impôt des portes et fenêtres, mais il ne suffisait pas. L'impôt du sel fut mis en discussion. Alors de grands cris s'élevèrent : on opprimait le peuple, disait-on, on faisait porter les charges publiques sur une seule classe, on renouvelait les gabelles, etc. Lucien Bonaparte était celui des orateurs qui faisait valoir les objections avec le plus d'acharnement. Les partisans du gouvernement répondaient en alléguant la nécessité. L'impôt fut rejeté par le conseil des anciens. Pour en remplacer le produit, on doubla l'impôt des portes et fenêtres; on décupla même celui des portes cochères. On mit en vente les biens du culte protestant, on décréta que le clergé protestant recevrait des salaires en dédommagement de ses biens. On mit à la disposition du gouvernement les sommes à recouvrer sur les propriétaires de biens restés indivis avec l'état.

Malheureusement toutes ces ressources n'étaient pas assez promptes. Outre la difficulté de porter le produit de l'impôt au niveau de 600 millions, il y avait un autre inconvénient dans la lenteur des rentrées. On était encore réduit, cette année comme dans les précédentes, à donner des délégations aux fournisseurs sur les produits non rentrés. Les rentiers, auxquels on avait, depuis le remboursement des deux tiers, promis la plus grande exactitude, étaient payés eux-mêmes avec des bons recevables en acquittement des impôts. Ainsi on se trouvait de nouveau réduit aux expédiens.

Ce n'était pas tout que de réunir des soldats et des fonds pour les entretenir, il fallait les distribuer d'après un plan convenable, et leur choisir des généraux. Il fallait, comme nous l'avons dit, garder la Hollande, la ligne du Rhin, la Suisse et toute l'Italie, c'est-à-dire opérer depuis le golfe de Tarente jusqu'au Texel. La Hollande était couverte d'un côté par la neutralité de la Prusse, qui paraissait certaine; mais une flotte anglo-russe devait y faire un débarquement, et il était urgent de la protéger contre ce danger. La ligne du Rhin était protégée par les deux places de Mayence et de Strasbourg; et quoiqu'il fût peu probable que l'Autriche vînt essayer de la percer, il était prudent de la couvrir par un corps d'observation. Soit qu'on prît l'offensive ou qu'on l'attendît, c'était sur les bords du Haut-Danube, vers les environs du lac de Constance, ou en Suisse, qu'on devait rencontrer les armées autrichiennes. Il fallait une armée active qui, partie de l'Alsace ou de la Suisse, s'avancerait dans les plaines de la Bavière. Il fallait ensuite un corps d'observation pour couvrir la Suisse; il fallait enfin une grande armée pour couvrir la Haute-Italie contre les Autrichiens, et la Basse-Italie contre les Napolitains et les Anglais réunis.

Ce champ de bataille était immense, et il n'était pas connu et jugé comme il l'a été depuis, à la suite de longues guerres et de campagnes immortelles. On pensait alors que la clé de la plaine était dans les montagnes. La Suisse, placée au milieu de la ligne immense sur laquelle on allait combattre, paraissait la clé de tout le continent; et la France, qui occupait la Suisse, semblait avoir un avantage décisif. Il semblait qu'en ayant les sources du Rhin, du Danube, du Pô, elle en commandât tout le cours. C'était là une erreur. On conçoit que deux armées qui appuient immédiatement une aile à des montagnes, comme les Autrichiens et les Français quand ils se battaient aux environs de Vérone ou aux environs de Rastadt, tiennent à la possession de ces montagnes, parce que celle des deux qui en est maîtresse peut déborder l'ennemi par les hauteurs. Mais quand on se bat à cinquante ou cent lieues des montagnes, elles cessent d'avoir la même importance. Tandis qu'on s'épuiserait pour la possession du Saint-Gothard, des armées placées sur le Rhin ou sur le Bas-Pô auraient le temps de décider du sort de l'Europe. Mais on concluait du petit au grand : de ce que les hauteurs sont importantes sur un champ de bataille de quelques lieues, on en concluait que la puissance maîtresse des Alpes devait l'être du continent. La Suisse n'a qu'un avantage réel, c'est d'ouvrir des débouchés directs à la France sur l'Autriche, et à l'Autriche sur la France. On conçoit dès lors que, pour le repos des deux puissances et de l'Europe, la clôture de ces débouchés soit un bienfait. Plus on peut empêcher les points de contact et les moyens d'invasion, mieux on fait, surtout entre deux états qui ne peuvent se heurter sans que le continent en soit ébranlé. C'est en ce sens que la neutralité de la Suisse intéresse toute l'Europe, et qu'on a toujours eu raison d'en faire un principe de sûreté générale.

La France, en l'envahissant, s'était donné l'avantage des débouchés directs sur l'Autriche et l'Italie, et, en ce sens, on pouvait regarder la possession de la Suisse comme importante pour elle. Mais si la multiplicité des débouchés est un avantage pour la puissance qui doit prendre l'offensive, et qui en a les moyens, elle devient un inconvénient pour la puissance qui est réduite à la défensive, par l'infériorité de ses forces. Celle-ci doit souhaiter alors que le nombre des points d'attaque soit aussi réduit que possible, afin de pouvoir concentrer ses forces avec avantage. S'il eût été avantageux pour la France, suffisamment préparée à l'offensive, de pouvoir déboucher en Bavière par la Suisse, il était fâcheux pour elle, réduite à la défensive, de ne pouvoir pas compter sur la neutralité suisse; il était fâcheux pour elle d'avoir à garder tout l'espace compris de Mayence à Gênes, au lieu de pouvoir, comme elle le fit en 1793, concentrer ses forces, entre Mayence et Strasbourg d'une part, et entre le Mont-Blanc et Gênes de l'autre.

Ainsi, l'occupation de la Suisse pouvait devenir dangereuse pour la France, dans le cas de la défensive. Mais elle était fort loin de se croire dans un cas pareil. Le projet du gouvernement était de prendre l'offensive partout et de procéder, comme naguère, par des coups foudroyans. Mais la distribution de ses forces fut des plus malheureuses. On plaça une armée d'observation en Hollande, et une autre armée d'observation sur le Rhin. Une armée active devait partir de Strasbourg, traverser la forêt Noire, et envahir la Bavière. Une seconde armée active devait combattre en Suisse pour la possession des montagnes, et appuyer ainsi d'un côté celle qui agirait sur le Danube, et de l'autre celle qui agirait en Italie. Une autre grande armée devait partir de l'Adige pour chasser tout à fait les Autrichiens jusqu'au-delà de l'Izonzo. Enfin, une dernière armée d'observation devait couvrir la Basse-Italie, et garder Naples. On voulait que l'armée de Hollande fût de vingt mille hommes, celle du Rhin de quarante, celle du Danube de quatre-vingt, celle de Suisse de quarante, celle d'Italie de quatre-vingt, celle de Naples de quarante, ce qui faisait en tout trois cent mille hommes indépendamment des garnisons. Avec de pareilles forces, cette distribution devenait moins défectueuse. Mais si, par la levée des conscrits, on pouvait, dans quelque temps, porter nos armées à ce nombre, on était loin d'y être arrivé dans le moment. On ne pouvait guère laisser que dix mille hommes en Hollande. Sur le Rhin on pouvait à peine réunir quelques mille hommes. Les troupes destinées à composer cette armée d'observation étaient retenues dans l'intérieur, soit pour surveiller la Vendée encore menacée, soit pour protéger la tranquillité publique pendant les élections qui se préparaient. L'armée destinée à agir sur le Danube était au plus de quarante mille hommes, celle de Suisse de trente, celle d'Italie de cinquante, celle de Naples de trente. Ainsi, nous comptions à peine cent soixante ou cent soixante-dix mille hommes. Les éparpiller du Texel au golfe de Tarente, était la chose du monde la plus imprudente.

Puisque le directoire, emporté par l'audace révolutionnaire, voulait prendre l'offensive, il fallait alors, plus que jamais, choisir les points d'attaque, se réunir en masse suffisante sur ces points, et ne pas se disséminer, pour combattre sur tous à la fois Ainsi, en Italie, au lieu de disperser ses forces depuis Vérone jusqu'à Naples, il fallait, à l'exemple de Bonaparte, en réunir la plus grande partie sur l'Adige, et frapper là les grands coups. En battant les Autrichiens sur l'Adige, il était assez prouvé qu'on pouvait tenir en respect Rome, Florence et Naples. Du côté du Danube, au lieu de perdre inutilement des milliers de braves au pied du Saint-Gothard, il fallait diminuer l'armée de Suisse et du Rhin, grossir l'armée active du Danube, et livrer avec celle-ci une bataille décisive en Bavière. On pouvait même réduire encore les points d'attaque, rester en observation sur l'Adige, n'agir offensivement que sur le Danube, et là, porter un coup plus fort et plus sûr, en grossissant la masse qui devait le frapper. Napoléon et l'archiduc Charles ont prouvé, le premier par de grands exemples, le second par des raisonnemens profonds, qu'entre l'Autriche et la France, la querelle doit se vider sur le Danube. C'est là qu'est le chemin le plus court pour arriver au but. Une armée française victorieuse en Bavière, rend nuls tous les succès d'une armée autrichienne victorieuse en Italie, parce qu'elle est beaucoup plus rapprochée de Vienne.

Il faut dire, pour excuser les plans du directoire, qu'on n'avait point encore embrassé d'aussi vastes champs de bataille, et que le seul homme qui l'aurait pu alors était en Égypte. On dissémina donc les cent soixante mille hommes, ou environ, actuellement disponibles, sur la ligne immense que nous avons décrite, et dans l'ordre que nous avons indiqué. Dix mille hommes devaient observer la Hollande, quelques mille le Rhin; quarante mille formaient l'armée du Danube, trente mille celle de Suisse, cinquante mille celle d'Italie, trente celle de Naples. Les conscrits devaient bientôt renforcer ces masses, et les porter au nombre fixé par les plans du directoire.

Le choix des généraux ne fut guère plus heureux que la conception des plans. Il est vrai que depuis la mort de Hoche, et le départ de Bonaparte, Desaix et Kléber pour l'Égypte, les choix étaient beaucoup plus limités. Il restait un général dont la réputation était grande et méritée, c'était Moreau. On pouvait être plus audacieux, plus entreprenant, mais on n'était ni plus ferme ni plus sûr. Un état défendu par un tel homme ne pouvait périr. Disgracié à cause de sa conduite dans l'affaire Pichegru, il avait modestement consenti à devenir simple inspecteur d'infanterie. On le proposa au directoire pour commander en Italie. Depuis que Bonaparte avait tant attiré l'attention sur cette belle contrée, depuis qu'elle était comme la pomme de discorde entre l'Autriche et la France, ce commandement semblait le plus important. C'est pourquoi on songea à Moreau. Barras s'y opposa de toutes ses forces. Il donna des raisons de grand patriote, et présenta Moreau comme suspect, à cause de sa conduite au 18 fructidor. Ses collègues eurent la faiblesse de céder. Moreau fut écarté, et resta simple général de division dans l'armée qu'il aurait dû commander en chef. Il accepta noblement ce rang subalterne et au-dessous de ses talens. Joubert et Bernadotte avaient refusé le commandement de l'armée d'Italie, on sait par quels motifs. On songea donc à Schérer, ministre de la guerre. Ce général, par son succès en Belgique et sa belle bataille de Loano, s'était acquis beaucoup de réputation. Il avait de l'esprit, mais un corps usé par l'âge et les infirmités; il n'était plus capable de commander à des jeunes gens pleins de force et d'audace. D'ailleurs il s'était brouillé avec la plupart de ses camarades, en voulant apporter quelque rigueur dans la répression de la licence militaire. Barras le proposa pour général de l'armée d'Italie. On dit que c'était pour le faire sortir du ministère de la guerre, où il commençait à devenir importun par sa sévérité. Cependant les militaires que l'on consulta, notamment Bernadotte et Joubert, ayant parlé de sa capacité comme on en parlait alors dans l'armée, c'est-à-dire avec beaucoup d'estime, il fut nommé général en chef de l'armée d'Italie. Il s'en défendit beaucoup, alléguant son âge, sa santé, et surtout son impopularité, due aux fonctions qu'il avait exercées; mais on insista et il fut obligé d'accepter.

Championnet, traduit devant une commission, fut remplacé dans le commandement de l'armée de Naples par Macdonald. Masséna fut chargé du commandement de l'armée d'Helvétie. Ces choix étaient excellens, et la république ne pouvait que s'en applaudir. L'importante armée du Danube fut donnée au général Jourdan. Malgré ses malheurs dans la campagne de 1798, on n'avait point oublié les services qu'il avait rendus en 1793 et 1794, et on espérait qu'il ne serait pas au-dessous de ses premiers exploits. Puisqu'on ne la donnait pas à Moreau, l'armée du Danube ne pouvait être en de meilleures mains. Malheureusement elle était tellement inférieure en nombre, qu'il eût fallu, pour la commander avec confiance, l'audace du vainqueur d'Arcole et de Rivoli. Bernadotte eut l'armée du Rhin; Brune celle de Hollande.

L'Autriche avait fait des préparatifs bien supérieurs aux nôtres. Ne se confiant pas comme nous dans ses succès, elle avait employé les deux années écoulées depuis l'armistice de Léoben, à lever, à équiper et à instruire de nouvelles troupes. Elle les avait pourvues de tout ce qui était nécessaire, et s'était étudié à choisir les meilleurs généraux. Elle pouvait porter actuellement en ligne deux cent vingt-cinq mille hommes effectifs, sans compter les recrues qui se préparaient encore. La Russie lui fournissait un contingent de soixante mille hommes, dont on vantait dans toute l'Europe la bravoure fanatique, et qui étaient commandés par le célèbre Suwarow. Ainsi la nouvelle coalition allait opérer sur le front de notre ligne avec environ trois cent mille hommes. On annonçait deux autres contingens russes, combinés avec des troupes anglaises, et destinés, l'un à la Hollande, l'autre à Naples.

Le plan de campagne de la coalition n'était pas mieux conçu que le nôtre. C'était une conception pédantesque du conseil aulique, fort désapprouvée par l'archiduc Charles, mais imposée à lui et à tous les généraux, sans qu'il leur fût permis de la modifier. Ce plan reposait, comme celui des Français, sur le principe que les montagnes sont la clé de la plaine. Aussi des forces considérables étaient-elles amoncelées pour garder le Tyrol et les Grisons, et pour arracher, s'il était possible, la grande chaîne des Alpes aux Français. Le second objet que le conseil aulique semblait le plus affectionner, c'était l'Italie. Des forces considérables étaient placées derrière l'Adige. Le théâtre de guerre le plus important, celui du Danube, ne paraissait pas être celui dont on s'était le plus occupé. Ce qu'on avait fait de plus heureux de ce côté, c'était d'y placer l'archiduc Charles. Voici comment étaient distribuées les forces autrichiennes. L'archiduc Charles était, avec cinquante-quatre mille fantassins et vingt-quatre mille chevaux, en Bavière. Dans le Voralberg, tout le long du Rhin, jusqu'à son embouchure dans le lac de Constance, le général Hotze commandait vingt-quatre mille fantassins et deux mille chevaux. Bellegarde était dans le Tyrol avec quarante-six mille hommes, dont deux mille cavaliers. Kray avait sur l'Adige soixante-quatre mille fantassins et onze mille chevaux, ce qui faisait soixante-quinze mille hommes en tout. Le corps russe devait venir se joindre à Kray, pour agir en Italie.

On voit que les vingt-six mille hommes de Hotze, et les quarante-six mille de Bellegarde, devaient agir dans les montagnes. Ils devaient gagner les sources des fleuves, tandis que les armées qui agissaient dans la plaine tâcheraient d'en franchir le cours. Du côté des Français, l'armée d'Helvétie était chargée du même soin. Ainsi, de part et d'autre, une foule de braves allaient s'entre-détruire inutilement sur des rochers inaccessibles, dont la possession ne pouvait guère influer sur le sort de la guerre [1].

Les généraux français n'avaient pas manqué d'informer le directoire de l'insuffisance de leurs

---

[1]. Toutes ces assertions sont motivées au long par l'archiduc Charles, le général Jomini et Napoléon.

moyens en tout genre. Jourdan, obligé d'envoyer plusieurs bataillons en Belgique, pour y réprimer quelques troubles, et une demi-brigade à l'armée d'Helvétie pour remplacer une autre demi-brigade envoyée en Italie, ne comptait plus que trente-huit mille hommes effectifs. De pareilles forces étaient trop disproportionnées avec celles de l'archiduc, pour qu'il pût lutter avec avantage. Il demandait la prompte formation de l'armée de Bernadotte, qui ne comptait pas encore plus de cinq à six mille hommes, et surtout l'organisation des nouveaux bataillons de campagne. Il aurait voulu qu'on lui permît d'attirer à lui, ou l'armée du Rhin, ou l'armée d'Helvétie, en quoi il avait raison. Masséna se plaignait, de son côté, de n'avoir ni les magasins, ni les moyens de transport indispensables pour faire vivre son armée dans des pays stériles et d'un accès extrêmement difficile.

Le directoire répondait à ces observations que les conscrits allaient rejoindre et se former bientôt en bataillons de campagne; que l'armée d'Helvétie serait incessamment portée à quarante mille hommes, celle du Danube à soixante; que dès que les élections seraient achevées, les vieux bataillons, retenus dans l'intérieur, iraient former le noyau de l'armée du Rhin. Bernadotte et Masséna avaient ordre de concourir aux opérations de Jourdan, et de se conformer à ses vues. Comptant toujours sur l'effet de l'offensive, et animé de la même confiance dans ses soldats, il voulait que, malgré la disproportion du nombre, ses généraux se hâtassent de brusquer l'attaque et de déconcerter les Autrichiens par une charge impétueuse. Aussi les ordres furent-ils donnés en conséquence.

Les Grisons, partagés en deux factions, avaient hésité long-temps entre la domination autrichienne et la domination suisse. Enfin ils avaient appelé les Autrichiens dans leurs vallées. Le directoire, les considérant comme sujets suisses, ordonna à Masséna d'occuper leur territoire, en faisant aux Autrichiens une sommation préalable de l'évacuer. En cas de refus, Masséna devait attaquer sur-le-champ. En même temps, comme les Russes s'avançaient toujours en Autriche, il adressa, à ce sujet, deux notes, l'une au congrès de Rastadt, l'autre à l'empereur. Il déclarait au corps germanique et à l'empereur, que, si dans l'espace de huit jours un contre-ordre n'était pas donné à la marche des Russes, il regarderait la guerre comme déclarée. Jourdan avait ordre de passer le Rhin aussitôt ce délai expiré.

Le congrès de Rastadt avait singulièrement avancé ses travaux. Les questions de la ligne du Rhin, du partage des îles, de la construction des ponts, étant terminées, on ne s'occupait plus que de la question des dettes. La plupart des princes germaniques, excepté les princes ecclésiastiques, ne demandaient pas mieux que de s'entendre, pour éviter la guerre; mais soumis la plupart à l'Autriche, ils n'osaient pas se prononcer. Les membres de la députation quittaient successivement le congrès, et bientôt on allait se trouver dans l'impossibilité de délibérer. Le congrès déclara ne pas pouvoir répondre à la note du directoire, et en référa à la diète de Ratisbonne. La note destinée à l'empereur fut envoyée à Vienne même et resta sans réponse. La guerre se trouvait donc déclarée par le fait. Jourdan eut ordre de traverser le Rhin, et de s'avancer, par la forêt Noire, jusqu'aux sources du Danube. Il franchit le Rhin le 11 ventôse an VII (1er mars). L'archiduc Charles franchit le Lech le 13 ventôse (3 mars). Ainsi les limites que les deux puissances s'étaient prescrites étaient franchies, et on allait de nouveau en venir aux mains. Cependant, tout en faisant une marche offensive, Jourdan avait ordre de laisser tirer les premiers coups de fusil à l'ennemi, en attendant que la déclaration de guerre fût approuvée par le corps législatif.

Pendant ce temps Masséna agit dans les Grisons. Il somma les Autrichiens de les évacuer le 16 ventôse (6 mars). Les Grisons se composent de la haute vallée du Rhin et de la haute vallée de l'Inn, ou Engadin. Masséna résolut de passer le Rhin près de son embouchure dans le lac de Constance, et de s'emparer ainsi de tous les corps répandus dans les hautes vallées. Lecourbe, qui formait son aile droite, et qui, par son activité et son audace extraordinaires, était le général le plus accompli pour la guerre des montagnes, devait partir des environs du Saint-Gothard, franchir le Rhin vers ses sources, se jeter dans la vallée de l'Inn. Le général Dessoles, avec une division de l'armée d'Italie, devait le seconder en se portant de la Valteline dans la vallée du Haut-Adige.

Ces habiles dispositions furent exécutées avec une grande vigueur. Le 16 ventôse (6 mars) le Rhin fut franchi sur tous les points. Les soldats jetèrent des charrettes dans le fleuve, et passèrent dessus comme sur un pont. En deux jours, Masséna fut maître de tout le cours du Rhin, depuis ses sources jusqu'à son embouchure dans le lac de Constance, et prit quinze pièces de canon et cinq mille prisonniers. Lecourbe, de son côté, n'exécutait pas avec moins de bonheur les ordres de son général en chef. Il franchit le Rhin supérieur, passa de Dissentis à Tusis dans la vallée de l'Albula, et, de cette vallée, se jeta hardiment dans celle de l'Inn, en traversant les plus hautes montagnes de l'Europe, couvertes encore des neiges de l'hiver. Un retard forcé ayant empêché Dessoles de se porter de la Valteline sur le Haut-Adige, Lecourbe se trouvait exposé au débordement de toutes les forces autrichiennes cantonnées dans le Tyrol. En effet, tandis qu'il s'avançait hardiment dans la vallée de l'Inn et marchait sur Martinsbruck, Laudon se jeta avec un corps sur ses derrières; mais l'intrépide Lecourbe, revenant sur ses pas, assaillit Laudon, l'accabla, lui fit beaucoup de prisonniers, et recommença sa marche dans la vallée de l'Inn.

Ces débuts brillans semblaient faire croire que dans les Alpes comme à Naples, les Français pourraient braver partout un ennemi supérieur en nombre. Ils confirmèrent le directoire dans l'idée qu'il fallait persister dans l'offensive, et suppléer au nombre par la hardiesse.

Le directoire envoya à Jourdan la déclaration de guerre qu'il avait obtenue des conseils [1], avec l'ordre d'attaquer sur-le-champ. Jourdan avait débouché par les défilés de la forêt Noire, dans le pays compris entre le Danube et le lac de Constance. L'angle formé par ce fleuve et ce lac va en s'ouvrant toujours davantage, à mesure qu'on avance en Allemagne. Jourdan, qui voulait appuyer sa gauche au Danube, et sa droite au lac de Constance, pour communiquer avec Masséna, était donc obligé, à mesure qu'il s'avançait, d'étendre toujours sa ligne, et de l'affaiblir par conséquent d'une manière dangereuse, surtout devant un ennemi très supérieur en nombre. Il s'était d'abord porté jus-

---

1. Cette déclaration de guerre fut faite le 22 ventôse an VII (12 mars).

qu'à Mengen d'un côté, et jusqu'à Marckdorf de l'autre. Mais apprenant que l'armée du Rhin ne serait pas organisée avant le 10 germinal (30 mars), et craignant d'être tourné par la vallée du Necker, il crut devoir faire un mouvement rétrograde. Les ordres de son gouvernement et le succès de Masséna le décidèrent à remarcher en avant. Il fit choix d'une bonne position entre le lac de Constance et le Danube. Deux torrens, l'Ostrach et l'Aach, partant à peu près du même point, et se jetant l'un dans le Danube, l'autre dans le lac de Constance, forment une même ligne droite, derrière laquelle Jourdan s'établit. Saint-Cyr, formant sa gauche, était à Mengen; Souham, avec le centre, à Pfullendorf; Férino, avec la droite, à Barendorf. D'Haupoult était placé à la réserve. Lefebvre, avec la division d'avant-garde, était à Ostrach. Ce point était le plus accessible de la ligne : placé à l'origine des deux torrens, il présentait des marécages qu'on pouvait traverser sur une longue chaussée. C'est sur ce point que l'archiduc Charles, qui ne voulait point se laisser prévenir, résolut de porter son principal effort. Il dirigea deux colonnes à la gauche et à la droite des Français contre Saint-Cyr et Férino. Mais sa masse principale, forte de près de cinquante mille hommes, fut portée tout entière sur le point d'Ostrach, où se trouvaient neuf mille Français au plus. Le combat commença le 2 germinal (22 mars) au matin et fut des plus acharnés. Les Français déployèrent à cette première rencontre une bravoure et une opiniâtreté qui excitèrent l'admiration du prince Charles lui-même. Jourdan accourut sur ce point; mais l'étendue de sa ligne et la nature du pays ne permettaient pas que, par un mouvement rapide, il transportât les forces de ses ailes à son centre. Le passage fut forcé, et, après une résistance honorable, Jourdan se vit obligé de battre en retraite. Il se replia entre Singen et Tuttlingen.

Un échec à l'ouverture de la campagne était fâcheux; il détruisait ce prestige d'audace et d'invincibilité dont les Français avaient besoin pour suppléer au nombre. Cependant l'infériorité des forces avait rendu cet échec presque inévitable. Jourdan ne renonça pas pourtant à prendre l'offensive. Sachant que Masséna s'avançait au-delà du Rhin, se fiant à la coopération de l'armée du Danube, il se croyait obligé de tenter un dernier effort pour soutenir son collègue, et l'appuyer en se portant vers le lac de Constance. Il avait un autre motif de se reporter en avant : c'était le désir d'occuper le point de Stokach, où se croisent les routes de Suisse et de Souabe, point qu'il avait eu le tort d'abandonner en se retirant entre Singen et Tuttlingen. Il fixa son mouvement au 5 germinal (25 mars.)

L'archiduc Charles n'était pas encore assuré de la direction qu'il devait donner à ses mouvemens. Il ne savait s'il devait diriger sa marche ou sur la Suisse, de manière à séparer Jourdan de Masséna, ou vers les sources du Danube, de manière à le séparer de sa base du Rhin. La direction vers la Suisse lui semblait la plus avantageuse pour les deux armées, car les Français avaient autant d'intérêt à se lier à l'armée d'Helvétie que les Autrichiens en avaient à les en séparer. Mais il ignorait les projets de Jourdan, et voulait faire une reconnaissance pour s'en assurer. Il avait projeté cette reconnaissance pour le 5 germinal (25 mars), le jour même où Jourdan de son côté voulait l'attaquer.

La nature des lieux rendait la position des deux armées extrêmement compliquée. Le point stratégique était Stokach, où se croisent les routes de Souabe et de Suisse. C'était là la position que Jourdan voulait reprendre, et que l'archiduc voulait garder. La Stokach, petite rivière, coule en faisant beaucoup de détours, devant la ville du même nom, et va finir son cours sinueux dans le lac de Constance. C'était sur cette rivière que l'archiduc avait pris position. Il avait sa gauche entre Nenzingen et Wahlwies, sur des hauteurs, et derrière l'un des circuits de la Stokach; son centre était placé sur un plateau élevé, nommé le Nellemberg, et en avant de la Stokach; et sa droite sur le prolongement de ce plateau, le long de la chaussée qui va de Stokach à Liptingen. Elle se trouvait, comme le centre, en avant de la Stokach. L'extrémité de cette aile était couverte par les bois épais qui s'étendent sur la route de Liptingen. Il y avait de grands défauts dans cette position. Si la gauche avait la Stokach devant elle, le centre et la droite l'avaient à dos, et pouvaient y être précipités par un effort de l'ennemi. En outre, toutes les positions de l'armée n'avaient qu'une même issue vers la ville de Stokach, et en cas d'une retraite forcée, la gauche, le centre, la droite, seraient venus s'entasser par une seule route, et auraient pu amener, en s'y rencontrant, une confusion désastreuse. Mais l'archiduc, en voulant couvrir Stokach, ne pouvait pas prendre d'autre position, et la nécessité était son excuse. Il n'avait à se reprocher que deux véritables fautes: l'une de n'avoir pas fait quelques travaux pour mieux garder son centre et sa droite, et l'autre d'avoir trop porté de troupes à sa gauche, qui était suffisamment protégée par la rivière. C'est l'extrême désir de conserver le point important de Stokach, qui lui fit distribuer ainsi ses troupes. Il avait du reste l'avantage d'une immense supériorité numérique.

Jourdan ignorait une partie des dispositions de

l'archiduc, car rien n'est plus difficile que les reconnaissances, surtout dans un pays aussi accidenté que celui où agissaient les deux armées. Il occupait toujours l'ouverture de l'angle formé par le Danube et le lac de Constance, de Tuttlingen à Steusslingen. Cette ligne était fort étendue, et la nature du pays, qui ne permettait guère une concentration rapide, rendait cet inconvénient encore plus grave. Il ordonna au général Férino, qui commandait sa droite vers Steusslingen, de marcher sur Wahlwies, et à Souham, qui commandait le centre vers Eigeltingen, de se porter sur Nenzingen. Ces deux généraux devaient combiner leurs efforts pour emporter la gauche et le centre de l'archiduc, en passant la Stokach et en gravissant le Nellemberg. Jourdan se proposait ensuite de faire agir sa gauche, son avant-garde et sa réserve sur le point de Liptingen, afin de pénétrer à travers les bois qui couvraient la droite de l'archiduc, et de parvenir à la forcer. Ces dispositions avaient l'avantage de diriger la plus grande masse des forces sur l'aile droite de l'archiduc, qui était la plus compromise. Malheureusement toutes les colonnes de l'armée avaient des points de départ trop éloignés. Pour agir sur Liptingen, l'avant-garde et la réserve partaient d'Emingen-ob-Ek, et la gauche de Tuttlingen, à la distance d'une journée de marche. Cet isolement était d'autant plus dangereux, que l'armée française, forte de trente-six mille hommes environ, était inférieure d'un tiers au moins à l'armée autrichienne.

Le 5 germinal (25 mars) au matin, les deux armées se rencontrèrent. L'armée française marchait à une bataille, celle des Autrichiens à une reconnaissance. Les Autrichiens, qui s'étaient ébranlés un peu avant nous, surprirent nos avant-gardes, mais furent bientôt refoulés sur tous les points par le gros de nos divisions. Férino à la droite, Souham au centre, arrivèrent à Wahlwies, à Orsingen, à Nenzingen, au bord de la Stokach, au pied du Nellemberg, ramenèrent les Autrichiens dans leur position du matin, et commencèrent l'attaque sérieuse de cette position. Ils avaient à franchir la Stokach et à forcer le Nellemberg. Une longue canonnade s'engagea sur toute la ligne.

A notre gauche, le succès était plus prompt et plus complet. L'avant-garde, actuellement commandée par le général Soult, depuis une blessure qu'avait reçue Lefebvre, repoussa les Autrichiens qui s'étaient avancés jusqu'à Emingen-ob-Ek, les chassa de Liptingen, les mit en déroute dans la plaine, les poursuivit avec une extrême ardeur, et parvint à leur enlever les bois. Ces bois étaient ceux mêmes qui couvraient la droite autrichienne; en poursuivant leur mouvement, les Français pouvaient la jeter dans le ravin de la Stokach, et lui causer un désastre. Mais il était clair que cette aile allait être renforcée aux dépens du centre et de la gauche, et qu'il fallait agir sur elle avec une grande masse de forces. Il fallait donc, comme dans le plan primitif, faire converger sur ce même point l'avant-garde, la réserve et la gauche. Malheureusement le général Jourdan, se confiant dans le succès trop facile qu'il venait d'obtenir, voulut atteindre un objet trop étendu, et au lieu d'amener Saint-Cyr à lui, il prescrivit à ce général de faire un long circuit, pour envelopper les Autrichiens et leur couper la retraite. C'était trop se hâter de recueillir les fruits de la victoire, quand la victoire n'était pas remportée. Le général Jourdan ne garda sur le point décisif que la division d'avant-garde et la réserve confiée à d'Haupoult.

Pendant ce temps, la droite des Autrichiens, voyant les bois qui la couvraient forcés par l'ennemi, fit volte-face, et disputa avec une extrême opiniâtreté la chaussée de Liptingen à Stokach, qui traverse ces bois. On se battait avec acharnement, lorsque l'archiduc accourut en toute hâte. Jugeant le danger avec un coup d'œil sûr, il retira les grenadiers et les cuirassiers du centre et de la gauche pour les transporter à sa droite. Ne s'effrayant pas du mouvement de Saint-Cyr sur ses derrières, il sentit que Jourdan repoussé, Saint-Cyr n'en serait que plus compromis, et il résolut de se borner à un effort décisif vers le point actuellement menacé.

On se disputait les bois avec un acharnement extraordinaire. Les Français, très inférieurs en nombre, résistaient avec un courage que l'archiduc appelle admirable; mais le prince chargea lui-même avec quelques bataillons sur la chaussée de Liptingen, et fit lâcher prise aux Français. Ceux-ci perdirent les bois, et se trouvèrent enfin dans la plaine découverte de Liptingen, d'où ils étaient partis. Jourdan fit demander du secours à Saint-Cyr, mais il n'était plus temps. Il lui restait sa réserve, et il résolut de faire exécuter une charge de cavalerie pour reprendre les avantages perdus. Il lança quatre régimens de cavalerie à la fois. Cette charge, arrêtée par une autre charge que firent à propos les cuirassiers de l'archiduc, ne fut pas heureuse. Une confusion horrible se mit alors dans la plaine de Liptingen. Après avoir fait des prodiges de bravoure, les Français se débandèrent. Le général Jourdan fit des efforts héroïques pour arrêter les fuyards; il fut emporté lui-même. Cependant les Autrichiens, épuisés de ce long combat, n'osèrent pas nous poursuivre.

La journée fut dès lors finie. Férino et Souham s'étaient maintenus, mais n'avaient forcé ni le centre ni la gauche des Autrichiens. Saint-Cyr courait sur leurs derrières. On ne pouvait pas dire que la bataille fût perdue : les Français, inférieurs du tiers, avaient conservé partout le champ de bataille, et déployé une rare bravoure; mais avec leur infériorité numérique, et l'isolement de leurs différens corps, n'avoir pas vaincu, c'était être battu. Il fallait sur-le-champ rappeler Saint-Cyr, très compromis, rallier l'avant-garde et la réserve maltraitées, ramener le centre et la droite. Jourdan donna sur-le-champ des ordres en conséquence, et prescrivit à Saint-Cyr de se replier le plus promptement possible. La position de ce dernier était devenue très périlleuse; mais il opéra sa retraite avec l'aplomb qui l'a toujours signalé, et il regagna le Danube sans accident. La perte avait été à peu près égale des deux côtés, en tués, blessés ou prisonniers. Elle était de quatre à cinq mille hommes environ.

Après cette journée malheureuse, les Français ne pouvaient plus tenir la campagne, et ils devaient chercher un abri derrière une ligne puissante. Devaient-ils se retirer en Suisse ou sur le Rhin? Il était évident qu'en se retirant en Suisse, ils combinaient leurs efforts avec l'armée de Masséna, et pouvaient par cette réunion reprendre une attitude imposante. Malheureusement le général Jourdan ne crut pas devoir en agir ainsi; il craignait pour la ligne du Rhin, sur laquelle Bernadotte n'avait réuni encore que sept à huit mille hommes, et il résolut de se replier à l'entrée des défilés de la forêt Noire. Il prit là une position qu'il croyait forte, et laissant le commandement à son chef d'état-major Ernould, il partit pour Paris, afin d'aller se plaindre de l'état d'infériorité dans lequel on avait laissé son armée. Les résultats parlaient beaucoup plus haut que toutes les plaintes du monde, et il valait bien mieux qu'il restât à son armée que d'aller se plaindre à Paris.

Très heureusement le conseil aulique imposait à l'archiduc une faute grave, qui réparait en partie les nôtres. Si l'archiduc, poussant ses avantages, eût poursuivi sans relâche notre armée vaincue, il aurait pu la mettre dans un désordre complet, et peut-être même la détruire. Il aurait été temps alors de revenir vers la Suisse pour assaillir Masséna, privé de tout secours, réduit à ses trente mille hommes, et engagé dans les hautes vallées des Alpes. Il n'eût pas été impossible de lui couper la route de France. Mais le conseil aulique défendit à l'archiduc de pousser vers le Rhin avant que la Suisse fût évacuée : c'était la conséquence du principe, que la clé du théâtre de la guerre était dans les montagnes.

Pendant que ces événemens se passaient en Souabe, la guerre se poursuivait dans les Hautes-Alpes. Masséna agissant vers les sources du Rhin, Lecourbe vers celles de l'Inn, Dessoles vers celles de l'Adige, avaient eu des succès balancés. Il y avait au-delà du Rhin, un peu au-dessus du point où il se jette dans le lac de Constance, une position qu'il était urgent d'emporter, c'était celle de Feldkirch. Masséna y avait mis toute son opiniâtreté, mais il y avait perdu plus de deux mille hommes sans résultat. Lecourbe à Taufers, Dessoles à Nauders, avaient livré des combats brillans, qui leur avaient valu à chacun trois ou quatre mille prisonniers, et qui avaient amplement compensé l'échec de Feldkirch. Ainsi les Français, par leur vivacité et leur audace, conservaient la supériorité dans les Alpes.

Les opérations commençaient en Italie, le lendemain même de la bataille de Stokach. Les Français avaient reçu environ trente mille conscrits, ce qui portait la masse de leurs forces en Italie à cent seize mille hommes à peu près. Ils étaient distribués ainsi qu'il suit : trente mille hommes de vieilles troupes gardaient, sous Macdonald, Rome et Naples. Les trente mille jeunes soldats étaient dans les places. Il restait cinquante-six mille hommes sous Schérer. De ces cinquante-six mille hommes, il en avait été détaché cinq mille sous le général Gauthier pour occuper la Toscane, et cinq mille sous le général Dessoles pour agir dans la Valteline. C'étaient donc quarante-six mille hommes qui restaient à Schérer pour se battre sur l'Adige, point essentiel, où il aurait fallu porter toute la masse de nos forces. Outre l'inconvénient du petit nombre d'hommes sur ce point décisif, il en était un autre qui ne fut pas moins fatal aux Français. Le général n'inspirait aucune confiance, il n'avait pas assez de jeunesse, comme nous l'avons dit ; il s'était d'ailleurs dépopularisé pendant son ministère. Il le sentait lui-même, et il n'avait pris le commandement qu'à regret. Il allait pendant la nuit écouter les propos des soldats sous leurs tentes, et recueillir de ses propres oreilles les preuves de son impopularité. C'étaient là des circonstances bien défavorables, au début d'une campagne grande et difficile.

Les Autrichiens devaient être commandés par Mélas et Suwarow. En attendant, ils obéissaient au baron de Kray, l'un des meilleurs généraux de l'empereur. Avant même l'arrivée des Russes, ils comptaient quatre-vingt-cinq mille hommes dans la Haute-Italie. Soixante mille, à peu près, étaient déjà sur l'Adige. Dans les deux armées l'ordre avait été donné de prendre l'offensive. Les Autrichiens devaient déboucher de Vérone, longer le pied des montagnes, et s'avancer au-delà du fleuve, en masquant toutes les places. Ce mouvement avait pour but d'appuyer celui de l'armée du Tyrol dans les montagnes.

Schérer n'avait reçu d'autre injonction que de franchir l'Adige. La commission était difficile, car les Autrichiens avaient tout l'avantage de cette ligne. Elle doit être assez connue par la campagne de 1796. Vérone et Legnago, qui la commandent, appartenaient aux Autrichiens. Jeter un pont sur quelque point que ce fût, était très dangereux, car les Autrichiens, ayant Vérone et Legnago, pouvaient déboucher sur le flanc de l'armée, occupée à tenter un passage. Le plus sûr, si on n'avait pas eu l'ordre de prendre l'offensive, eût été de laisser déboucher l'ennemi au-delà de Vérone, de l'attendre sur un terrain qu'on aurait eu le temps de choisir, de lui livrer bataille, et de profiter des résultats de la victoire pour passer l'Adige à sa suite.

Schérer, obligé de prendre l'initiative, hésita sur le meilleur parti à adopter, et se décida enfin pour une attaque vers sa gauche. On se souvient sans doute de la position de Rivoli, dans les montagnes, à l'entrée du Tyrol, et fort au-dessus de Vérone. Les Autrichiens en avaient retranché toutes les approches, et formé un camp à Pastrengo. Schérer résolut de leur enlever d'abord ce camp, et de les rejeter de ce côté au-delà de l'Adige. Les trois divisions Serrurier, Delmas et Grenier, furent destinées à cet objet. Moreau, devenu simple général de division sous Schérer, devait, avec les deux divisions Hatry et Victor, inquiéter Vérone. Le général Montrichard, avec une division, devait faire une démonstration sur Legnago. Cette distribution de forces annonçait l'incertitude et les tâtonnemens du général en chef.

L'attaque eut lieu le 6 germinal (26 mars), lendemain de la bataille de Stokach. Les trois divisions chargées d'assaillir par plusieurs points le camp de Pastrengo, l'enlevèrent avec une valeur digne de l'ancienne armée d'Italie, et s'emparèrent de Rivoli. Elles prirent quinze cents prisonniers aux Autrichiens et beaucoup de canons. Ceux-ci repassèrent l'Adige à la hâte sur un pont qu'ils avaient jeté à Polo, et qu'ils eurent le temps de détruire. Au centre, sous Vérone, on se battit pour les villages placés en avant de la ville. Kaim mit à les défendre et à les reprendre une opiniâtreté inutile. Celui de San-Massimo fut pris et repris jusqu'à sept fois. Moreau, non moins opiniâtre que son adversaire, ne lui laissa prendre aucun avantage, et le resserra dans Vérone. Montrichard en faisant une démonstration inutile sur Legnago, courut de véritables dangers. Kray, trompé par de faux renseignemens, s'était imaginé que les Français allaient porter leur principal effort sur le Bas-Adige; il y avait dirigé une grande partie de ses forces, et en débouchant de Legnago il mit Montrichard dans le plus grand péril. Heureusement celui-ci se couvrit des accidens du terrain, et se replia sagement sur Moreau.

La journée avait été sanglante, et tout à l'avantage des Français, à la gauche et au centre. On pouvait évaluer la perte des Français en tués, blessés et prisonniers, à quatre mille, et celle des Autrichiens à huit mille au moins. Cependant, malgré l'avantage que les Français avaient eu, ils n'avaient obtenu que des résultats peu importans. A Vérone, ils n'avaient fait que resserrer les Autrichiens; au-dessus de Vérone, ils les avaient rejetés, il est vrai, au-delà de l'Adige, et avaient acquis le moyen de le passer à leur suite en rétablissant le pont de Polo; mais malheureusement il était peu important de franchir l'Adige sur ce point. On doit se souvenir que la route qui longe extérieurement ce fleuve vient traverser Vérone, et qu'il n'y a pas d'autre issue pour déboucher dans la plaine. Ce n'était donc pas tout que de franchir l'Adige à Polo; on se trouvait, après l'avoir franchi, en face de Vérone, dans la même position que Moreau au centre, et il fallait enlever la place. Si, dans la journée même, on eût profité du désordre dans lequel l'attaque du camp de Pastrengo avait jeté les Autrichiens, et qu'on se fût hâté de rétablir le pont de Polo, peut-être aurait-on pu entrer dans la place à la suite des fuyards, surtout à la faveur du combat opiniâtre que Moreau, de l'autre côté de l'Adige, livrait au général Kaim.

Malheureusement, rien de tout cela n'avait été fait. Cependant on pouvait réparer cette faute en agissant vivement le lendemain, et en transportant la masse des forces devant Vérone et au-dessus, vers le pont de Polo. Mais Schérer hésita trois jours de suite sur le parti qu'il avait à prendre. Il faisait chercher une route au-delà de l'Adige, qui permît d'éviter Vérone. L'armée était indignée de cette hésitation, et se plaignait hautement de ce qu'on ne profitait pas des avantages remportés dans la journée du 6 (26). Enfin le 9 germinal (29 mars), on tint un conseil de guerre, et Schérer se décida à agir. Il forma le projet singulier de jeter la division Serrurier au-delà de l'Adige par le pont de Polo, et de porter la masse de son armée entre Vérone et Legnago, pour y tenter le passage du fleuve. Pour opérer le transport de ses forces, il porta deux divisions de sa gauche à sa droite, les fit passer derrière son centre, et les exposa à des fatigues inutiles, par des chemins mauvais, entièrement ruinés par les pluies.

Le 10 germinal (30 mars), le nouveau plan fut mis à exécution. Serrurier, avec sa division forte de six mille hommes, franchit seul l'Adige à Polo, tandis que le gros de l'armée se transportait plus bas, entre Vérone et Legnago. Le sort de la division Serrurier était facile à prévoir. Engagée, après avoir franchi l'Adige, sur une route qui était fermée par Vérone, et qui formait ainsi une espèce de cul-de-sac, elle courait de grands hasards.

Kray, jugeant très bien sa situation, dirigea contre elle une masse de forces trois fois supérieure, et la ramena vivement sur le pont de Polo. La confusion se mit dans ses rangs, le fleuve ne fut repassé qu'en désordre. Des détachemens furent obligés de se faire jour, et quinze cents hommes restèrent prisonniers. Schérer, en apprenant cet échec, qui était inévitable, se contenta de ramener la division battue, et de la rapprocher du Bas-Adige, où il avait concentré maintenant la plus grande partie de ses forces.

On passa plusieurs jours encore à tâtonner de part et d'autre. Enfin Kray prit une détermination, et résolut, tandis que Schérer se portait sur le Bas-Adige, de déboucher en masse de Vérone, de se porter dans le flanc de Schérer, et de l'acculer entre le Bas-Adige et la mer. La direction était bonne; mais heureusement un ordre intercepté instruisit Moreau du plan de Kray; il en informa sur-le-champ le général en chef, et le pressa de faire remonter ses divisions, pour faire front du côté de Vérone, par où l'ennemi allait déboucher.

C'est en exécutant ce mouvement, que les deux armées se rencontrèrent, le 16 germinal (5 avril), aux environs de Magnano. Les divisions Victor et Grenier, formant la droite vers l'Adige, remontèrent le fleuve par San-Giovani et Tomba, afin de se porter jusqu'à Vérone. Elles accablèrent la division Mercantin, qui leur était opposée, et détruisirent en entier le régiment de Wartensleben : ces deux divisions arrivèrent ainsi presque à la hauteur de Vérone, et furent en mesure de remplir leur objet, qui était de couper de cette ville tout ce que Kray en aurait fait sortir. La division Delmas, qui devait se porter au centre, vers Butta-Preda et Magnano, se trouva en retard, et laissa à la division autrichienne de Kaim la faculté de s'avancer jusqu'à Butta-Preda, et de former ainsi un saillant vers le milieu de notre ligne. Mais Moreau à la gauche, avec les divisions Serrurier, Hatry et Montrichard, s'avançait victorieusement. Il avait ordonné à la division Montrichard de changer de front, pour faire face à Butta-Preda, vers le point où l'ennemi avait fait une pointe, et il marchait avec ses deux autres divisions vers Dazano. Delmas, arrivé enfin à Butta-Preda, couvrait notre centre, et dans ce moment la victoire semblait se déclarer pour nous, car notre droite, complètement victorieuse du côté de l'Adige, allait couper aux Autrichiens la retraite sur Vérone.

Mais Kray jugeant que le point essentiel était à notre droite, et qu'il fallait renoncer au succès sur tous les autres points, pour l'emporter sur celui-là, y dirigea la plus grande masse de ses forces. Il avait un avantage sur Schérer, c'était le rapprochement de ses divisions, qui lui permettait de les déplacer plus facilement. Les divisions françaises, au contraire, étaient fort éloignées les unes des autres, et combattaient sur un terrain coupé de nombreux enclos. Kray tomba à l'improviste avec toute sa réserve sur la division Grenier. Victor voulut venir au secours de celui-ci, mais il fut chargé lui-même par les régimens de Nadasty et de Reisky. Kray ne se contenta pas de ce premier avantage. Il avait fait rallier sur les derrières la division Mercantin, battue le matin; il la lança de nouveau sur les deux divisions Grenier et Victor, et décida ainsi leur défaite. Ces deux divisions, malgré une vive résistance, furent obligées d'abandonner le champ de bataille. La droite étant en déroute, notre centre se trouva menacé. Kray ne manqua pas de s'y porter; mais Moreau s'y trouvait, et il empêcha Kray de poursuivre son avantage.

La bataille était évidemment perdue, et il fallait songer à la retraite. La perte avait été grande des deux côtés. Les Autrichiens avaient eu trois mille morts ou blessés, et deux mille prisonniers. Les Français avaient eu un nombre égal de morts et de blessés, mais ils avaient perdu quatre mille prisonniers. C'est là que fut blessé mortellement le général Pigeon, qui pendant la première campagne d'Italie avait déployé aux avant-gardes tant de talent et d'intrépidité.

Moreau conseillait de coucher sur le champ de

bataille, pour éviter le désordre d'une retraite de nuit, mais Schérer voulut se replier le soir même. Le lendemain, il se retira derrière la Molinella, et le surlendemain, 18 germinal (7 avril), sur le Mincio. Appuyé sur Peschiera d'un côté, sur Mantoue de l'autre, il pouvait opposer une résistance vigoureuse, rappeler Macdonald du fond de la Péninsule, et, par cette concentration de forces, regagner la supériorité perdue dans la journée de Magnano. Mais le malheureux Schérer avait entièrement perdu la tête. Ses soldats étaient plus mal disposés que jamais. Maîtres depuis trois ans de l'Italie, ils étaient indignés de se la voir arracher, et ils n'imputaient leurs revers qu'à l'impéritie de leur général. Il est certain que, pour eux, ils avaient fait leur devoir aussi bien que dans les plus beaux jours de leur gloire. Les reproches de son armée avaient ébranlé Schérer autant que sa défaite. Ne croyant pas pouvoir tenir sur le Mincio, il se retira sur l'Oglio, puis sur l'Adda, où il se porta le 12 avril. On ne savait où s'arrêterait ce mouvement rétrograde.

La campagne était à peine ouverte depuis un mois et demi, et déjà nous étions en retraite sur tous les points. Le chef d'état-major Ernould, que Jourdan avait laissé avec l'armée du Danube à l'entrée des défilés de la forêt Noire, avait pris peur en apprenant une incursion de quelques troupes légères sur l'un de ses flancs, et s'était retiré en désordre sur le Rhin. Ainsi, en Allemagne comme en Italie, nos armées, aussi braves que jamais, perdaient cependant leurs conquêtes, et rentraient battues sur la frontière. Ce n'est qu'en Suisse que nous avions conservé l'avantage. Là, Masséna se maintenait avec toute la ténacité de son caractère; et, sauf la tentative infructueuse sur Feldkirch, il avait toujours été vainqueur. Mais, établi sur le saillant que forme la Suisse entre l'Allemagne et l'Italie, il était placé entre deux armées victorieuses, et il devenait indispensable qu'il se retirât. Il venait en effet d'en donner l'ordre à Lecourbe, et il se repliait dans l'intérieur de la Suisse, mais avec ordre, et en gardant l'attitude la plus imposante.

Nos armes étaient humiliées, et nos ministres allaient devenir à l'étranger les victimes du plus odieux et du plus atroce attentat. La guerre étant déclarée à l'empereur, et non à l'empire germanique, le congrès de Rastadt était resté assemblé. On était près de s'entendre sur la dernière difficulté, celle des dettes; mais les deux tiers des états avaient déjà rappelé leurs députés. C'était un effet de l'influence de l'Autriche, qui ne voulait pas qu'on fît la paix. Il ne restait plus au congrès que quelques députés de l'Allemagne, et la retraite de l'armée du Danube ayant ouvert le pays, on délibérait au milieu des troupes autrichiennes. Le cabinet de

Vienne conçut alors un projet infâme, et qui jeta un long déshonneur sur sa politique. Il avait fort à se plaindre de la fierté et de la vigueur que nos ministres avaient déployées à Rastadt. Il leur imputait une divulgation qui l'avait singulièrement compromis aux yeux du corps germanique, c'était celle des articles secrets convenus avec Bonaparte pour l'occupation de Mayence. Ces articles secrets prouvaient que, pour avoir Palma-Nova dans le Frioul, le cabinet autrichien avait livré Mayence, et trahi d'une manière indigne les intérêts de l'Empire. Ce cabinet était fort irrité, et voulait tirer vengeance de nos ministres. Il voulait de plus se saisir de leurs papiers, pour connaître quels étaient ceux des princes germaniques qui, dans le moment, traitaient individuellement avec la république française. Il conçut donc la pensée de faire arrêter nos ministres, à leur retour en France, pour les dépouiller, les outrager, peut-être même les assassiner. On n'a jamais su cependant si l'ordre de les assassiner avait été donné d'une manière positive.

Déjà nos ministres avaient quelque défiance, et sans craindre un attentat sur leurs personnes, ils craignaient du moins pour leur correspondance. En effet, elle fut interrompue le 30 germinal, par l'enlèvement des pontonniers qui servaient à la passer. Nos ministres réclamèrent; la députation de l'Empire réclama aussi, et demanda si le congrès pouvait se croire en sûreté. L'officier autrichien auquel on s'adressa ne fit aucune réponse tranquillisante. Alors nos ministres déclarèrent qu'ils partiraient sous trois jours, c'est-à-dire le 9 floréal (28 avril), pour Strasbourg, et ils ajoutèrent qu'ils demeureraient dans cette ville, prêts à renouer les négociations dès qu'on en témoignerait le désir. Le 7 floréal un courrier de la légation fut arrêté. De nouvelles réclamations furent faites par tout le congrès, et il fut demandé expressément s'il y avait sûreté pour les ministres français. Le colonel autrichien qui commandait les hussards de Szecklers, cantonnés près de Rastadt, répondit que les ministres français n'avaient qu'à partir sous vingt-quatre heures. On lui demanda une escorte pour eux, mais il la refusa, et assura que leurs personnes seraient respectées. Nos trois ministres, Jean Debry, Bonnier et Roberjeot, partirent le 9 floréal (28 avril), à neuf heures du soir. Ils occupaient trois voitures avec leurs familles. Après eux venaient la légation ligurienne et les secrétaires d'ambassade. D'abord on fit des difficultés de les laisser sortir de Rastadt; mais enfin tous les obstacles furent levés, et ils partirent. La nuit était très sombre. A peine étaient-ils à cinquante pas de Rastadt, qu'une troupe de hussards de Szecklers fondit sur eux le sabre à la main, et arrêta les voitures. Celle de Jean Debry était la première. Les hussards ouvrirent violemment la portière, et lui demandèrent, en un jargon à demi barbare, s'il était Jean Debry. Sur sa réponse affirmative, ils le saisirent à la gorge, l'arrachèrent de sa voiture, et, aux yeux de sa femme et de ses enfans, le frappèrent de coups de sabre. Le croyant mort, ils passèrent aux autres voitures, et égorgèrent Roberjeot et Bonnier dans les bras de leurs familles. Les membres de la légation ligurienne et les secrétaires d'ambassade eurent le temps de se sauver. Les brigands chargés de cette exécution pillèrent ensuite les voitures, et enlevèrent tous les papiers.

Jean Debry n'avait pas reçu de coup mortel. La fraîcheur de la nuit lui rendit l'usage de ses sens, et il se traîna tout sanglant à Rastadt. Quand cet attentat fut connu, il excita l'indignation des habitans et des membres du congrès. La loyauté allemande fut révoltée d'une violation du droit des gens, inouïe chez des nations civilisées, et qui n'était concevable que d'un cabinet à demi barbare. Les membres de la députation restés au congrès prodiguèrent à Jean Debry, et aux familles des ministres assassinés, les soins les plus empressés. Ils se réunirent ensuite pour rédiger une déclaration, dans laquelle ils dénonçaient au monde l'attentat qui venait d'être commis, et repoussaient tout soupçon de complicité avec l'Autriche. Ce crime, connu sur-le-champ de toute l'Europe, excita une indignation universelle. L'archiduc Charles écrivit à Masséna une lettre pour annoncer qu'il allait faire poursuivre le colonel des hussards de Szecklers ; mais cette lettre froide et contrainte, qui prouvait l'embarras du prince, n'était pas digne de lui et de son caractère. L'Autriche ne répondit pas, et ne pouvait pas répondre, aux accusations dirigées contre elle.

Ainsi, la guerre était implacable entre les deux systèmes qui partageaient le monde. Les ministres républicains, mal reçus d'abord, puis outragés pendant une année de paix, venaient enfin d'être assassinés indignement, et avec autant de férocité qu'on aurait pu le faire entre nations barbares. Le droit des gens, observé entre les ennemis les plus acharnés, n'était violé que pour eux.

Les revers si peu attendus qui signalèrent le début de la campagne, l'attentat de Rastadt, produisirent l'impression la plus funeste au directoire. Dès le moment même de la déclaration de guerre, les deux oppositions commençaient à perdre toute mesure : elles n'en gardèrent plus aucune quand elles virent nos armées battues et nos ministres assassinés. Les patriotes, repoussés par le système des scissions, les militaires, dont on avait voulu réprimer la licence, les royalistes, se cachant derrière ces mécontens de différente espèce, tous s'armèrent à la fois des derniers événemens pour accuser le directoire. Ils lui adressaient les reproches les plus injustes et les plus multipliés. Les armées, disaient-ils, avaient été entièrement abandonnées. Le directoire avait laissé leurs rangs s'éclaircir par la désertion, et n'avait mis aucune activité à les remplir au moyen de la conscription nouvelle. Il avait retenu dans l'intérieur un grand nombre de vieux bataillons, qui, au lieu d'être envoyés sur la frontière, étaient employés à gêner la liberté des élections; et à ces armées ainsi réduites à un nombre si disproportionné avec celui des armées ennemies, le directoire n'avait fourni ni magasins, ni vivres, ni effets d'équipement, ni moyens de transport, ni chevaux de remonte. Il les avait livrées à la rapacité des administrations, qui avaient dévoré inutilement un revenu de six cents millions. Enfin il avait fait, pour les commander, les plus mauvais choix. Championnet, le vainqueur de Naples, était dans les fers, pour avoir voulu réprimer la rapacité des agens du gouvernement. Moreau était réduit au rôle de simple général de division. Joubert, le vainqueur du Tyrol, Augereau, l'un des héros d'Italie, étaient sans commandement. Schérer, au contraire, qui avait préparé toutes les défaites par son administration, Schérer avait le commandement de l'armée d'Italie, parce qu'il était compatriote et ami de Rewbell. On ne s'en tenait pas là. Il y avait d'autres noms qu'on rappelait avec amertume. L'illustre Bonaparte, ses illustres lieutenans, Kléber, Desaix, leurs quarante mille compagnons d'armes, vainqueurs de l'Autriche, où étaient-ils?... En Égypte, sur une terre lointaine, où ils allaient périr par l'imprudence du gouvernement, ou peut-être par sa méchanceté. Cette entreprise, si admirée naguère, on commençait à dire maintenant que c'était le directoire qui l'avait imaginée pour se défaire d'un guerrier célèbre qui lui faisait ombrage.

On remontait plus haut encore : on reprochait au gouvernement la guerre elle-même; on lui imputait de l'avoir provoquée par ses imprudences à l'égard des puissances. Il avait envahi la Suisse, renversé le pape et la cour de Naples, poussé ainsi l'Autriche à bout, et tout cela sans être préparé à entrer en lutte. En envahissant l'Égypte, il avait décidé la Porte à une rupture. En décidant la Porte, il avait délivré la Russie de toute crainte pour ses derrières, et lui avait permis d'envoyer soixante mille hommes en Allemagne. Enfin, la fureur était si grande, qu'on allait jusqu'à dire que le directoire était l'auteur secret de l'assassinat de Rastadt. C'était, disait-on, un moyen imaginé pour soulever l'opinion contre les ennemis, et demander de nouvelles ressources au corps législatif.

Ces reproches étaient répétés partout, à la tribune, dans les journaux, dans les lieux publics. Jourdan était accouru à Paris pour se plaindre du gouvernement et pour lui imputer tous ses revers. Ceux des généraux qui n'étaient pas venus, avaient écrit pour exposer leurs griefs. C'était un déchaînement universel, et qui serait incompréhensible si on ne connaissait les fureurs et surtout les contradictions des partis.

Pour peu qu'on se souvienne des faits, on peut répondre à tous ces reproches. Le directoire n'avait pas laissé éclaircir les rangs des armées, car il n'avait donné que douze mille congés; mais il lui avait été impossible d'empêcher les désertions en temps de paix. Il n'y a pas de gouvernement au monde qui eût réussi à les empêcher. Le directoire s'était même fait accuser de tyrannie en voulant obliger beaucoup de soldats à rejoindre. Il y avait, en effet, quelque dureté à ramener sous les drapeaux des hommes qui avaient déjà versé leur sang pendant six années. La conscription n'était décrétée que depuis cinq mois, et il n'avait pas eu le moyen, en aussi peu de temps, d'organiser ce système de recrutement; et surtout d'équiper, d'instruire les conscrits, de les former en bataillons de campagne, et de les faire arriver en Hollande, en Allemagne, en Suisse, en Italie. Il avait retenu quelques vieux bataillons, parce qu'ils étaient indispensables pour maintenir le repos pendant les élections, et parce que l'on ne pouvait confier ce soin à de jeunes soldats, dont l'esprit n'était pas formé, et l'attachement à la république pas assez décidé. Une raison importante avait de plus justifié cette précaution : c'était la Vendée, travaillée encore par les émissaires de l'étranger, et la Hollande, menacée par les flottes anglo-russes.

Quant au désordre de l'administration, les torts du directoire n'étaient pas plus réels. Il y avait eu des dilapidations sans doute, mais presque toutes au profit de ceux mêmes qui s'en plaignaient, et malgré les plus grands efforts du directoire. Il y avait eu dilapidation de trois manières : en pillant les pays conquis; en comptant à l'état la solde des militaires qui avaient déserté; enfin, en faisant avec les compagnies des marchés désavantageux. Or, toutes ces dilapidations, c'étaient les généraux et les états-majors qui les avaient commises et qui en avaient profité. Ils avaient pillé les pays conquis, fait le profit sur la solde et partagé les profits des compagnies. On a vu que celles-ci abandonnaient quelquefois jusqu'à quarante pour cent sur leurs bénéfices, afin d'obtenir la protection des états-majors. Schérer, vers la fin de son ministère, s'était brouillé avec ses compagnons d'armes pour avoir essayé de réprimer tous ces désordre. Le directoire s'était efforcé, pour y mettre un terme, de nommer des commissions indépendantes des états-majors, et on a vu comment Championnet les avait accueillies à Naples. Les marchés désavantageux faits avec les compagnies, avaient encore une autre cause, la situation des finances. On ne donnait aux fournisseurs que des promesses, et alors ils se dédommageaient sur le prix, de l'incertitude du paiement. Les crédits ouverts cette année s'élevaient à 600 millions d'ordinaire, et à 125 millions d'extraordinaire. Sur cette somme, le ministre avait déjà ordonnancé 400 millions pour dépenses consommées. Il n'en était pas rentré encore 210; on avait fourni les 190 de surplus en délégations.

Il n'y avait donc rien d'imputable au directoire, quant aux dilapidations. Le choix des généraux, excepté pour un seul, ne devait pas lui être reproché. Championnet, après sa conduite à l'égard des commissaires envoyés à Naples, ne pouvait pas conserver le commandement. Macdonald le valait au moins, et était connu par une probité sévère. Joubert, Bernadotte, n'avaient pas voulu du commandement de l'armée d'Italie. Ils avaient désigné eux-mêmes Schérer. C'est Barras qui avait repoussé Moreau, c'est lui seul encore qui avait voulu la nomination de Schérer. Quant à Augereau, sa turbulence démagogique était une raison fondée de lui refuser un commandement, et du reste, malgré ses qualités incontestables, il était au-dessous du commandement en chef. Quant à l'expédition d'Égypte, on a vu si le directoire en était coupable, et s'il est vrai qu'il eût voulu déporter Bonaparte, Kléber, Desaix et leurs quarante mille compagnons d'armes. Larévellière-Lépaux s'était brouillé avec le héros d'Italie pour sa fermeté à combattre l'expédition.

La provocation à la guerre n'était pas plus le fait du directoire que tous les autres malheurs. On a pu voir que l'incompatibilité des passions déchaînées en Europe avait seule provoqué la guerre. Il n'en fallait faire un reproche à personne; mais, dans tous les cas, ce n'étaient certainement pas les patriotes et les militaires qui avaient droit d'accuser le directoire. Qu'eussent dit les patriotes si on n'eût pas soutenu les Vaudois, puni le gouvernement papal, renversé le roi de Naples, forcé celui de Piémont à l'abdication? N'étaient-ce pas les militaires qui, à l'armée d'Italie, avaient toujours poussé à l'occupation de nouveaux pays? La nouvelle de la guerre les avait enchantés tous. N'étaient-ce pas d'ailleurs Bernadotte à Vienne, un frère de Bonaparte à Rome, qui avaient commis des imprudences, s'il y en avait eu de commises? Ce n'était pas la détermination de la Porte qui avait entraîné celle de la Russie; mais la chose eût-elle été vraie, c'était l'auteur de l'expédition d'Égypte qui pouvait seul en mériter le reproche.

Rien n'était donc plus absurde que la masse des accusations accumulées contre le directoire. Il ne méritait qu'un reproche, c'était d'avoir trop partagé la confiance excessive que les patriotes et les militaires avaient dans la puissance de la république. Il avait partagé les passions révolutionnaires et s'était livré à leur entraînement. Il avait cru qu'il suffisait, pour le début de la guerre, de cent soixante-dix mille hommes; que l'offensive déciderait de tout, etc. Quant à ses plans, ils étaient mauvais, mais pas plus mauvais que ceux de Carnot en 1796, pas plus mauvais que ceux du conseil aulique, et calqués d'ailleurs en partie sur un projet du général Jourdan. Un seul homme en pouvait faire de meilleurs, comme nous l'avons dit, et ce n'était pas la faute du directoire si cet homme n'était pas en Europe.

Du reste, c'est dans un intérêt d'équité que l'histoire doit relever l'injustice de ces reproches; mais tant pis pour un gouvernement quand on lui impute tout à crime. L'une des qualités indispensables d'un gouvernement, c'est d'avoir cette bonne renommée qui repousse l'injustice. Quand il l'a perdue et qu'on lui impute les torts des autres, et ceux même de la fortune, il n'a plus la faculté de gouverner, et cette impuissance doit le condamner à se retirer. Combien de gouvernemens ne s'étaient-ils pas usés depuis le commencement de la révolution ! L'action de la France contre l'Europe était si violente, qu'elle devait détruire rapidement tous ses ressorts. Le directoire était usé comme l'avait été le comité de salut public, comme le fut depuis Napoléon lui-même. Toutes les accusations dont le directoire était l'objet, prouvaient, non pas ses torts, mais sa caducité.

Du reste, il n'était pas étonnant que cinq magistrats civils, élus au pouvoir, non à cause de leur grandeur héréditaire ou de leur gloire personnelle, mais pour avoir mérité un peu plus d'estime que leurs concitoyens, que cinq magistrats, armés de la seule puissance des lois pour lutter avec les factions déchaînées, pour soumettre à l'obéissance des armées nombreuses, des généraux couverts de gloire et pleins de prétentions, pour administrer enfin une moitié de l'Europe, parussent bientôt insuffisans, au milieu de la lutte terrible qui venait de s'engager de nouveau. Il ne fallait qu'un revers pour faire éclater cette impuissance. Les factions alternativement battues, les militaires réprimés plusieurs fois, les appelaient avec mépris les *avocats*, et disaient que la France ne pouvait être gouvernée par eux.

Par une bizarrerie assez singulière, mais qui se voit quelquefois dans le conflit des révolutions, l'opinion ne montrait quelque indulgence que pour celui des cinq directeurs qui en aurait mérité le moins. Barras, sans contredit, méritait à lui seul tout ce qu'on disait du directoire. D'abord, il n'avait jamais travaillé, et il avait laissé à ses collègues tout le fardeau des affaires. Sauf dans les momens décisifs, où il faisait entendre sa voix plus forte que son courage, il ne s'occupait de rien. Il ne se mêlait que du personnel du gouvernement, ce qui convenait mieux à son génie intrigant. Il avait pris part à tous les profits des compagnies, et justifié seul le reproche de dilapidation. Il avait toujours été le défenseur des brouillons et des fripons; c'était lui qui avait appuyé Brune et envoyé Fouché en Italie. Il était la cause des mauvais choix des généraux, car il s'était opposé à la nomination de Moreau, et avait fortement demandé celle de Schérer. Malgré tous ses torts si graves, lui seul était mis à part. D'abord il ne passait pas, comme ses quatre collègues, pour un *avocat*, car sa paresse, ses habitudes débauchées, ses manières soldatesques, ses liaisons avec les jacobins, le souvenir du 18 fructidor qu'on lui attribuait exclusivement, en faisaient en apparence un homme d'exécution, plus capable de gouverner que ses collègues. Les patriotes lui trouvaient avec eux des côtés de ressemblance, et croyaient qu'il leur était dévoué. Les royalistes en recevaient des espérances secrètes. Les états-majors, qu'il flattait et qu'il protégeait contre la juste sévérité de ses collègues, l'avaient en assez grande faveur. Les fournisseurs le vantaient, et il se sauvait de cette manière de la défaveur générale. Il était même perfide avec ses collègues, car tous les reproches qu'il méritait, il avait l'art de les rejeter sur eux seuls. Un pareil rôle ne peut pas être long-temps heureux, mais il peut réussir un moment : il réussit dans cette occasion.

On connaît la haine de Barras contre Rewbell. Celui-ci, administrateur vraiment capable, avait choqué, par son humeur et sa morgue, tous ceux qui traitaient avec lui. Il s'était montré sévère pour les gens d'affaires, pour tous les protégés de Barras, et notamment pour les militaires. Aussi était-il devenu l'objet de la haine générale. Il était probe, quoique un peu avare. Barras avait l'art, dans sa société, qui était nombreuse, de diriger contre lui les plus odieux soupçons. Une circonstance malheureuse contribuait à les autoriser. L'agent du directoire en Suisse, Rapinat, était beau-frère de Rewbell. On avait exercé en Suisse les exactions qui se commettaient dans tous les pays conquis, beaucoup moins cependant que partout ailleurs. Mais les plaintes excessives de ce petit peuple avare avaient causé une rumeur extrême. Rapinat avait eu la commission malheureuse de mettre le scellé sur les caisses et sur le trésor de Berne; il avait traité avec hauteur le gouvernement helvétique ; ces circonstances et son nom, qui était malheureux, lui avaient valu de passer pour le Verrès de la Suisse, pour l'auteur de dilapidations qui n'étaient pas son ouvrage ; car il avait même quitté la Suisse, avant l'époque où elle avait le plus souffert. Dans la Société de Barras on faisait de malheureux calembours sur son nom, et tout retombait sur Rewbell, dont il était le beau-frère. C'est ainsi que la probité de Rewbell s'était trouvée exposée à toutes les calomnies.

Larévellière, par son inflexible sévérité, par son influence dans les affaires politiques d'Italie, n'était pas devenu moins odieux que Rewbell. Cependant, sa vie était si simple et si modeste, qu'accuser sa probité eût été impossible. La société de Barras lui donnait des ridicules. On se moquait de sa personne, et de ses prétentions à une papauté nouvelle. On disait qu'il voulait fonder le culte de la théophilantropie, dont il n'était cependant pas l'auteur. Merlin et Treilhard, quoique moins anciens au pouvoir, et moins en vue que Rewbell et Larévellière, étaient cependant enveloppés dans la même défaveur.

C'est dans cette disposition d'esprit que se firent les élections de l'an VII, qui furent les dernières. Les patriotes, furieux, ne voulaient pas être exclus cette année, comme la précédente, du corps législatif. Ils s'étaient déchaînés contre le système des scissions, et s'étaient efforcés de le flétrir d'avance. Ils y avaient assez réussi, pour qu'en effet on n'osât plus l'employer. Dans cet état d'agitation, où l'on suppose à ses adversaires tous les projets qu'on en redoute, ils disaient que le directoire, usant, comme au 18 fructidor, des moyens extraordinaires, allait proroger pour cinq ans les pouvoirs des députés actuels, et suspendre pendant tout ce temps l'exercice des droits électoraux. Ils disaient qu'on allait faire venir des Suisses à Paris, parce qu'on travaillait à organiser le contingent helvétique. Ils firent grand bruit d'une circulaire aux électeurs, répandue par le commissaire du gouvernement (préfet) auprès du département de la Sarthe. Ce n'était pas une circulaire, comme nous en avons vu depuis, mais une exhortation. On obligea le directoire à l'improuver par un message. Les élections, faites dans ces dispositions, amenèrent au corps législatif une quantité considérable de patriotes. On ne songea pas cette année à les exclure du corps législatif, et leur élection fut confirmée. Le général Jourdan, qui avait raison d'imputer ses revers à l'infériorité numérique de son armée, mais qui manquait à sa raison accoutumée en imputant au gouvernement le désir de le perdre, fut envoyé de nouveau au corps législatif, le cœur gros de ressentimens. Augereau y fut envoyé aussi, avec un surcroît d'humeur et de turbulence.

Il fallait choisir un nouveau directeur. Le hasard ne servit pas la république, car, au lieu de Barras, ce fut Rewbell, le plus capable des cinq directeurs, qui fut désigné pour membre sortant. Ce fut un grand sujet de satisfaction pour tous les ennemis de ce directeur, et une occasion nouvelle de le calomnier plus commodément. Cependant, comme il avait été élu au conseil des anciens, il saisit une occasion de répondre à ses accusateurs, et le fit de la manière la plus victorieuse.

Il fut commis, à la sortie de Rewbell, la seule infraction aux lois rigoureuses de la probité, qu'on pût reprocher au directoire. Les cinq premiers directeurs, nommés à l'époque de l'institution du directoire, avaient fait une convention entre eux, par laquelle ils devaient prélever sur leurs appointemens, chacun dix mille francs, afin de les donner au membre sortant. Le but de ce noble sacrifice était de ménager aux membres du directoire la transition du pouvoir suprême à la vie privée, surtout pour ceux qui étaient sans fortune. Il y avait même une raison de dignité à en agir ainsi, car il était dangereux pour la considération du gouvernement, de rencontrer dans l'indigence l'homme qu'on avait vu la veille au pouvoir suprême. Cette raison même décida les directeurs à pourvoir d'une manière plus convenable au sort de leurs collègues. Leurs appointemens étaient déjà si modiques, qu'un prélèvement de dix mille francs parut déplacé. Ils résolurent d'allouer une somme de cent mille francs à chaque directeur sortant. C'était cent mille francs par an qu'il en devait coûter à l'état. On devait demander cette somme au ministre des finances, qui pouvait la prendre sur l'un des mille profits qu'il était si facile de faire sur des budgets de six ou huit cents millions. On décida de plus que chaque directeur emporterait sa voiture et ses chevaux. Comme tous les ans le corps législatif allouait des frais de mobilier, cette dépense devait être avouée, et dès lors devenait légitime. Les directeurs décidèrent de plus que les économies faites sur les frais de mobilier seraient partagées entre eux. Certes, c'était là une bien légère atteinte à la fortune publique, si c'en était une; et tandis que des généraux, des compagnies, faisaient des profits si énormes, cent mille francs par an, consacrés à donner des alimens à l'homme qui venait d'être chef du gouvernement, n'étaient pas un vol. Les raisons et la forme de la mesure l'excusaient en quelque sorte. Larévellière, auquel on en fit part, ne voulut jamais y consentir. Il déclara à ses collègues qu'il n'accepterait jamais sa part. Rewbell reçut la sienne. Les cent mille francs qu'on lui donna furent pris sur les deux millions de dépenses secrêtes, dont le directoire était dispensé de rendre compte. Telle est la seule faute qu'on puisse reprocher collectivement au directoire. Un seul de ses membres, sur les douze qui se succédèrent, fut accusé d'avoir fait des profits particuliers. Quel est le gouvernement au monde, duquel on puisse dire la même chose ?

Il fallait un successeur à Rewbell. On souhaitait avoir une grande réputation, pour donner un peu de considération au directoire, et on songea à Sièyes, dont le nom, après celui de Bonaparte, était le plus important de l'époque. Son ambassade en Prusse avait encore ajouté à sa renommée. Déjà on le considérait, et très justement, comme un esprit profond ; mais depuis qu'il était allé à Berlin, on lui attribuait la conservation de la neutralité prussienne, qui du reste était due beaucoup moins à son intervention qu'à la situation de cette puissance. Aussi le regardait-on comme aussi capable de diriger le gouvernement que de concevoir une constitution. Il fut élu directeur. Beaucoup de gens crurent voir dans ce choix la confirmation du bruit généralement répandu de modifications très prochaines à la constitution. Ils disaient que Sièyes n'était appelé au directoire que pour contribuer à ces modifications. On croyait si peu que l'état des choses actuel pût se maintenir, qu'on voyait dans tous les faits des indices certains de changement.

CHAPITRE XVI.

CONTINUATION DE LA CAMPAGNE DE 1799; MASSÉNA RÉUNIT LE COMMANDEMENT DES ARMÉES D'HELVÉTIE ET DU DANUBE, ET OCCUPE LA LIGNE DE LA LIMMAT. — ARRIVÉE DE SUWAROW EN ITALIE. SCHÉRER TRANSMET LE COMMANDEMENT A MOREAU. BATAILLE DE CASSANO. RETRAITE DE MOREAU AU-DELA DU PÔ ET DE L'APENNIN. — ESSAI DE JONCTION AVEC L'ARMÉE DE NAPLES; BATAILLE DE LA TREBBIA. — COALITION DE TOUS LES PARTIS CONTRE LE DIRECTOIRE. — RÉVOLUTION DU 30 PRAIRIAL. — LARÉVELLIÈRE ET MERLIN SORTENT DU DIRECTOIRE.

Dans l'intervalle qu'on mit à faire dans le gouvernement les modifications que nous venons de raconter, le directoire n'avait cessé de faire les plus grands efforts pour réparer les revers qui venaient de signaler l'ouverture de la campagne. Jourdan avait perdu le commandement de l'armée du Danube, et Masséna avait reçu le commandement en chef de toutes les troupes cantonnées depuis Dusseldorf jusqu'au Saint-Gothard. Ce choix heureux devait sauver la France. Schérer, impatient de quitter une armée dont il avait perdu la confiance, avait obtenu l'autorisation de transmettre le commandement à Moreau. Macdonald avait reçu l'ordre pressant d'évacuer le royaume de Naples et les états romains, et de venir faire sa jonction avec l'armée de la Haute-Italie. Tous les vieux bataillons retenus dans l'intérieur étaient acheminés sur la frontière; l'équipement et l'organisation des conscrits s'accéléraient, et les renforts commençaient à arriver de toutes parts.

Masséna, à peine nommé commandant en chef des armées du Rhin et de Suisse, songea à disposer convenablement les forces qui lui étaient confiées. Il ne pouvait prendre le commandement dans une situation plus critique. Il avait au plus trente mille hommes, épars en Suisse depuis la vallée de l'Inn jusqu'à Bâle; il avait en présence trente mille hommes sous Bellegarde dans le Tyrol, vingt-huit mille sous Hotze, dans le Voralberg, quarante mille sous l'archiduc, entre le lac de Constance et le Danube. Cette masse de près de cent mille hommes pouvait l'envelopper et l'anéantir. Si l'archiduc n'avait pas été contrarié par le conseil aulique et retenu par une maladie, et qu'il eût franchi le Rhin entre le lac de Constance et l'Aar, il aurait pu fermer à Masséna la route de France, l'envelopper et le détruire. Heureusement il n'était pas libre de ses mouvemens; heureusement encore on n'avait pas mis immédiatement sous ses ordres Bellegarde et Hotze. Il y avait entre les trois généraux un tiraillement continuel, ce qui empêchait qu'ils se concertassent pour une opération décisive.

Ces circonstances favorisèrent Masséna, et lui permirent de prendre une position solide et de distribuer convenablement les troupes mises à sa disposition. Tout prouvait que l'archiduc ne voulait qu'observer la ligne du Rhin du côté de l'Alsace, et qu'il se proposait d'opérer en Suisse, entre Schaffouse et l'Aar. En conséquence, Masséna fit refluer en Suise la plus grande partie de l'armée du Danube, et lui assigna des positions qu'elle aurait dû prendre dès le début, c'est-à-dire immédiatement après la bataille de Stokach. Il avait eu le tort de laisser Lecourbe engagé trop long-temps dans l'Engadine. Celui-ci fut obligé de s'en retirer, après avoir livré des combats brillans, où il montra une intrépidité et une présence d'esprit admirables. Les Grisons furent évacués. Masséna distribua alors son armée depuis la grande chaîne des Alpes jusqu'au confluent de l'Aar dans le Rhin, en choisissant la ligne qui lui parut la meilleure.

La Suisse présente plusieurs lignes d'eau, qui, partant des grandes Alpes, la traversent tout entière, pour aller se jeter dans le Rhin. La plus étendue et la plus vaste est celle du Rhin même, qui, prenant sa source non loin du Saint-Gothard, coule d'abord au nord, puis s'étend en un vaste lac[1], dont il sort près de Stein, et court à l'ouest vers Bâle, où il recommence à couler au nord pour former la frontière de l'Alsace. Cette ligne est la plus vaste, et elle enferme toute la Suisse. Il y en a une seconde, celle de Zurich, inscrite dans la précédente : c'est celle de la Lint, qui, prenant sa source dans les petits cantons, s'arrête pour former le lac de Zurich, en sort sous le nom de Limmat, et va finir dans l'Aar, non loin de l'embouchure de cette dernière rivière dans le Rhin. Cette ligne, qui n'enveloppe qu'une partie de la Suisse, est beaucoup moins vaste que la première. Il y en a enfin une troisième, celle de la Reuss, inscrite encore dans la précédente, qui du lit de la Reuss passe dans le lac de Lucerne, et de Lucerne va se rendre dans l'Aar, tout près du point où se jette la Limmat. Ces lignes commençant à droite contre des montagnes énormes, finissant à gauche dans de grands fleuves, consistant tantôt en des rivières, tantôt en des lacs, présentent de nombreux avantages pour la défensive. Masséna ne pouvait espérer de conserver la plus grande, celle du Rhin, et de s'étendre depuis le Saint-Gothard jusqu'à l'embouchure de l'Aar. Il fut obligé de se replier sur celle de la Limmat, où il s'établit de la manière la plus solide. Il plaça son aile droite, formée des trois divisions

---

1. Le lac de Constance.

Lecourbe, Ménard et Lorge, depuis les Alpes jusqu'au lac de Zurich, sous les ordres de Férino. Il plaça son centre sur la Limmat, et le composa des quatre divisions Oudinot, Vandamme, Thureau et Soult. Sa gauche gardait le Rhin, vers Bâle et Strasbourg.

Avant de se renfermer dans cette position, il essaya d'empêcher par un combat la jonction de l'archiduc avec son lieutenant Hotze. Ces deux généraux placés sur le Rhin, l'un avant l'entrée du fleuve dans le lac de Constance, l'autre après sa sortie, étaient séparés par toute l'étendue du lac. En franchissant cette ligne, afin de s'établir devant celle de Zurich et de la Limmat, où s'était placé Masséna, ils devaient partir des deux extrémités du lac, pour venir faire leur jonction au-delà. Masséna pouvait choisir le moment où Hotze ne s'était pas encore avancé, se jeter sur l'archiduc, le repousser au-delà du Rhin, se rabattre ensuite sur Hotze, et le repousser à son tour. On a calculé qu'il aurait eu le temps d'exécuter cette double opération, et de battre isolément les deux généraux autrichiens. Malheureusement il ne songea à les attaquer qu'au moment où ils étaient près de se réunir, et où ils étaient en mesure de se soutenir réciproquement. Il les combattit sur plusieurs points le 5 prairial (24 mai), à Aldenfingen, à Frauenfeld, et quoiqu'il eût partout l'avantage, grace à cette vigueur qu'il mettait toujours dans l'exécution, néanmoins il ne put empêcher la jonction, et il fut obligé de se replier sur la ligne de la Limmat et de Zurich, où il se prépara à recevoir vigoureusement l'archiduc, si celui-ci se décidait à l'attaquer.

Les événemens étaient bien autrement malheureux en Italie. Là, les désastres ne s'étaient point arrêtés.

Suwarow avait rejoint l'armée autrichienne avec un corps de vingt-huit ou trente mille Russes. Mélas avait pris le commandement de l'armée autrichienne. Suwarow commandait en chef les deux armées, s'élevant au moins à quatre-vingt-dix mille hommes. On l'appelait l'*invincible*. Il était connu par ses campagnes contre les Turcs, et par ses cruautés en Pologne. Il avait une grande vigueur de caractère, une bizarrerie affectée et poussée jusqu'à la folie, mais aucun génie de combinaison. C'était un vrai barbare, heureusement incapable de calculer l'emploi de ses forces, car autrement, la république aurait peut-être succombé. Son armée lui ressemblait. Elle avait une bravoure remarquable, et qui tenait du fanatisme, mais aucune instruction. L'artillerie, la cavalerie, le génie, y étaient réduits à une véritable nullité. Elle ne savait faire usage que de la baïonnette, et s'en servait comme les Français s'en étaient servis pendant la révolution. Suwarow, fort insolent pour ses alliés, donna aux Autrichiens des officiers russes, pour leur apprendre le maniement de la baïonnette. Il employa le langage le plus hautain, il dit que les *femmes, les petits-maîtres, les paresseux*, devaient quitter l'armée; que les parleurs occupés à fronder le service souverain seraient traités comme des égoïstes, et perdraient leurs grades, et que tout le monde devait se sacrifier pour délivrer l'Italie des Français et des athées. Tel était le style de ses allocutions. Heureusement, après nous avoir causé bien du mal, cette énergie brutale allait rencontrer l'énergie savante et calculée, et se briser devant elle.

Schérer ayant entièrement perdu l'usage de ses esprits, s'était promptement retiré sur l'Adda, au milieu des cris d'indignation des soldats. De son armée de quarante-six mille hommes, il en avait perdu dix mille, ou morts ou prisonniers. Il fut obligé d'en laisser à Peschiera ou Mantoue encore huit mille, et il ne lui en resta ainsi que vingt-huit mille. Néanmoins si, avec cette poignée d'hommes, il avait su manœuvrer habilement, il aurait pu donner le temps à Macdonald de le rejoindre, et éviter bien des désastres. Mais il se plaça sur l'Adda de la manière la plus malheureuse. Il partagea son armée en trois divisions. La division Serrurier était à Lecco, à la sortie de l'Adda du lac de Lecco. La division Grenier était à Cassano, la division Victor à Lodi. Il avait placé Montrichard, avec quelques corps légers, vers le Modénois et les montagnes de Gênes; pour maintenir les communications avec la Toscane, par où Macdonald devait déboucher. Ses vingt-huit mille hommes, ainsi dispersés sur une ligne de vingt-quatre lieues, ne pouvaient résister solidement nulle part, et devaient être enfoncés partout où l'ennemi se présenterait en forces.

Le 8 floréal (27 avril) au soir, au moment même où la ligne de l'Adda était forcée, Schérer remit à Moreau la direction de l'armée. Ce brave général avait quelque droit de la refuser. On l'avait fait descendre au rôle de simple divisionnaire, et maintenant que la campagne était perdue, qu'il n'y avait plus que des désastres à essuyer, on lui donnait le commandement. Cependant, avec un dévouement patriotique que l'histoire ne saurait trop célébrer, il accepta une défaite, en acceptant le commandement le soir même où l'Adda était forcé. C'est ici que commence la moins vantée et la plus belle partie de sa vie.

Suwarow s'était approché de l'Adda sur plusieurs points. Quand le premier régiment russe se montra à la vue du pont de Lecco, les carabiniers de la brave 18ᵉ légère sortirent des retranchemens, et coururent au-devant de ces soldats, qu'on peignait comme des colosses effrayans et invincibles. Ils fondirent sur eux la baïonnette croisée, et en firent un grand carnage. Les Russes furent repoussés. Il venait de s'allumer un admirable courage dans le cœur de nos braves; ils voulaient faire repentir de leur voyage les barbares insolens qui venaient se mêler dans une querelle qui n'était pas la leur. La nomination de Moreau enflammait toutes les ames, et remplit l'armée de confiance. Malheureusement la position n'était plus tenable. Suwarow, repoussé à Lecco, avait fait passer l'Adda sur deux points, à Brivio et à Trezzo, au-dessus et au-dessous de la division Serrurier, qui formait la gauche. Cette division se trouva ainsi coupée du reste de l'armée. Moreau, avec la division Grenier, livra à Trezzo un combat furieux, pour repousser l'ennemi au-delà de l'Adda, et se remettre en communication avec la division Serrurier. Il combattit avec huit ou neuf mille hommes un corps de plus de vingt mille. Ses soldats, animés par sa présence, firent des prodiges de bravoure, mais ne purent rejeter l'ennemi au-delà de l'Adda. Malheureusement Serrurier, auquel on ne pouvait plus faire parvenir d'ordre, n'eut pas l'idée de se reporter sur ce point même de Trezzo, où Moreau s'obstinait à combattre pour se remettre en communication avec lui. Il fallut céder, et abandonner la division Serrurier à son sort. Elle fut entourée par toute l'armée ennemie, et se battit avec la dernière opiniâtreté. Enveloppée enfin de toutes parts, elle fut obligée de mettre bas les armes. Une partie de cette division, grâce à la hardiesse et à la présence d'esprit d'un officier, se sauva par les montagnes en Piémont. Pendant cette action terrible, Victor s'était heureusement retiré en arrière avec sa division intacte. Telle fut la fatale journée dite de Cassano, 9 floréal (28 avril), qui réduisit l'armée à environ vingt mille hommes.

C'est avec cette poignée de braves que Moreau entreprit de se retirer. Cet homme rare ne perdit pas un instant ce calme d'esprit dont la nature l'avait doué. Réduit à vingt mille soldats, en présence d'une armée qu'on aurait pu porter à quatre-vingt-dix mille, si on avait su la faire marcher en masse, il ne s'ébranla pas un instant. Ce calme était bien autrement méritoire que celui qu'il déploya lorsqu'il revint d'Allemagne, avec une armée de soixante mille hommes victorieux, et pourtant il a été beaucoup moins célébré! tant les hasards des passions influent sur les jugemens contemporains!

Il s'attacha d'abord à couvrir Milan, pour donner le moyen d'évacuer les parcs et les bagages, et pour laisser aux membres du gouvernement cisalpin, et à tous les Milanais compromis, le temps de se retirer sur les derrières. Rien n'est plus dangereux pour une armée que ces familles de fugitifs, qu'elle est obligée de recevoir dans ses rangs. Elles embarrassent sa marche, ralentissent ses mouvemens, et peuvent quelquefois compromettre son salut. Moreau, après avoir passé deux jours à Milan, se remit en marche pour repasser le Pô. A la conduite de Suwarow, il put juger qu'il aurait le temps de prendre une position solide. Il avait deux objets à atteindre, c'était de couvrir ses communications avec la France, et avec la Toscane, par où s'avançait l'armée de Naples. Pour arriver à ce but important, il lui parut convenable d'occuper le penchant des montagnes de Gênes; c'était le point le plus favorable. Il marcha en deux colonnes : l'une, escortant les parcs, les bagages, tout l'attirail de l'armée, prit la grande route de Milan à Turin; l'autre s'achemina vers Alexandrie, pour occuper les routes de la rivière de Gênes. Il exécuta cette marche sans être trop pressé par l'ennemi. Suwarow, au lieu de fondre avec ses masses victorieuses sur notre faible armée, et de la détruire complètement, se faisait décerner à Milan les honneurs du triomphe par les prêtres, les moines, les nobles, toutes les créatures de l'Autriche, rentrées en foule à la suite des armées coalisées.

Moreau eut le temps d'arriver à Turin, et d'acheminer vers la France tout son attirail de guerre. Il arma la citadelle, tâcha de réveiller le zèle des partisans de la république, et vint rejoindre ensuite la colonne qu'il avait dirigée vers Alexandrie. Il choisit là une position qui prouve toute la justesse de son coup d'œil. Le Tanaro, en tombant de l'Apennin, va se jeter dans le Pô au-dessous d'Alexandrie. Moreau se plaça au confluent de ces deux fleuves. Couvert à la fois par l'un et par l'autre, il ne craignait pas une attaque de vive force; il gardait en même temps toutes les routes de Gênes, et pouvait attendre l'arrivée de Macdonald. Cette position ne pouvait être plus heureuse. Il occupait Casale, Valence, Alexandrie; il avait une chaîne de postes sur le Pô et le Tanaro, et ses masses étaient disposées de manière qu'il pouvait courir en quelques heures sur le premier point attaqué. Il s'établit là avec vingt mille hommes, et y attendit avec un imperturbable sang-froid les mouvemens de son formidable ennemi.

Suwarow avait mis très heureusement beaucoup de temps à s'avancer. Il avait demandé au conseil aulique que le corps autrichien de Bellegarde, destiné au Tyrol, fût mis à sa disposition. Ce corps venait de descendre en Italie, et portait l'armée combinée à beaucoup plus de cent mille hommes. Mais Suwarow, ayant ordre d'assiéger à la fois Peschiera, Mantoue, Pizzighitone, voulant en même temps se garder du côté de la Suisse, et ignorant d'ailleurs l'art de distribuer des masses, n'avait guère plus de quarante mille hommes sous sa main, force du reste très suffisante pour accabler Moreau, s'il avait su la manier habilement.

Il vint longer le Pô et le Tanaro, et se placer en face de Moreau. Il s'établit à Tortone, et y fixa son quartier-général. Après quelques jours d'inaction, il résolut enfin de faire une tentative sur l'aile gauche de Moreau, c'est-à-dire du côté du Pô. Un peu au-dessus du confluent du Pô et du Tanaro, vis-à-vis Mugarone, se trouvent des îles boisées, à la faveur desquelles les Russes résolurent de tenter un passage. Dans la nuit du 22 au 23 floréal (du 11 au 12 mai), ils passèrent au nombre à peu près de deux mille, dans l'une de ces îles, et se trouvèrent ainsi au-delà du bras principal. Le bras qui leur restait à passer était peu considérable, et pouvait même être franchi à la nage. Ils le traversèrent hardiment, et se portèrent sur la rive droite du Pô. Les Français, prévenus du danger, coururent sur le point menacé. Moreau, qui était averti d'autres démonstrations faites du côté du Tanaro, attendit que le véritable point du danger fût bien déterminé pour s'y porter en force : dès qu'il en fut certain, il y marcha avec sa réserve, et culbuta dans le Pô les Russes qui avaient eu la hardiesse de le franchir. Il y en eut deux mille cinq cents tués, noyés ou prisonniers.

Ce coup de vigueur assurait tout à fait la position de Moreau dans le singulier triangle où il s'était placé. Mais l'inaction de l'ennemi l'inquiétait ; il craignait que Suwarow n'eût laissé devant Alexandrie un simple détachement, et qu'avec la masse de ses forces il n'eût remonté le Pô, pour se porter sur Turin et prendre la position des Français par derrière, ou bien qu'il n'eût marché au-devant de Macdonald. Dans l'incertitude où le laissait l'inaction de Suwarow, il résolut d'agir lui-même, pour s'assurer du véritable état des choses. Il imagina de déboucher au-delà d'Alexandrie, et de faire une forte reconnaissance. Si l'ennemi n'avait laissé devant lui qu'un corps détaché, le projet de Moreau était de changer cette reconnaissance en attaque sérieuse, d'accabler ce corps détaché, et puis de se retirer tranquillement par la grande route de la Bochetta, vers les montagnes de Gênes, afin d'y attendre Macdonald. Si au contraire il trouvait la masse principale, son projet était de se replier sur-le-champ, et de regagner en toute hâte la rivière de Gênes, par toutes les communications accessibles qui lui restaient. Une raison qui le décidait surtout à prendre ce parti décisif, c'était l'insurrection du Piémont sur ses derrières. Il fallait qu'il se rapprochât de sa base le plus tôt possible.

Tandis que Moreau formait ce projet fort sage,

Suwarow en formait un autre qui était dépourvu de sens. Sa position à Tortone était certainement la meilleure qu'il pût prendre, puisqu'elle le plaçait entre les deux armées françaises, celle de la Cisalpine et celle de Naples. Il ne devait la quitter à aucun prix. Cependant il imagina d'emmener une partie de ses forces au-delà du Pô, pour remonter le fleuve jusqu'à Turin, s'emparer de cette capitale, y organiser les royalistes piémontais, et faire tomber la position de Moreau. Rien n'était plus mal calculé qu'une pareille manœuvre; car, pour faire tomber la position de Moreau, il fallait essayer une attaque directe et vigoureuse, mais par-dessus tout ne pas quitter la position intermédiaire entre les deux armées qui cherchaient à opérer leur jonction.

Tandis que Suwarow divisait ses forces, en laissant une partie aux environs de Tortone, le long du Tanaro, et portant l'autre au-delà du Pô pour marcher sur Turin, Moreau exécutait la reconnaissance qu'il avait projetée. Il avait porté la division Victor en avant pour attaquer vigoureusement le corps russe qu'il avait devant lui. Il se tenait lui-même avec toute sa réserve un peu en arrière, prêt à changer cette reconnaissance en une attaque sérieuse, s'il jugeait que le corps russe pût être accablé. Après un engagement très-vif, où les troupes de Victor déployèrent une rare bravoure, Moreau crut que toute l'armée russe était devant lui : il n'osa pas attaquer à fond, de peur d'avoir sur les bras un ennemi trop supérieur. En conséquence, entre les deux partis qu'il s'était proposé d'adopter, il préféra le second, comme le plus sûr. Il résolut donc de se retirer vers les montagnes de Gênes. Sa position était des plus critiques. Tout le Piémont était en révolte sur ses derrières. Un corps d'insurgés s'était emparé de Céva, qui ferme la principale route, la seule accessible à l'artillerie. Le grand convoi des objets d'arts recueillis en Italie, courait risque d'être enlevé. Ces circonstances étaient des plus fâcheuses. En prenant les routes situées plus en arrière, et qui aboutissaient à la rivière du Ponent, Moreau craignait de trop s'éloigner des communications de la Toscane, et de les laisser en prise à l'ennemi, qu'il supposait réuni en masse autour de Tortone. Dans cette perplexité, il prit sur-le-champ son parti, et fit les dispositions suivantes. Il détacha la division Victor, sans artillerie ni bagages, et la jeta par des sentiers praticables à la seule infanterie, vers les montagnes de Gênes. Elle devait se hâter d'occuper tous les passages de l'Apennin pour se joindre à l'armée venant de Naples, et la renforcer, dans le cas où elle serait attaquée par Suwarow. Moreau, ne gardant que huit mille hommes au plus, vint avec son artillerie, sa cavalerie, et tout ce qui pouvait suivre les sentiers des montagnes, gagner l'une des routes charretières qui se trouvaient en arrière de Céva, et aboutissaient dans la rivière du Ponent. Il faisait un autre calcul, en se décidant à cette retraite excentrique, c'est qu'il attirerait à lui l'armée ennemie, la détournerait de poursuivre Victor et de se jeter sur Macdonald.

Victor se retira heureusement par Acqui, Spigno et Dego, et vint occuper les crêtes de l'Apennin. Moreau, de son côté, se retira avec une célérité extraordinaire sur Asti. La prise de Céva, qui fermait sa principale communication, le mettait dans un embarras extrême. Il achemina par le col de Fenestrelle la plus grande partie de ses parcs, ne garda que l'artillerie de campagne qui lui était indispensable, et résolut de s'ouvrir une route à travers l'Apennin, en la faisant construire par ses propres soldats. Après quatre jours d'efforts incroyables, la route fut rendue praticable à l'artillerie, et Moreau fut transporté dans la rivière de Gênes sans avoir rétrogradé jusqu'au col de Tende, ce qui l'eût trop éloigné des troupes de Victor détachées vers Gênes.

Suwarow, en apprenant la retraite de Moreau, se hâta de le faire poursuivre; mais il ne sut deviner ni prévenir ses savantes combinaisons. Ainsi, grâce à son sang-froid et à son adresse, Moreau avait ramené ses vingt mille hommes sans les laisser entamer une seule fois, en contenant au contraire les Russes partout où il les avait rencontrés. Il avait laissé une garnison de trois mille hommes dans Alexandrie, et il était avec dix-huit mille à peu près dans les environs de Gênes. Il était placé sur la crête de l'Apennin, attendant l'arrivée de Macdonald. Il avait porté la division Lapoype, le corps léger de Montrichard, et la division Victor, sur la Haute-Trebbia, pour les joindre à Macdonald. Lui se tenait aux environs de Novi, avec le reste de son corps d'armée. Son plan de jonction était profondément médité. Il pouvait attirer l'armée de Naples à lui par les bords de la Méditerranée, la réunir à Gênes, et déboucher avec elle de la Bochetta; ou bien la faire déboucher de la Toscane dans les plaines de Plaisance, et sur les bords du Pô. Le premier parti assurait la jonction, puisqu'elle se faisait à l'abri de l'Apennin, mais il fallait de nouveau franchir l'Apennin, et donner de front sur l'ennemi, pour enlever la plaine. En débouchant au contraire en avant de Plaisance, on était maître de la plaine jusqu'au Pô, on prenait son champ de bataille sur les bords même du Pô, et en cas de victoire on y jetait l'ennemi. Moreau voulait que Macdonald eût sa gauche toujours serrée aux montagnes, pour se lier avec Victor qui était à Bobbio. Quant à lui, il observait Suwarow, prêt à se jeter dans ses flancs dès qu'il voudrait marcher à la rencontre de Macdonald. Dans cette situation, la jonction paraissait aussi sûre que derrière l'Apennin, et se faisait sur un terrain bien préférable.

Dans ce moment, le directoire venait de réunir dans la Méditerranée des forces maritimes considérables. Bruix, le ministre de la marine, s'était mis à la tête de la flotte de Brest, avait débloqué la flotte espagnole, et croisait avec cinquante vaisseaux dans la Méditerranée, dans le but de la délivrer des Anglais, et d'y rétablir les communications avec l'armée d'Égypte. Cette jonction tant désirée était enfin opérée, et elle pouvait nous redonner la prépondérance dans les mers du Levant. Bruix dans ce moment était devant Gênes. Sa présence avait singulièrement remonté le moral de l'armée. On disait qu'il apportait des vivres, des munitions et des renforts. Il n'en était rien ; mais Moreau profita de cette opinion, et fit effort pour l'accréditer. Il fit répandre le bruit que la flotte venait de débarquer vingt mille hommes, et des approvisionnemens considérables. Ce bruit encouragea l'armée, et diminua beaucoup la confiance de l'ennemi.

On était au milieu de prairial (premiers jours de juin). Un événement nouveau venait d'avoir lieu en Suisse. On a vu que Masséna avait occupé la ligne de la Limmat ou de Zurich, et que l'archiduc, débouchant en deux masses des deux extrémités du lac de Constance, était venu border cette ligne dans toute son étendue. Il résolut de l'attaquer entre Zurich et Bruk, c'est-à-dire entre le lac de Zurich, et l'Aar, tout le long de la Limmat. Masséna avait pris position, non pas sur la Limmat elle-même, mais sur une suite de hauteurs qui sont en avant de la Limmat, et qui couvrent à la fois la rivière et le lac. Il avait retranché ces hauteurs de la manière la plus redoutable, et les avait rendues presque inaccessibles. Quoique cette partie de notre ligne, entre Zurich et l'Aar, fût la plus forte, l'archiduc avait résolu de l'attaquer, parce qu'il eût été trop dangereux de faire un long détour pour venir tenter une attaque au-dessus du lac, le long de la Lint. Masséna pouvait profiter de ce moment pour accabler les corps laissés devant lui, et se procurer ainsi un avantage décisif.

L'attaque projetée s'exécuta le 4 juin (16 prairial). Elle eut lieu sur toute l'étendue de la Limmat, et fut repoussée partout victorieusement, malgré l'opiniâtre persévérance des Autrichiens. Le lendemain l'archiduc, pensant que de pareilles tentatives doivent se poursuivre, afin qu'il n'y ait pas de pertes inutiles, recommença l'attaque avec la même opiniâtreté. Masséna, réfléchissant qu'il pouvait être forcé, qu'alors sa retraite deviendrait difficile, que la ligne qu'il abandonnait était suivie immédiatement d'une plus forte, la chaîne de l'Albis, qui borde en arrière la Limmat et le lac de Zurich, résolut de se retirer volontairement. Il ne perdait à cette retraite que la ville de Zurich, qu'il regardait comme peu importante. La chaîne des monts de l'Albis, longeant le lac de Zurich, et la Limmat jusqu'à l'Aar présentant de plus un escarpement continu, était presque inattaquable. En l'occupant on ne faisait qu'une légère perte de terrain, car on ne reculait que de la largeur du lac et de la Limmat. En conséquence, et s'y retira volontairement et sans perte, il s'y établit d'une manière qui ôta à l'archiduc toute envie de l'attaquer.

Notre position était donc toujours à peu près la même en Suisse. L'Aar, la Limmat, le lac de Zurich, la Lint et la Reuss, jusqu'au Saint-Gothard, formaient notre ligne défensive contre les Autrichiens.

Du côté de l'Italie, Macdonald s'avançait enfin vers la Toscane. Il avait laissé garnison au fort Saint-Elme, à Capoue et à Gaëte, conformément à ses instructions. C'était compromettre inutilement des troupes qui n'étaient pas capables de soutenir le parti républicain, et qui laissaient un vide dans l'armée active. L'armée française, en se retirant, avait laissé la ville de Naples en proie à une réaction royale, qui égalait les plus épouvantables scènes de notre révolution. Macdonald avait rallié à Rome quelques milliers d'hommes de la division Garnier; il avait recueilli en Toscane la division Gauthier, et dans le Modénois le corps léger de Montrichard. Il avait formé ainsi un corps de vingt-huit mille hommes. Il était à Florence le 9 prairial (25 mai). Sa retraite s'était opérée avec beaucoup de rapidité, et un ordre remarquable. Il perdit malheureusement beaucoup de temps en Toscane, et ne déboucha au-delà de l'Apennin, dans les plaines de Plaisance, que vers la fin de prairial (milieu de juin).

S'il eût débouché plus tôt, il aurait surpris les coalisés dans un tel état de dispersion, qu'il aurait pu les accabler successivement, et les rejeter au-delà du Pô. Suwarow était à Turin, dont il venait de s'emparer, et où il avait trouvé des munitions immenses. Bellegarde observait les débouchés de Gênes; Kray assiégeait Mantoue, la citadelle de Milan et les places. Nulle part il n'y avait trente mille Autrichiens ou Russes réunis. Macdonald et Moreau, débouchant ensemble avec cinquante mille hommes auraient pu changer la destinée de la campagne. Mais Macdonald crut devoir employer quelques jours pour faire reposer son armée, et réorganiser les divisions qu'il avait successivement recueillies. Il perdit ainsi un temps précieux, et permit à Suwarow de réparer ses fautes. Le général russe, apprenant la marche de Macdonald, se hâta de quitter Turin, et de marcher avec vingt mille hommes de renfort, pour se placer entre les deux généraux français, et reprendre la position qu'il n'aurait jamais dû abandonner. Il ordonna au général Ott, qui était en observation sur la Trebbia, aux environs de Plaisance, de se retirer sur lui, s'il était attaqué; il prescrivit à Kray de lui faire passer de Mantoue toutes les troupes dont il pourrait disposer; il laissa à Bellegarde le soin d'observer Novi, d'où Moreau devait déboucher, et il se disposa à marcher lui-même dans les plaines de Plaisance, à la rencontre de Macdonald.

Ces dispositions sont les seules qui, pendant la durée de cette campagne, aient mérité à Suwarow l'approbation des militaires. Les deux généraux français occupaient toujours les positions que nous avons indiquées. Placés tous deux sur l'Apennin, ils devaient en descendre pour se réunir dans les plaines de Plaisance. Moreau devait déboucher de Novi, Macdonald de Pontremoli. Moreau avait fait passer à Macdonald la division Victor pour le renforcer. Il avait placé à Bobbio, au penchant des montagnes, le général Lapoype avec quelques bataillons, pour favoriser la jonction, et son projet était de saisir le moment où Suwarow marcherait de front contre Macdonald, pour donner dans son flanc. Mais il fallait pour cela que Macdonald se tînt toujours appuyé aux montagnes, et n'acceptât pas la bataille trop loin dans la plaine.

Macdonald s'ébranla vers la fin de prairial (milieu de juin). Le corps de Hohenzollern, placé aux environs de Modène, gardait le Bas-Pô. Il fut accablé par des forces supérieures, perdit quinze cents hommes, et faillit être enlevé tout entier. Ce premier succès encouragea Macdonald, et lui fit hâter sa marche. La division Victor, qui venait de le joindre, et de porter son armée à trente-deux mille hommes à peu près, forma son avant-garde. La division polonaise de Dombrowsky marchait à la gauche de la division Victor ; la division Rusca les appuyait toutes deux. Quoique le gros de l'armée, formé par les divisions Montrichard, Olivier et Watrin, fût encore en arrière, Macdonald, alléché par le succès qu'il venait d'obtenir sur Hohenzollern, voulut accabler Ott, qui était en observation sur le Tidone, et ordonna à Victor, Dombrowsky et Rusca, de marcher contre lui à l'instant même.

Trois torrens, coulant parallèlement de l'Apennin dans le Pô, formaient le champ de bataille : c'étaient la Nura, la Trebbia et le Tidone. Le gros de l'armée française était encore sur la Nura; les divisions Victor, Dombrowsky et Rusca s'avançaient sur la Trebbia, et avaient l'ordre de la franchir pour se porter sur le Tidone, afin d'accabler Ott, que Macdonald croyait sans appui. Elles marchèrent le 29 prairial (17 juin). Elles repoussèrent d'abord l'avant-garde du général Ott des bords du Tidone, et l'obligèrent à prendre une position en arrière vers le village de Sermet. Ott allait être accablé, mais dans ce moment Suwarow arrivait à son secours, avec toutes ses forces. Il opposa le général Bagration à Victor qui marchait le long du Pô; il reporta Ott au centre sur Dombrowsky, et dirigea Mélas à droite sur la division Rusca. Bagration ne fut pas d'abord heureux contre Victor, et fut forcé de rétrograder; mais au centre, Suwarow fit charger la division Dombrowsky par l'infanterie russe, jeta dans son flanc deux régimens de cavalerie, et la rompit. Dès cet instant, Victor, qui s'était avancé sur le Pô, se trouva débordé et compromis. Bagration, renforcé par les grenadiers, reprit l'offensive. La cavalerie russe, qui avait rompu les Polonais au centre, et qui avait ainsi débordé Victor, le chargea en flanc, et l'obligea à se retirer. Rusca, à droite, fut alors obligé de céder le terrain à Mélas. Nos trois divisions repassèrent le Tidone, et rétrogradèrent sur la Trebbia.

Cette première journée, où un tiers de l'armée au plus s'était trouvé engagé contre toute l'armée ennemie, n'avait pas été heureuse. Macdonald, ignorant l'arrivée de Suwarow, s'était trop hâté. Il résolut de s'établir derrière la Trebbia, d'y réunir toutes ses divisions, et de venger l'échec qu'il venait d'essuyer. Malheureusement, les divisions Olivier, Montrichard et Watrin étaient encore en arrière sur la Nura, et il résolut d'attendre le surlendemain, c'est-à-dire le 1er messidor (19 juin), pour livrer bataille.

Mais Suwarow ne lui laissa pas le temps de réunir ses forces, et il se disposa à attaquer dès le lendemain même, c'est-à-dire le 30 prairial (18 juin). Les deux armées allaient se joindre le long de la Trebbia, appuyant leurs ailes au Pô et à l'Apennin. Suwarow, jugeant sagement que le point essentiel était dans les montagnes, par où les deux armées françaises pourraient communiquer, porta de ce côté sa meilleure infanterie et sa meilleure cavalerie. Il dirigea la division Bagration, qui d'abord était à sa gauche le long du Pô, vers sa droite contre les montagnes. Il les plaça avec la division Schweikofsky sous les ordres de Rosemberg, et leur ordonna à toutes deux de passer la Trebbia vers Rivalta, dans la partie supérieure de son cours, afin de détacher les Français des montagnes. Les divisions Dombrowsky, Rusca et Victor, étaient placées vers ce point, à la gauche de la ligne des Français. Les divisions Olivier et Montrichard devaient venir se placer au centre, le long de la Trebbia. La division Watrin devait venir occuper la droite, vers le Pô et Plaisance.

Dès le matin du 29 prairial (17 juin), les avant-gardes russes attaquèrent les avant-gardes françaises, qui étaient au-delà de la Trebbia, à Casaliggio et Grignano, et les repoussèrent; Macdonald, qui ne s'attendait pas à être attaqué, s'occupait à faire arriver en ligne ses divisions du centre. Victor, qui commandait à notre gauche, porta aussitôt toute l'infanterie française au-delà de la Trebbia, et mit un moment Suwarow en péril. Mais Rosemberg, arrivant avec la division Schweikofsky, rétablit l'avantage, et, après un combat furieux, dans lequel les pertes furent énormes des deux parts, obligea les Français à se retirer derrière la Trebbia. Pendant ce temps, les divisions Olivier, Montrichard, arrivaient au centre, la division Watrin à droite, et une canonnade s'établissait sur toute la ligne. Après avoir échangé quelques boulets, on s'arrêta de part et d'autre sur les bords de la Trebbia qui sépara les deux armées.

Telle fut la seconde journée. Elle avait consisté en un combat vers notre gauche, combat terrible, mais sans résultat. Macdonald, disposant désormais de tout son monde, voulait rendre décisive la troisième journée. Son plan consistait à franchir la Trebbia sur tous les points, et à déborder les deux ailes de l'ennemi. Pour cela, la division Dombrowsky devait remonter la rivière jusqu'à Rivalta, et la passer au-dessus des Russes. La division Watrin devait la franchir presque à son embouchure dans le Pô, et gagner l'extrême gauche de Suwarow. Il comptait en même temps que Moreau, dont il attendait la coopération depuis deux jours, entrerait en action ce jour-là au plus tard. Tel fut le plan pour la journée du 1er messidor (19 juin). Mais une horrible échauffourée eut lieu pendant la nuit. Un détachement français ayant traversé le lit de la Trebbia pour prendre position, les Russes se crurent attaqués et coururent aux armes. Les Français y coururent de leur côté. Les deux armées se mêlèrent et se livrèrent un combat de nuit, où des deux côtés on s'égorgeait, sans distinguer amis ni ennemis. Après un carnage inutile, les généraux parvinrent enfin à ramener leurs soldats au bivouac. Le lendemain les deux armées étaient tellement fatiguées par trois jours de combats et par le désordre de la nuit, qu'elles n'entrèrent en action que vers les dix heures du matin.

La bataille commença à notre gauche, sur la Haute Trebbia. Dombrowsky franchit la Trebbia à Rivalta, malgré les Russes. Suwarow y détacha le prince Bagration. Ce mouvement laissa à découvert les flancs de Rosemberg. Sur-le-champ Victor et Rusca en profitèrent pour se jeter sur lui en passant la Trebbia. Ils s'avancèrent avec succès et enveloppèrent de toutes parts la division Schweikofsky, où se trouvait Suwarow. Ils la mirent dans le plus grand danger; mais elle fit front de tous côtés et se défendit vaillamment. Bagration, apercevant le péril, se rabattit promptement sur le point menacé, et obligea Victor et Rusca à lâcher prise. Si Dombrowsky, saisissant le moment, se fût de son côté rabattu sur Bagration, l'avantage nous serait resté sur ce point, qui était le plus important, puisqu'il touchait aux montagnes. Malheureusement il resta inactif, et Victor et Rusca furent obligés de se replier sur la Trebbia. Au centre, Montrichard avait passé la Trebbia vers Grignano; Olivier l'avait franchie vers San-Nicolo. Montrichard marchait sur le corps de Forster, lorsque les réserves autrichiennes, que Suwarow avait demandées à Mélas, et qui défilaient sur le derrière du champ de bataille, donnèrent inopinément dans les flancs de sa division. Elle fut surprise, et la 5e légère, qui avait fait des prodiges en cent batailles, s'enfuit en désordre. Montrichard se vit obligé de repasser la Trebbia. Olivier, qui s'était avancé avec succès vers San-Nicolo, et avait vigoureusement repoussé Ott et Mélas, se trouva découvert par la retraite de Montrichard. Mélas alors, donnant contre-ordre aux réserves autrichiennes, dont la présence avait jeté le trouble dans la division Montrichard, les dirigea sur la division Olivier, qui fut forcée à son tour de repasser la Trebbia. Pendant ce temps la division Watrin, portée inutilement à l'extrême droite, où elle n'avait rien à faire, s'avançait le long du Pô, sans être d'aucun secours à l'armée. Elle fut même obligée de repasser la Trebbia, pour suivre le mouvement général de retraite. Suwarow, craignant toujours de voir Moreau déboucher sur ses derrières, fit de grands efforts le reste de la journée pour passer la Trebbia, mais il ne put y réussir. Les Français lui opposèrent sur toute la ligne une fermeté invincible, et ce torrent, témoin d'une lutte si acharnée, sépara encore pour la troisième fois les deux armées ennemies.

Tel fut le troisième acte de cette sanglante bataille. Les deux armées étaient désorganisées. Elles avaient perdu environ douze mille hommes chacune. La plupart des généraux étaient blessés. Des régimens entiers étaient détruits. Mais la situation était bien différente. Suwarow recevait tous les jours des renforts, et n'avait qu'à gagner au prolongement de la lutte. Macdonald, au contraire, avait épuisé toutes ses ressources, et pouvait, en s'obstinant à se battre, être jeté en désordre dans la Toscane. Il songea donc à se retirer sur la Nura, pour regagner Gênes par derrière l'Apennin. Il quitta la Trebbia le 2 messidor (20 juin) au matin. Une dépêche, dans laquelle il peignit à Moreau sa situation désespérée, étant tombée dans les mains de Suwarow, celui-ci fut rempli de joie, et se hâta de le poursuivre à outrance. Cependant la retraite se fit avec assez d'ordre sur les bords de la Nura. Malheureusement, la division Victor, qui soutenait depuis quatre jours des combats continuels, fut enfin rompue, et perdit beaucoup de prisonniers. Macdonald eut cependant le temps de recueillir son armée au-delà de l'Apennin, après une perte de quatorze ou quinze mille hommes, en tués, blessés ou prisonniers.

Très heureusement, Suwarow, entendant le canon de Moreau sur ses derrières, se laissa détourner de la poursuite de Macdonald. Moreau, que des obstacles insurmontables avaient empêché de se mettre en mouvement avant le 30 prairial (18 juin), venait enfin de déboucher de Novi, de se jeter sur Bellegarde, de le mettre en déroute, et de lui prendre près de trois mille prisonniers. Mais cet avantage tardif était inutile, et n'eut d'autre résultat que de rappeler Suwarow, et de l'empêcher de s'acharner sur Macdonald.

Cette jonction, de laquelle on attendait de si grands résultats, avait donc amené une sanglante défaite; elle fit naître entre les deux généraux français des contestations qui n'ont jamais été bien éclaircies. Les militaires reprochèrent à Macdonald d'avoir trop séjourné en Toscane, d'avoir fait marcher ses divisions trop loin les unes des autres, de manière que les divisions Victor, Rusca et Dombrowsky furent battues deux jours de suite, avant que les divisions Montrichard, Olivier et Watrin fussent en ligne; d'avoir cherché, le jour de la bataille, à déborder les deux ailes de l'ennemi, au lieu de diriger son principal effort à sa gauche vers la Haute-Trebbia; de s'être tenu trop éloigné des montagnes, de manière à ne pas permettre à Lapoype, qui était à Bobbio, de venir à son secours; enfin de s'être, par-dessus tout, beaucoup trop hâté de livrer bataille, comme s'il eût voulu avoir seul l'honneur de la victoire. Les militaires, en approuvant le plan savamment combiné par Moreau, ne lui ont reproché qu'une chose, c'est de n'avoir pas mis de côté tout ménagement pour un ancien camarade, de n'avoir pas pris le commandement direct des deux armées, et surtout de n'avoir pas commandé en personne à la Trebbia. Quoi qu'il en soit de la justesse de ces reproches, il est certain que le plan de Moreau, exécuté comme il avait été conçu, aurait sauvé l'Italie. Elle fut entièrement perdue par la bataille de la Trebbia. Heureusement, Moreau était encore là pour recueillir nos débris et empêcher Suwarow de profiter de son immense supériorité. La campagne n'était ouverte que depuis trois mois, et, excepté en Suisse, nous n'avions eu partout que des revers. La bataille de Stockach nous avait fait perdre l'Allemagne; les batailles de Magnano et de la Trebbia nous enlevaient l'Italie. Masséna seul, ferme comme un roc, occupait encore la Suisse, le long de la chaîne de l'Albis. Il ne faut pas oublier cependant, au milieu de ces cruels revers, que le courage de nos soldats avait été inébranlable et aussi brillant qu'aux plus beaux jours de nos victoires; que Moreau avait été à la fois grand citoyen et grand capitaine, et avait empêché que Suwarow ne détruisît d'un seul coup nos armées d'Italie.

Ces derniers malheurs fournirent de nouvelles armes aux ennemis du directoire, et provoquèrent contre lui un redoublement d'invectives. La crainte d'une invasion commençait à s'emparer des esprits. Les départemens du Midi et des Alpes, exposés les premiers au débordement des Austro-Russes, étaient dans une extrême fermentation. Les villes de Chambéry, de Grenoble et d'Orange, envoyèrent au corps législatif des adresses qui firent la plus vive sensation. Ces adresses renfermaient les reproches injustes qui circulaient depuis deux mois dans toutes les bouches; elles revenaient sur le pillage des pays conquis, sur les dilapidations des compagnies, sur le dénûment des armées, sur le ministère de Schérer, sur son généralat, sur l'injustice faite à Moreau, sur l'arrestation de Championnet, etc. « Pourquoi, disaient-elles, les conscrits fidèles se sont-ils vus forcés de rentrer dans leurs foyers, par le dénûment où on les laissait?

Pourquoi toutes les dilapidations sont-elles restées impunies? Pourquoi l'inepte Schérer, signalé comme un traître par Hoche, est-il resté si longtemps au ministère de la guerre? Pourquoi a-t-il pu consommer, comme général, les maux qu'il avait préparés comme ministre? Pourquoi des noms chers à la victoire sont-ils remplacés par des noms inconnus? Pourquoi le vainqueur de Rome et de Naples est-il en accusation?...... »

On a déjà pu apprécier la valeur de ces reproches. Les adresses qui les contenaient obtinrent l'honneur de l'impression, la mention honorable, et le renvoi au directoire. Cette manière de les accueillir prouvait assez les dispositions des deux conseils. Elles ne pouvaient être plus mauvaises. L'opposition constitutionnelle s'était réunie à l'opposition patriote. L'une composée d'ambitieux qui voulaient un gouvernement nouveau, et d'importans qui se plaignaient que leurs avis et leurs recommandations n'eussent pas été assez bien accueillis; l'autre formée de patriotes exclus par les scissions du corps législatif, ou réduits au silence par la loi du 19 fructidor; elles voulaient également la ruine du gouvernement existant. Ils disaient que le directoire avait à la fois mal administré et mal défendu la France; qu'il avait violé la liberté des opinions, opprimé la liberté de la presse et des sociétés populaires. Ils le déclaraient à la fois faible et violent; ils allaient même jusqu'à revenir sur le 18 fructidor, et à dire que, n'ayant pas respecté les lois dans cette journée, il ne pouvait plus les invoquer en sa faveur.

La nomination de Sièyes au directoire avait été l'un des premiers motifs de ces dispositions. Appeler au directoire un homme qui n'avait cessé de regarder comme mauvaise la constitution directoriale, qui déjà, par cette raison, avait refusé d'être directeur, c'était annoncer en quelque sorte qu'on voulait une révolution. L'acceptation de Sièyes, dont on doutait à cause de ses refus antérieurs, ne fit que confirmer ces conjectures.

Les mécontens de toute espèce, qui voulaient un changement, se groupèrent autour de Sièyes. Sièyes n'était point un chef de parti habile; il n'en avait ni le caractère à la fois souple et audacieux, ni même l'ambition; mais il ralliait beaucoup de monde par sa renommée. On savait qu'il trouvait tout mauvais dans la constitution et le gouvernement, et on se pressait autour de lui, comme pour l'inviter à tout changer. Barras, qui avait su se faire pardonner son ancienne présence au directoire par ses liaisons et ses intrigues avec tous les partis, s'était rapproché de Sièyes, et était parvenu à se rattacher à lui, en livrant lâchement ses collègues. C'est autour de ces deux directeurs que se ralliaient tous les ennemis du directoire. Ce parti avait songé à se donner l'appui d'un jeune général qui eût de la réputation, et qui passât, comme beaucoup d'autres, pour une victime du gouvernement. La position de Joubert, sur lequel on fondait de grandes espérances, et qui était sans emploi depuis sa démission, avait fixé le choix sur lui. Il allait s'allier à M. de Sémonville, en épousant une demoiselle de Montholon. On l'avait rapproché de Sièyes; on le fit nommer général de la 17e division militaire, celle de Paris, et on s'efforça d'en faire le chef de la nouvelle coalition.

On ne songeait point encore à faire des changemens; on voulait d'abord s'emparer du gouvernement, sauver ensuite la France d'une invasion, et on ajournait les projets constitutionnels à une époque où tous les périls seraient passés. La première chose à obtenir était l'éloignement des membres de l'ancien directoire. Sièyes n'y était que depuis une quinzaine; il y était entré le 1er prairial, en remplacement de Rewbell. Barras s'était sauvé de l'orage comme on a vu. Toute la haine se déchargeait contre Larévellière, Merlin et Treilhard, tous trois fort innocens de ce qu'on reprochait au gouvernement.

Ils avaient la majorité, puisqu'ils étaient trois, mais on voulait leur rendre impossible l'exercice de l'autorité. Ils avaient résolu d'avoir les plus grands égards pour Sièyes, de lui pardonner même son humeur, afin de ne pas ajouter aux difficultés de la position, celles que des divisions personnelles pourraient encore faire naître. Mais Sièyes était intraitable; il trouvait tout mauvais, et il était en cela de très bonne foi; mais il s'exprimait de manière à prouver qu'il ne voulait pas s'entendre avec ses collègues pour porter remède au mal. Un peu infatué de ce qu'il avait vu dans le pays d'où il venait, il ne cessait de leur dire : « Ce n'est pas ainsi qu'on fait en Prusse. — Enseignez-nous donc, lui répondaient ses collègues, comment on fait en Prusse; éclairez-nous de vos avis, et aidez-nous à faire le bien. — Vous ne m'entendriez pas, répliquait Sièyes; il est inutile que je vous parle; faites comme vous avez coutume de faire. »

Tandis que, dans le sein du directoire, l'incompatibilité se déclarait entre la minorité et la majorité, les attaques les plus vives se succédaient au dehors de la part des conseils. Il y avait déjà querelle ouverte sur les finances. La détresse, comme on l'a dit, provenait de deux causes, la lenteur des rentrées et le déficit dans les produits supposés. Sur 400 millions déjà ordonnancés pour dépenses consommées, 210 millions étaient à peine rentrés. Le déficit dans l'évaluation des produits s'élevait, suivant Ramel, à 67 et même à 75 millions. Comme on lui contestait toujours la quotité du déficit, il donna un démenti formel au député Génissieux dans *le Moniteur*, et prouva ce qu'il avançait. Mais que sert de prouver dans certains momens? On n'en accabla pas moins le ministre et le gouvernement d'invectives; on ne cessa pas de répéter qu'ils ruinaient l'état, et demandaient sans cesse de nouveaux fonds pour fournir à de nouvelles dilapidations. Cependant, la force de l'évidence obligea à accorder un supplément de produits. L'impôt sur le sel avait été refusé; pour y suppléer, on ajouta un décime par franc sur toutes les contributions, et on doubla encore celle des portes et fenêtres. Mais c'était peu que de décréter des impôts, il fallait assurer leur rentrée par différentes lois, relatives à leur assiette et à leur perception. Ces lois n'étaient pas rendues. Le ministre pressait leur mise en discussion; on ajournait sans cesse, et on répondait à ses instances en criant à la trahison, au vol, etc.

Outre la querelle sur les finances, on en avait ouvert une autre. Déjà il s'était élevé des réclamations sur certains articles de la loi du 19 fructidor qui permettaient au directoire de fermer les clubs et de supprimer les journaux sur un simple arrêté. Un projet de loi avait été ordonné sur la presse et les sociétés populaires, afin de modifier la loi du 19 fructidor, et d'enlever au directoire le pouvoir arbitraire dont il était revêtu. On s'élevait beaucoup aussi contre la faculté que cette loi donnait au directoire de déporter à sa volonté les prêtres suspects, et de rayer les émigrés de la liste. Les patriotes eux-mêmes semblaient vouloir lui enlever cette dictature, funeste seulement à leurs adversaires. On commença par la discussion sur la presse et les sociétés populaires. Le projet mis en avant était l'ouvrage de Berlier. La discussion s'ouvrit dans les derniers jours de prairial (au milieu de juin). Les partisans du directoire, parmi lesquels se distinguaient Chénier, Bailleul, Creuzé-Latouche, Lecointe-Puyraveau, soutenaient que cette dictature accordée au directoire par la loi du 19 fructidor, bien que redoutable en temps ordinaire, était de la plus indispensable nécessité dans la circonstance actuelle. Ce n'était pas, disaient-ils, dans un moment de péril extrême qu'il fallait diminuer les forces du gouvernement. La dictature qu'on lui avait donnée le lendemain du 18 fructidor lui était devenue nécessaire, non plus contre la faction royaliste, mais contre la faction anarchique, non moins redoutable que la première, et secrètement alliée avec elle. Les disciples de Babœuf, ajoutaient-ils, reparaissaient de toutes parts, et menaçaient la république d'un nouveau débordement.

Les patriotes, qui fourmillaient dans les cinq-cents, répondaient avec leur véhémence accoutumée aux discours des partisans du directoire.

Il fallait, disaient-ils, donner une commotion à la France, et lui rendre l'énergie de 1793, que le directoire avait entièrement étouffée en faisant peser sur elle un joug accablant. Tout patriotisme allait s'éteindre si on n'ouvrait pas les clubs, et si on ne rendait pas la parole aux feuilles patriotiques. « Vainement, ajoutaient-ils, on accuse les patriotes, vainement on feint de redouter un débordement de leur part. Qu'ont-ils fait ces patriotes tant accusés ? Depuis trois ans ils sont égorgés, proscrits, sans patrie, dans la république qu'ils ont contribué puissamment à fonder et qu'ils ont défendue. Quels crimes avez-vous à leur reprocher ? ont-ils réagi contre les réacteurs ? Non. Ils sont exagérés, turbulens ; soit. Mais sont-ce là des crimes ? Ils parlent, ils crient même, si l'on veut ; mais ils n'assassinent pas, et tous les jours ils sont assassinés... » Tel était le langage de Briot (du Doubs), du Corse Aréna, et d'une foule d'autres.

Les membres de l'opposition constitutionnelle s'exprimaient autrement. Ils étaient naturellement modérés. Ils avaient le ton mesuré, mais amer et dogmatique. Il fallait, suivant eux, revenir aux principes trop méconnus, et rendre la liberté à la presse et aux sociétés populaires. Les dangers de fructidor avaient bien pu valoir une dictature momentanée au directoire, mais cette dictature donnée de confiance, comment en avait-il usé ? Il n'y avait qu'à interroger les partis, disait Boulay (de la Meurthe). Quoique ayant tous des vues différentes, royalistes, patriotes, constitutionnels, étaient d'accord pour déclarer que le directoire avait mal usé de sa toute-puissance. Un même accord, chez des hommes si opposés de sentimens et de vues, ne pouvait pas laisser de doute, et le directoire était condamné.

Ainsi les patriotes irrités se plaignaient d'oppression; les constitutionnels, pleins de prétentions, se plaignaient du mal-gouverné. Tous se réunirent, et firent abroger les articles de la loi du 19 fructidor relatifs aux journaux et aux sociétés populaires. C'était là une victoire importante, qui allait amener un déchaînement d'écrits périodiques et le ralliement de tous les jacobins.

L'agitation allait croissante vers les derniers jours de prairial. Les bruits les plus sinistres couraient de toutes parts. La nouvelle coalition résolut d'employer les tracasseries ordinaires que les oppositions emploient dans les gouvernemens représentatifs pour obliger un ministère à se retirer. Questions embarrassantes et réitérées, menaces d'accusation, on mit tout en usage. Ces moyens sont si naturels, que, sans la pratique du gouvernement représentatif, l'instinct seul des partis les découvre sur-le-champ.

Les commissions des dépenses, des fonds et de

la guerre, établies dans les cinq-cents pour s'occuper de ces divers objets, se réunirent, et projetèrent un message au directoire. Boulay (de la Meurthe) fut chargé du rapport, et le présenta le 15 prairial. Sur sa proposition, le conseil des cinq-cents adressa au directoire un message par lequel il demandait à être instruit des causes des dangers intérieurs et extérieurs qui menaçaient la république, et des moyens qui existaient pour y pourvoir. Les demandes de cette nature n'ont guère d'autre effet que d'arracher des aveux de détresse, et de compromettre davantage le gouvernement auquel on les arrache. Un gouvernement, nous le répétons, doit réussir: l'obliger à convenir qu'il n'a pas réussi, c'est l'obliger au plus funeste de tous les aveux. A ce message furent jointes une foule de motions d'ordre, qui toutes avaient un objet analogue. Elles étaient relatives au droit de former des sociétés populaires, à la liberté individuelle, à la responsabilité des ministres, à la publicité des comptes, etc.

Le directoire, en recevant le message en question, résolut d'y faire une réponse détaillée, dans laquelle il tracerait le tableau de tous les événemens, et exposerait les moyens qu'il avait employés, et ceux qu'il se proposait d'employer encore, pour retirer la France de la crise où elle se trouvait. Une réponse de cette nature exigeait le concours de tous les ministres, pour que chacun d'eux pût fournir son rapport. Il fallait au moins plusieurs jours pour le rédiger; mais ce n'est pas ce qui convenait aux meneurs des conseils. Ils ne voulaient pas un état exact et fidèle de la France, mais des aveux prompts et embarrassés. Aussi, après avoir attendu quelques jours, les trois commissions qui avaient proposé le message firent aux cinq-cents une proposition nouvelle, par l'organe du député Poulain-Grand-Pré. C'était le 28 prairial (16 juin). Le rapporteur proposa aux cinq-cents de se déclarer en permanence jusqu'à ce que le directoire eût répondu au message du 15. La proposition fut adoptée. C'était jeter le cri d'alarme, et annoncer un prochain événement. Les cinq-cents firent part aux anciens de leur détermination, en les engageant à suivre leur exemple. L'exemple en effet fut imité, et les anciens siégèrent aussi en permanence. Les trois commissions des dépenses, des fonds, de la guerre, étant trop nombreuses, furent changées en une seule commission, composée de onze membres, et chargée de présenter les mesures exigées par les circonstances.

Le directoire répondit, de son côté, qu'il allait se constituer en séance permanente, pour hâter le rapport qu'on lui demandait. On conçoit quelle agitation devait résulter d'une pareille détermination. On faisait, comme d'usage, courir les bruits les plus sinistres : les adversaires du directoire disaient qu'il méditait un nouveau coup d'état, et qu'il voulait dissoudre les conseils. Ses partisans répandaient au contraire qu'il y avait une coalition formée entre tous les partis pour renverser violemment la constitution. Rien de pareil n'était médité de part ni d'autre. La coalition des deux oppositions voulait seulement la démission des trois anciens directeurs. On imagina un premier moyen pour l'amener. La constitution voulait que le directeur entrant en fonctions eût quitté la législature depuis un an révolu. On s'aperçut que Treilhard, qui depuis treize mois siégeait au directoire, était sorti de la législature le 30 floréal an v, et qu'il avait été nommé au directoire, le 26 floréal an vi. Il manquait donc quatre jours au délai prescrit. Ce n'était là qu'une chicane, car cette irrégularité était couverte par le silence gardé pendant deux sessions, et d'ailleurs Sièyes lui-même était dans le même cas. Sur-le-champ la commission des onze proposa d'annuler la nomination de Treilhard. Cette annulation eut lieu le jour même du 28 et fut signifiée au directoire.

Treilhard était rude et brusque, mais n'avait pas une fermeté égale à la dureté de ses manières. Il était disposé à céder. Laréveillère était dans une tout autre disposition d'esprit. Cet homme honnête et désintéressé, auquel ses fonctions étaient à charge, qui ne les avait acceptées que par devoir, et qui faisait des vœux tous les ans pour que le sort le rendît à la retraite, ne voulait plus abandonner ses fonctions depuis que les factions coalisées paraissaient l'exiger. Il se figurait qu'on ne voulait expulser les anciens directeurs que pour abolir la constitution de l'an III; que Sièyes, Barras et la famille Bonaparte, concouraient au même but dans des vues différentes, mais toutes également funestes à la république. Dans cette persuasion, il ne voulait pas que les anciens directeurs abandonnassent leur poste. En conséquence, il courut chez Treilhard, et l'engagea à résister. « Avec Merlin et moi, lui dit-il, vous formerez la majorité, et nous nous refuserons à l'exécution de cette détermination du corps législatif, comme illégale, séditieuse, et arrachée par une faction. » Treilhard n'osa pas suivre cet avis, et envoya sur-le-champ sa démission aux cinq-cents.

Larévellière, voyant la majorité perdue, n'en persista pas moins à refuser sa démission, si on la lui demandait. Les meneurs des cinq-cents résolurent de donner tout de suite un successeur à Treilhard. Sièyes aurait voulu faire nommer un homme à sa dévotion; mais son influence fut nulle dans cette occasion. On nomma un ancien avocat de Rennes, président actuel du tribunal de cassation, et connu pour appartenir plutôt à l'opposition patriote qu'à l'opposition constitutionnelle. C'était Gohier, citoyen probe et dévoué à la république, mais peu capable, étranger à la connaissance des hommes et des affaires. Il fut nommé le 29 prairial, et dut être installé le lendemain même.

Ce n'était pas assez d'avoir exclu Treilhard, on voulait arracher du directoire Larévellière et Merlin. Les patriotes surtout étaient furieux contre Larévellière; ils se souvenaient que quoique régicide, il n'avait jamais été montagnard, qu'il avait lutté souvent contre leur parti depuis le 9 thermidor, et que l'année précédente il avait encouragé le système des scissions. En conséquence, ils menacèrent de le mettre en accusation, lui et Merlin, s'ils ne donnaient pas tous deux leur démission. Sièyes fut chargé de faire une première ouverture, pour les engager à céder volontairement à l'orage.

Le 29 au soir, jour de la sortie de Treilhard, Sieyes proposa une réunion particulière des quatre directeurs chez Merlin. On s'y rendit. Barras, comme si on se fût trouvé en danger, y vint avec le sabre au côté, et n'ouvrit point la bouche. Sièyes prit la parole avec embarras, fit une longue digression sur les fautes du gouvernement, et balbutia longtemps avant d'en venir au véritable objet de la réunion. Enfin Larévellière le somma de s'expliquer clairement. « Vos amis, répondit Sièyes, et ceux de Merlin vous engagent tous deux à donner votre démission. » Larévellière demanda quels étaient ces amis. Sièyes n'en put nommer aucun qui méritât quelque confiance. Larévellière lui parla alors avec le ton d'un homme indigné de voir le directoire trahi par ses membres, et livré par eux aux complots des factieux. Il prouva que jusqu'ici sa conduite et celle de ses collègues avaient été irréprochables, que les torts qu'on leur imputait n'étaient qu'un tissu de calomnies, puis il attaqua directement Sièyes sur ses projets secrets, et le jeta dans le plus grand embarras par ses véhémentes apostrophes. Barras, pendant tout ce temps, garda le plus morne silence. Sa position était difficile, car seul il avait mérité tous les reproches dont on accablait ses collègues. Leur demander leur démission pour des torts qu'ils n'avaient pas, et qui n'étaient qu'à lui seul, eût été trop embarrassant. Il se tut donc. On se sépara sans avoir rien obtenu. Merlin, qui n'osait pas prendre un parti, avait déclaré qu'il suivrait l'exemple de Larévellière.

Barras imagina d'employer un intermédiaire pour obtenir la démission de ses deux collègues. Il se servit d'un ancien girondin, Bergoeng, que le goût des plaisirs avait attiré dans sa société. Il le chargea d'aller voir Larévellière pour le décider à se démettre. Bergoeng vint dans la nuit du 20 au 30, invoqua auprès de Larévellière l'ancienne amitié qui les liait, et employa tous les moyens pour l'ébranler. Il lui assura que Barras l'aimait, l'honorait, et regardait son éloignement comme injuste, mais qu'il le conjurait de céder, pour n'être pas exposé à une tempête. Larévellière demeura inébranlable. Il répondit que Barras était dupe de Sièyes, Sièyes de Barras, et que tous deux seraient dupés par les Bonaparte; qu'on voulait la ruine de la république, mais qu'il résisterait jusqu'à son dernier soupir.

Le lendemain 30, Gohier devait être installé. Les quatre directeurs étaient réunis; tous les ministres étaient présens. A peine l'installation fut-elle achevée, et les discours du président et du nouveau directeur prononcés, qu'on revint à l'objet de la veille. Barras demanda à parler en particulier à Larévellière; ils passèrent tous deux dans une salle voisine. Barras renouvela auprès de son collègue les mêmes instances, les mêmes caresses, et le trouva aussi obstiné. Il rentra, assez embarrassé de n'avoir rien obtenu, et craignant toujours la discussion des actes de l'ancien directoire, qui ne pouvait pas être à son avantage. Alors il prit la parole avec violence, et n'osant pas attaquer Larévellière, il se déchaîna contre Merlin qu'il détestait, fit de lui la peinture la plus ridicule et la plus fausse, et le représenta comme une espèce de fier-à-bras, méditant, avec une réunion de coupe-jarrets, un coup d'état contre ses collègues et les conseils. Larévellière, venant au secours de Merlin, prit aussitôt la parole, et démontra l'absurdité de pareilles imputations. Rien dans le jurisconsulte Merlin, en effet, ne ressemblait à ce portrait. Larévellière retraça alors l'historique de toute l'administration du directoire, et le fit avec détail pour éclairer les ministres et le directeur entrant. Barras était dans une perplexité cruelle; il se leva enfin, en disant : « Eh bien ! c'en est fait, les sabres sont tirés. — Misérable, lui répondit Larévellière avec fermeté, que parles-tu de sabres? Il n'y a ici que des couteaux, et ils sont dirigés contre des hommes irréprochables, que vous voulez égorger, ne pouvant les entraîner à une faiblesse. »

Gohier voulut alors servir de conciliateur, mais ne put y réussir. Dans ce moment, plusieurs membres des cinq-cents et des anciens s'étant réunis, vinrent prier les deux directeurs de céder, en promettant qu'il ne serait point dirigé contre eux d'acte d'accusation. Larévellière leur répondit avec fierté qu'il n'attendait point de grâce, qu'on pouvait l'accuser, et qu'il répondrait. Les députés qui s'étaient chargés de cette mission retournèrent aux deux conseils, et y causèrent un nouveau soulèvement en rapportant ce qui s'était passé. Boulay (de la Meurthe) dénonça Larévellière, avoua sa probité, mais lui prêta mal à propos des projets de religion nouvelle, et accusa beaucoup son entêtement, qui allait, dit-il, perdre la république. Les patriotes se déchaînèrent avec plus de violence que jamais, et dirent que puisqu'ils s'obstinaient, il ne fallait faire aucune grâce aux directeurs.

L'agitation était au comble, et la lutte se trouvant engagée, on ne savait plus jusqu'où elle pourrait être poussée. Beaucoup d'hommes modérés des deux conseils se réunirent, et dirent que, pour éviter des malheurs, il fallait aller conjurer Larévellière de céder à l'orage. Ils se rendirent auprès de lui dans la nuit du 30, et le supplièrent, au nom des dangers que courait la république, de donner sa démission. Ils lui dirent qu'ils étaient exposés tous aux plus grands périls, et que s'il s'obstinait à résister, ils ne savaient pas jusqu'où pourrait aller la fureur des partis. « Mais ne voyez-vous pas, leur répondit Larévellière, les dangers plus grands que court la république? Ne voyez-vous pas que ce n'est pas à nous qu'on en veut, mais à la constitution; qu'en cédant aujourd'hui, il faudra céder demain, et toujours, et que la république sera perdue par notre faiblesse? Mes fonctions, ajouta-t-il, me sont à charge; si je m'obstine à les garder aujourd'hui, c'est parce que je crois devoir opposer une barrière insurmontable aux complots des factions. Cependant, si vous croyez tous que ma résistance vous expose à des périls, je vais me rendre; mais je vous le déclare, la république est perdue. Un seul homme ne peut pas la sauver; je cède donc, puisque je reste seul, et je vous remets ma démission. »

Il la donna dans la nuit. Il écrivit une lettre simple et digne pour exprimer ses motifs. Merlin lui demanda à la copier, et les deux démissions furent envoyées en même temps. Ainsi fut dissous l'ancien directoire. Toutes les factions qu'il avait essayé de réduire s'étaient réunies pour l'abattre, et avaient mis leurs ressentimens en commun. Il n'était coupable que d'un seul tort, celui d'être plus faible qu'elles; tort immense, il est vrai, et qui justifie la chute d'un gouvernement.

Malgré le déchaînement général, Larévellière emporta l'estime de tous les citoyens éclairés. Il ne voulut pas, en quittant le directoire, recevoir les cent mille francs que ses collègues étaient convenus de donner au membre sortant; il ne reçut pas même la part à laquelle il avait droit sur les retenues faites à leurs appointemens; il n'emporta pas la voiture qu'il était d'usage de laisser au directeur sortant. Il se retira à Andilly, dans une petite maison qu'il possédait, et il y reçut la visite de tous les hommes considérés que la fureur des partis n'intimidait pas. Le ministre Talleyrand fut du nombre de ceux qui allèrent le visiter dans sa retraite.

CHAPITRE XVII.

FORMATION DU NOUVEAU DIRECTOIRE. MOULINS ET ROGER-DUCOS REMPLACENT LARÉVELLIÈRE ET MERLIN. — CHANGEMENT DANS LE MINISTÈRE. — LEVÉE DE TOUTES LES CLASSES DE CONSCRITS. — EMPRUNT FORCÉ DE CENT MILLIONS. — LOI DES OTAGES. — NOUVEAUX PLANS MILITAIRES. — REPRISE DES OPÉRATIONS EN ITALIE; JOUBERT GÉNÉRAL EN CHEF; BATAILLE DE NOVI, ET MORT DE JOUBERT. — DÉBARQUEMENT DES ANGLO-RUSSES EN HOLLANDE. — NOUVEAUX TROUBLES A L'INTÉRIEUR; DÉCHAÎNEMENT DES PATRIOTES; ARRESTATION DE ONZE JOURNALISTES; RENVOI DE BERNADOTTE; PROPOSITION DE DÉCLARER LA PATRIE EN DANGER.

Les années usent les partis, mais il en faut beaucoup pour les épuiser. Les passions ne s'éteignent qu'avec les cœurs dans lesquels elles s'allumèrent. Il faut que tout une génération disparaisse; alors il ne reste des prétentions des partis que les intérêts légitimes, et le temps peut opérer entre ces intérêts une conciliation naturelle et raisonnable. Mais avant ce terme, les partis sont indomptables par la seule puissance de la raison. Le gouvernement qui veut leur parler le langage de la justice et des lois leur devient bientôt insupportable, et plus il a été modéré, plus ils le méprisent comme faible et impuissant. Veut-il, quand il trouve des cœurs sourds à ses avis, employer la force, on le déclare tyrannique, on dit qu'à la faiblesse il joint la méchanceté. En attendant les effets du temps, il n'y a qu'un grand despotisme qui puisse dompter les partis irrités. Le directoire était ce gouvernement légal et modéré qui voulut faire subir le joug des lois aux partis que la révolution avait produits, et que cinq ans de lutte et de réaction n'avaient pas encore épuisés. Ils se coalisèrent tous, comme on vient de le voir, au 30 prairial, pour amener sa chute. L'ennemi commun renversé, ils se trouvaient en présence les uns des autres sans aucune main pour les contenir. On va voir comment ils se comportèrent.

La constitution, quoique n'étant plus qu'un fantôme, n'était pas abolie, et il fallait remplacer par une ombre le directoire déjà renversé. Gohier avait remplacé Treilhard; il fallait donner des successeurs à Larévellière et à Merlin. On choisit Roger-Ducos et Moulins. Roger-Ducos était un ancien girondin, homme honnête, peu capable et tout-à-fait dévoué à Sièyes. Il avait été nommé par l'influence de Sièyes sur les anciens. Moulins était un général obscur, employé autrefois dans la Vendée, républicain chaud et intègre, nommé comme Gohier par l'influence du parti patriote. On avait proposé d'autres notabilités ou civiles ou militaires, pour composer le directoire; mais elles avaient été rejetées. Il était clair, d'après de pareils choix, que les partis n'avaient pas voulu se donner des maîtres. Ils n'avaient porté au directoire que ces médiocrités, chargées ordinairement de tous les *interim*.

Le directoire actuel, composé, comme les conseils, de partis opposés, était encore plus faible et moins homogène que le précédent. Sièyes, le seul homme supérieur parmi les cinq directeurs, rêvait, comme on l'a vu, une nouvelle organisation politique. Il était le chef du parti qui se qualifiait de modéré ou de constitutionnel, et dont tous les membres cependant souhaitaient une constitution nouvelle. Il n'avait de collègue dévoué que Roger-Ducos. Moulins et Gohier, tous deux chauds patriotes, incapables de concevoir autre chose que ce qui existait, voulaient la constitution actuelle, mais voulaient l'exécuter et l'interpréter dans le sens des patriotes. Quant à Barras, appelé naturellement à les départager, qui pouvait compter sur lui? Ce chaos de vices, de passions, d'intérêts, d'idées contraires, que présentait la république mourante, il en était à lui seul l'emblème vivant. La majorité, dépendant de sa voix, était donc commise au hasard.

Sièyes dit assez nettement à ses nouveaux collègues qu'ils prenaient la direction d'un gouvernement menacé d'une chute prochaine, mais qu'il fallait sauver la république si on ne pouvait sauver la constitution. Ce langage déplut fort à Gohier et à Moulins, et fut mal accueilli par eux. Aussi dès le premier jour les sentimens parurent peu d'accord. Sièyes tint le même langage à Joubert, le général qu'on voulait engager dans le parti réorganisateur. Mais Joubert, vieux soldat de l'armée d'Italie, en avait les sentimens; il était chaud patriote, et les vues de Sièyes lui parurent suspectes. Il s'en ouvrit secrètement à Gohier et à Moulins, et parut se rattacher entièrement à eux. Du reste, c'étaient là des questions qui ne pouvaient arriver qu'ultérieurement en discussion. Le plus pressant était d'administrer et de défendre la république menacée. La nouvelle de la bataille de la Trebbia, répandue partout, jetait tous les esprits dans l'alarme. Il fallait de grandes mesures de salut public.

Le premier soin d'un gouvernement est de faire tout le contraire de celui qui l'a précédé, ne serait-ce que pour obéir aux passions qui l'ont fait triompher. Championnet, ce héros de Naples si vanté, Joubert, Bernadotte, devaient sortir des fers ou de la disgrâce, pour occuper les premiers emplois. Championnet fut mis sur-le-champ en liberté et nommé général d'une nouvelle armée qu'on se proposait de former le long des Grandes-Alpes. Bernadotte fut chargé du ministère de la guerre;

Joubert fut appelé à commander l'armée d'Italie. Ses triomphes dans le Tyrol, sa jeunesse, son caractère héroïque, inspiraient les plus grandes espérances. Les réorganisateurs lui souhaitaient assez de succès et de gloire pour qu'il pût appuyer leurs projets. Le choix de Joubert était fort bon sans doute, mais c'était une nouvelle injustice pour Moreau, qui avait si généreusement accepté le commandement d'une armée battue, et qui l'avait sauvée avec tant d'habileté. Mais Moreau était peu agréable aux chauds patriotes, qui triomphaient dans ce moment. On lui donna le commandement d'une prétendue armée du Rhin qui n'existait pas encore.

Il y eut en outre divers changemens dans le ministère. Le ministre des finances, Ramel, qui avait rendu de si grands services depuis l'installation du directoire, et qui avait administré pendant cette transition si difficile du papier-monnaie au numéraire, Ramel avait partagé l'odieux jeté sur l'ancien directoire. Il fut si violemment attaqué, que, malgré l'estime qu'ils avaient pour lui, les nouveaux directeurs furent obligés d'accepter sa démission. On lui donna pour successeur un homme qui était cher aux patriotes, et respectable pour tous les partis : c'était Robert Lindet, l'ancien membre du comité de salut public, si indécemment attaqué pendant la réaction. Il se défendit long-temps contre la proposition d'un portefeuille : l'expérience qu'il avait faite de l'injustice des partis, devait peu l'engager à rentrer dans les affaires. Cependant il y consentit par dévouement à la république.

La diplomatie du directoire n'avait pas été moins blâmée que son administration financière. On l'accusait d'avoir remis la république en guerre avec toute l'Europe, et c'était bien à tort, si l'on considère surtout quels étaient les accusateurs. Les accusateurs, en effet, étaient les patriotes eux-mêmes, dont les passions avaient engagé de nouveau la guerre. On reprochait surtout au directoire l'expédition d'Égypte, naguère si vantée, et on prétendait que cette expédition avait amené la rupture avec la Porte et la Russie. Le ministre Talleyrand, déjà peu agréable aux patriotes, comme ancien émigré, avait encouru toute la responsabilité de cette diplomatie, et il était si vivement attaqué qu'il fallut en agir avec lui comme avec Ramel, et accepter sa démission. On lui donna pour successeur un Wurtembergeois, qui, sous les apparences de la bonhomie allemande, cachait un esprit remarquable, et que M. de Talleyrand avait recommandé comme l'homme le plus capable de lui succéder. C'était M. Reinhard. On a dit que ce choix n'avait été que provisoire, et que M. Reinhard n'était là qu'en attendant le moment où

M. de Talleyrand pourrait être rappelé. Le ministère de la justice fut retiré à Lambrechts, à cause de l'état de sa santé, et donné à Cambacérès. On plaça à la police Bourguignon, ancien magistrat, patriote sincère et honnête. Fouché, cet ex-jacobin, si souple, si insinuant, que Barras avait intéressé dans le trafic des compagnies, et pourvu ensuite de l'ambassade à Milan, Fouché, destitué à cause de sa conduite en Italie, passait aussi pour une victime de l'ancien directoire. Il devait donc prendre part au triomphe décerné à toutes les victimes; il fut envoyé à La Haye.

Tels furent les principaux changemens apportés au personnel du gouvernement et des armées. Ce n'était pas tout que de changer les hommes, il fallait leur fournir de nouveaux moyens de remplir la tâche sous laquelle leurs prédécesseurs avaient succombé. Les patriotes, revenant, suivant leur usage, aux moyens révolutionnaires, soutenaient qu'il fallait aux grands maux les grands remèdes. Ils proposaient les mesures urgentes de 1793. Après avoir tout refusé au précédent directoire, on voulait tout donner au nouveau; on voulait mettre dans ses mains des moyens extraordinaires, et l'obliger même d'en user. La commission des onze, formée des trois commissions des dépenses, des fonds et de la guerre, et chargée, pendant la crise de prairial, d'aviser aux moyens de sauver la république, conféra avec les membres du directoire, et arrêta avec eux différentes mesures qui se ressentaient de la disposition du moment. Au lieu de deux cent mille hommes, à prendre sur les cinq classes de conscrits, le directoire put appeler toutes les classes. Au lieu des impôts proposés par l'ancien directoire, et repoussés avec tant d'acharnement par les deux oppositions, on imagina encore un emprunt forcé. Conformément au système des patriotes, il fut progressif, c'est-à-dire qu'au lieu de faire contribuer chacun suivant la valeur de ses impôts directs, ce qui procurait tout de suite les rôles de la contribution foncière et personnelle pour base de répartition, on obligea chacun de contribuer suivant sa fortune. Alors il fallait recourir au jury taxateur, c'est-à-dire frapper les riches par le moyen d'une commission. Le parti moyen combattit ce projet et dit qu'il était renouvelé de la terreur, que la difficulté de la répartition rendait encore cette mesure inefficace et nulle, comme les anciens emprunts forcés. Les patriotes répondirent qu'il fallait faire supporter les frais de la guerre, non pas à toutes les classes, mais aux riches seuls. Les mêmes passions employaient toujours, comme en le voit, les mêmes raisons. L'emprunt forcé et progressif fut décrété; il fut fixé à cent millions, et déclaré remboursable en biens nationaux.

Outre ces mesures de recrutement et de finances, on dut en prendre une de police contre le renouvellement de la chouannerie, dans le midi et les départemens de l'ouest, théâtres de l'ancienne guerre civile. Il se commettait là de nouveaux brigandages; on assassinait les acquéreurs de biens nationaux, les hommes réputés patriotes, les fonctionnaires publics : on arrêtait surtout les diligences, et on les pillait. Il y avait parmi les auteurs de ces brigandages beaucoup d'anciens Vendéens et chouans, beaucoup de membres des fameuses compagnies du Soleil, et aussi beaucoup de conscrits réfractaires. Quoique ces brigands, dont la présence annonçait une espèce de dissolution sociale, eussent pour but réel le pillage, il était évident, d'après le choix de leurs victimes, qu'ils avaient une origine politique. Une commission fut nommée pour imaginer un système de répression. Elle proposa une loi, qui fut appelée loi des otages, et qui est demeurée célèbre sous ce titre. Comme on attribuait aux parens des émigrés ou ci-devant nobles, la plupart de ces brigandages, on voulut en conséquence les obliger à donner des otages. Toutes les fois qu'une commune était reconnue en état notoire de désordre, les parens ou alliés d'émigrés, les ci-devant nobles, les ascendans des individus connus pour faire partie des rassemblemens, étaient considérés comme otages et comme civilement et personnellement responsables des brigandages commis. Les administrations centrales devaient désigner les individus choisis pour otages, et les faire enfermer dans des maisons choisies pour cet objet. Ils devaient y vivre à leurs frais et à leur gré, et demeurer enfermés pendant toute la durée du désordre. Quand les désordres iraient jusqu'à l'assassinat, il devait y avoir quatre déportés pour un assassinat. On conçoit tout ce qu'on pouvait dire pour ou contre cette loi. C'était, disaient ses partisans, le seul moyen d'atteindre les auteurs des désordres, et ce moyen était doux et humain. C'était, répondaient ses adversaires, une loi des suspects, une loi révolutionnaire, qui, dans l'impuissance d'atteindre les vrais coupables, frappait en masse, et commettait toutes les injustices ordinaires aux lois de cette nature. En un mot, on dit pour et contre tout ce qu'on a vu répété si souvent dans cette histoire sur les lois révolutionnaires. Mais il y avait une objection plus forte que toutes les autres à faire contre cette mesure. Ces brigands ne provenant que d'une véritable dissolution sociale, le seul remède était dans une réorganisation vigoureuse de l'état, et non dans des mesures tout-à-fait discréditées, et qui n'étaient capables de rendre aucune énergie aux ressorts du gouvernement.

La loi fut adoptée après une discussion assez vive, où les partis qui avaient été un moment d'accord pour renverser l'ancien directoire se séparèrent avec éclat. A ces mesures importantes, qui avaient pour but d'armer le gouvernement de moyens révolutionnaires, on en ajouta qui, sous d'autres rapports, limitaient sa puissance. Ces mesures accessoires étaient la conséquence des reproches faits à l'ancien directoire. Pour prévenir les scissions à l'avenir, on décida que le vœu de toute fraction électorale serait nul; que tout agent du gouvernement cherchant à influencer les élections serait puni pour attentat à la souveraineté du peuple; que le directoire ne pourrait plus faire entrer des troupes dans le rayon constitutionnel sans une autorisation expresse; qu'aucun militaire ne pourrait être privé de son grade sans une décision d'un conseil de guerre; que le droit accordé au directoire de lancer des mandats d'arrêt ne pourrait plus être délégué à des agens; qu'aucun employé du gouvernement ou fonctionnaire quelconque ne pourrait être ni fournisseur, ni même intéressé dans les marchés de fournitures; qu'un club ne pourrait être fermé sans une décision des administrations municipale et centrale. On ne put pas s'entendre sur une loi de la presse; mais l'article de la loi du 19 fructidor, qui donnait au directoire la faculté de suppression à l'égard des journaux, n'en demeura pas moins aboli; et en attendant un nouveau projet, la presse resta indéfiniment libre.

Telles furent les mesures prises à la suite du 30 prairial, soit pour réparer de prétendus abus, soit pour rendre au gouvernement l'énergie dont il manquait. Ces mesures, qu'on prend dans les momens de crise, à la suite d'un changement de système, sont imaginées pour sauver un état, et arrivent rarement à temps pour le sauver; car tout est souvent décidé avant qu'elles puissent être mises à exécution. Elles fournissent tout au plus des ressources pour l'avenir. L'emprunt des cent millions, les nouvelles levées, ne pouvaient être exécutés que dans quelques mois. Cependant l'effet d'une crise est de donner une secousse à tous les ressorts et de leur rendre une certaine énergie. Bernadotte se hâta d'écrire des circulaires pressantes, et parvint de cette manière à accélérer l'organisation déjà commencée des bataillons de conscrits. Robert Lindet, auquel l'emprunt des cent millions n'ouvrait aucune ressource actuelle, assembla les principaux banquiers et commerçans de la capitale, et les engagea à prêter leur crédit à l'état. Ils y consentirent, et prêtèrent leur signature au ministère des finances. Ils se formèrent en syndicat, et en attendant la rentrée des impôts, signèrent des billets dont ils devaient être remboursés au fur et à mesure des recettes. C'était une espèce de banque temporaire établie pour le besoin du moment.

On voulait faire aussi de nouveaux plans de campagne ; on demanda un projet à Bernadotte, qui se hâta d'en présenter un fort singulier, mais qui heureusement ne fut pas mis à exécution. Rien n'était plus susceptible de combinaisons multipliées qu'un champ de bataille aussi vaste que celui sur lequel on opérait. Chacun en y regardant devait avoir une idée différente ; et si chacun pouvait la proposer et la faire adopter, il n'y avait pas de raison pour ne pas changer à chaque instant de projet. Si, dans la discussion, la diversité des avis est utile, elle est déplorable dans l'exécution. Au début, on avait pensé qu'il fallait agir à la fois sur le Danube et en Suisse. Après la bataille de Stockach, on ne voulut plus agir qu'en Suisse, et on supprima l'armée du Danube. En ce moment, Bernadote pensa autrement ; il prétendit que la cause des succès des alliés était dans la facilité avec laquelle ils pouvaient communiquer, à travers les Alpes, d'Allemagne en Italie. Pour leur interdire ces moyens de communication, il voulait qu'on leur enlevât le Saint-Gothard et les Grisons à l'aile droite de l'armée de Suisse, et qu'on formât une nouvelle armée du Danube, qui reportât la guerre en Allemagne. Pour former cette armée du Danube, il proposait d'organiser promptement l'armée du Rhin, et de la renforcer de vingt mille hommes enlevés à Masséna. C'était compromettre celui-ci, qui avait devant lui toutes les forces de l'archiduc, et qui pouvait être accablé pendant ce revirement. Il est vrai qu'il eût été bon de ramener la guerre sur le Danube, mais il suffisait de donner à Masséna les moyens de prendre l'offensive, pour que son armée devînt elle-même cette armée du Danube. Alors il fallait tout réunir dans ses mains, loin de l'affaiblir. Dans le plan de Bernadotte, une armée devait être formée sur les Grandes-Alpes, pour couvrir la frontière contre les Austro-Russes du côté du Piémont. Joubert, réunissant les débris de toutes les armées d'Italie, et renforcé des troupes disponibles à l'intérieur, devait déboucher de l'Apennin, et attaquer Suwarow de vive force.

Ce plan, fort approuvé par Moulins, fut envoyé aux généraux. Masséna, fatigué de tous ces projets extravagans, offrit sa démission. On ne l'accepta pas, et le plan ne fut point mis à exécution. Masséna conserva le commandement de toutes les troupes, depuis Bâle jusqu'au Saint-Gothard. On persista dans le projet de réunir une armée sur le Rhin pour couvrir cette ligne. On forma un noyau d'armée sur les Alpes, sous les ordres de Championnet. Ce noyau était à peu près de quinze mille hommes. On envoya tous les renforts disponibles à Joubert, qui devait déboucher de l'Apennin. On était au milieu de la saison, en messidor (juillet); les renforts commençaient à arriver. Un certain nombre de vieux bataillons, retenus dans l'intérieur, étaient rendus sur la frontière. Les conscrits s'organisaient et allaient remplacer les vieilles troupes dans les garnisons. Enfin, comme les cadres manquaient pour la grande quantité de conscrits, on avait imaginé d'augmenter le nombre des bataillons dans les demi-brigades ou régimens, ce qui permettait d'incorporer les nouvelles levées dans les anciens corps.

On savait qu'un renfort de trente mille Russes arrivait en Allemagne, sous les ordres du général Korsakoff. On pressait Masséna de sortir de ses positions et d'attaquer celles de l'archiduc, pour tâcher de le battre avant sa jonction avec les Russes. Le gouvernement avait parfaitement raison sous ce rapport, car il était urgent de faire une tentative avant la réunion d'une masse de forces aussi imposante. Cependant Masséna refusait de prendre l'offensive, soit qu'il manquât ici de son audace accoutumée, soit qu'il attendît la reprise des opérations offensives en Italie. Les militaires ont tous condamné son inaction, qui, du reste, devint bientôt heureuse par les fautes de l'ennemi, et qui fut rachetée par d'immortels services. Pour obéir cependant aux instances du gouvernement, et exécuter une partie du plan de Bernadotte, qui consistait à empêcher les Austro-Russes de communiquer d'Allemagne en Italie, Masséna ordonna à

Lecourbe de prolonger sa droite jusqu'au Saint-Gothard, de s'emparer de ce point important et de reprendre les Grisons. Par cette opération, les Grandes-Alpes rentraient sous la domination des Français, et les armées ennemies qui opéraient en Allemagne, se trouvaient sans communication avec celles qui opéraient en Italie. Lecourbe exécuta cette entreprise avec l'intrépidité et la hardiesse qui le signalaient dans la guerre de montagnes, et redevint maître du Saint-Gothard.

Pendant ce temps, de nouveaux événemens se préparaient en Italie. Suwarow, obligé par la cour de Vienne d'achever le siége de toutes les places, avant de pousser ses avantages, n'avait nullement profité de la victoire de la Trebbia. Il aurait même pu, tout en se conformant à ses instructions, se réserver une masse suffisante pour disperser entièrement nos débris; mais il n'avait pas assez le génie des combinaisons militaires pour agir de la sorte. Il consumait donc le temps à faire des siéges. Peschiera, Pizzighitone, la citadelle de Milan, étaient tombées. La citadelle de Turin avait eu le même sort. Les deux places célèbres de Mantoue et d'Alexandrie tenaient encore, et faisaient prévoir une longue résistance. Kray assiégeait Mantoue, et Bellegarde Alexandrie. Malheureusement toutes nos places avaient été confiées à des commandans dépourvus ou d'énergie ou d'instruction. L'artillerie y était mal servie, parce qu'on n'y avait jeté que des corps délabrés; l'éloignement de nos armées actives, repliées sur l'Apennin, désespérait singulièrement les courages. Mantoue, la principale de ces places, ne méritait pas la réputation que les campagnes de Bonaparte lui avaient value. Ce n'était pas sa force, mais la combinaison des événemens, qui avait prolongé sa défense. Bonaparte, en effet, avec une dizaine de mille hommes, en avait réduit quatorze mille à y mourir des fièvres et de la misère. Le général Latour-Foissac en était le commandant actuel. C'était un savant officier du génie; mais il n'avait pas l'énergie nécessaire pour ce genre de défense. Découragé par l'irrégularité de la place et le mauvais état des fortifications, il ne crut pas pouvoir suppléer aux murailles par de l'audace. D'ailleurs sa garnison était insuffisante; et après les premiers assauts, il parut disposé à se rendre. Le général Gardanne commandait à Alexandrie. Il était résolu, mais point assez instruit. Il repoussa vigoureusement un premier assaut; mais il ne sut pas voir dans la place les ressources qu'elle présentait encore.

On était en thermidor (milieu de juillet); plus d'un mois s'était écoulé depuis la révolution du 30 prairial et la nomination de Joubert. Moreau sentait l'importance de prendre l'offensive ayant la chute des places, et de déboucher, avec l'armée réorganisée et renforcée, sur les Austro-Russes dispersés. Malheureusement il était enchaîné par les ordres du gouvernement qui lui avait prescrit d'attendre Joubert. Ainsi, dans cette malheureuse campagne, ce fut une suite d'ordres intempestifs qui amena toujours nos revers. Le changement d'idées et de plans dans les choses d'exécution, et surtout à la guerre, est toujours funeste. Si Moreau, auquel on aurait dû donner le commandement dès l'origine, l'avait eu du moins depuis la journée de Cassano, et l'avait eu sans partage, tout eût été sauvé; mais associé tantôt à Macdonald, tantôt à Joubert, on l'empêcha pour la seconde et troisième fois de réparer nos malheurs, et de relever l'honneur de nos armes.

Joubert, qu'on avait voulu, par un mariage et des caresses, attacher au parti qui projetait une réorganisation, perdit un mois entier, celui de messidor (juin et juillet), à célébrer ses noces, et manqua ainsi une occasion décisive. On ne l'attacha pas réellement au parti dont on voulait le faire l'appui, car il resta dévoué aux patriotes, et on lui fit perdre inutilement un temps précieux. Il partit en disant à sa jeune épouse : *Tu me reverras mort ou victorieux*. Il emporta, en effet, la résolution héroïque de vaincre ou de mourir. Ce noble jeune homme, en arrivant à l'armée dans le milieu de thermidor (premiers jours d'août), témoigna la plus grande déférence au maître consommé auquel on l'appelait à succéder. Il le pria de rester auprès de lui pour lui donner des conseils. Moreau, tout aussi généreux que le jeune général, voulut bien assister à sa première bataille, et l'aider de ses conseils : noble et touchante confraternité, qui honore les vertus de nos généraux républicains, et qui appartient à un temps où le zèle patriotique l'emportait encore sur l'ambition dans le cœur de nos guerriers !

L'armée française, composée des débris des armées de la Haute-Italie et de Naples, des renforts arrivés de l'intérieur, s'élevait à quarante mille hommes, parfaitement réorganisés, et brûlant de se mesurer de nouveau avec l'ennemi. Rien n'égalait le patriotisme de ces soldats, qui, toujours battus, n'étaient jamais découragés, et demandaient toujours de retourner à l'ennemi. Aucune armée républicaine n'a mieux mérité de la France, car aucune n'a mieux répondu au reproche injuste fait aux Français, de ne pas savoir supporter les revers. Il est vrai qu'une partie de sa fermeté était due au brave et modeste général dans lequel elle avait mis toute sa confiance, et qu'on lui enlevait toujours au moment où il allait la ramener à la victoire.

Ces quarante mille hommes étaient indépendans

de quinze mille qui devaient servir, sous Championnet, à former le noyau de l'armée des Grandes-Alpes. Ils avaient débouché par la Bormida sur Acqui, par la Bochetta sur Gavi, et ils étaient venus se ranger en avant de Novi. Ces quarante mille hommes, débouchant à temps, avant la réunion des corps occupés à faire des siéges, pouvaient remporter des avantages décisifs. Mais Alexandrie venait d'ouvrir ses portes, le 4 thermidor (22 juillet). Le bruit était vaguement répandu que Mantoue venait aussi de les ouvrir. Cette triste nouvelle fut bientôt confirmée, et on apprit que la capitulation avait été signée le 12 thermidor (30 juillet). Kray venait de rejoindre Suwarow avec vingt mille hommes; la masse agissante des Austro-Russes se trouvait actuellement de soixante et quelques mille. Il n'était donc plus possible à Joubert de lutter à chance égale contre un ennemi si supérieur. Il assembla un conseil de guerre; l'avis général fut de rentrer dans l'Apennin, et de se borner à la défensive, en attendant de nouvelles forces.

Joubert allait exécuter sa résolution, lorsqu'il fut prévenu par Suwarow, et obligé d'accepter la bataille. L'armée française était formée en demi-cercle, sur les pentes du Monte-Rotondo, dominant toute la plaine de Novi. La gauche formée des divisions Grouchy et Lemoine, s'étendait circulairement en avant de Pasturana. Elle avait à dos le ravin du Riasco, ce qui rendait ses derrières accessibles à l'ennemi qui oserait s'engager dans ce ravin. La réserve de cavalerie, commandée par Richepanse, était en arrière de cette aile. Au centre, la division Laboissière couvrait les hauteurs à droite et à gauche de la ville de Novi. La division Watrin, à l'aile droite, défendait les accès du Monte-Rotondo, du côté de la route de Tortone. Dombrowsky avec une division bloquait Seravalle. Le général Pérignon commandait notre aile gauche, Saint-Cyr notre centre et notre droite. La position était forte, bien occupée sur tous les points, et difficile à emporter. Cependant quarante mille hommes contre plus de soixante mille avaient un désavantage immense. Suwarow résolut d'attaquer la position avec sa violence accoutumée. Il porta Kray vers notre gauche avec les divisions Ott et Bellegarde. Le corps russe de Derfelden, ayant en tête l'avant-garde de Bagration, devait attaquer notre centre vers Novi. Mélas, demeuré un peu en arrière avec le reste de l'armée, devait assaillir notre droite. Par une combinaison singulière, ou plutôt par un défaut de combinaison, les attaques devaient être successives, et non simultanées.

Le 28 thermidor (15 août 1799), Kray commença l'attaque à cinq heures du matin. Bellegarde attaqua la division Grouchy à l'extrême gauche, et Ott la division Lemoine. Ces deux divisions n'étant pas encore formées, faillirent être surprises et rompues. La résistance opiniâtre de l'une des demi-brigades obligea Kray à se jeter sur la 20ᵉ légère, qu'il accabla en réunissant contre elle son principal effort. Déjà ses troupes prenaient pied sur le plateau, lorsque Joubert accourut au galop sur le lieu du danger. Il n'était plus temps de songer à la retraite, et il fallait tout oser pour rejeter l'ennemi au bas du plateau. S'avançant au milieu des tirailleurs pour les encourager, il reçut une balle qui l'atteignit près du cœur, et l'étendit par terre. Presque expirant, le jeune héros criait encore à ses soldats: *En avant, mes amis! en avant!* Cet événement pouvait jeter le désordre dans l'armée; mais heureusement Moreau avait accompagné Joubert sur ce point. Il prit sur-le-champ le commandement qui lui était déféré par la confiance générale, rallia les soldats, bouillans de ressentiment, et les ramena sur les Autrichiens. Les grenadiers de la 34ᵉ les chassèrent à la baïonnette, et les précipitèrent au bas de la colline. Malheureusement les Français n'avaient pas encore leur artillerie en batterie, et les Autrichiens, au contraire, sillonnaient leurs rangs par une grêle d'obus et de boulets. Pendant cette action, Bellegarde tâchait de tourner l'extrême gauche par le ravin du Riasco, qui a déjà été désigné comme donnant accès sur nos derrières. Déjà il s'était introduit assez avant, lorsque Pérignon, lui présentant à propos la réserve commandée par le général Clausel, l'arrêta dans sa marche. Pérignon acheva de le culbuter dans la plaine, en le faisant charger par les grenadiers de Partouneaux et par la cavalerie de Richepanse. Ce coup de vigueur débarrassa l'aile gauche.

Grâce à la singulière combinaison de Suwarow, qui voulait rendre ses attaques successives, notre centre n'avait pas encore été attaqué. Saint-Cyr avait eu le temps de faire ses dispositions, et de rapprocher de Novi la division Watrin, formant son extrême droite. Sur les instances de Kray, qui demandait à être appuyé par une attaque vers le centre, Bagration s'était enfin décidé à l'assaillir avec son avant-garde. La division Laboissière, qui était à la gauche de Novi, laissant approcher les Russes de Bagration à demi-portée de fusil, les accabla tout à coup d'un feu épouvantable de mousqueterie et de mitraille, et couvrit la plaine de morts. Bagration, sans s'ébranler, dirigea alors quelques bataillons pour tourner Novi par notre droite; mais, rencontrés par la division Watrin, qui se rapprochait de Novi, ils furent rejetés dans la plaine.

On était ainsi arrivé à la moitié du jour sans que notre ligne fût entamée. Suwarow venait d'arriver avec le corps russe de Derfelden. Il ordonna une nouvelle attaque générale sur toute la ligne. Kray devait assaillir de nouveau la gauche, Derfelden et Bagration le centre. Mélas était averti de hâter le pas, pour venir accabler notre droite. Tout étant disposé, l'ennemi s'ébranle sur toute la ligne. Kray, s'acharnant sur notre gauche, essaie encore de la faire assaillir de front par Ott; mais la réserve Clausel repousse les troupes de Bellegarde, et la division Lemoine culbute Ott sur les pentes des collines. Au centre, Suwarow fait livrer une attaque furieuse à droite et à gauche de Novi. Une nouvelle tentative de tourner la ville est déjouée, comme le matin, par la division Watrin. Malheureusement nos soldats, entraînés par leur ardeur, s'abandonnent trop vivement à la poursuite de l'ennemi, s'aventurent dans la plaine, et sont ramenés dans leur position. A une heure le feu se ralentit de nouveau par l'effet de la fatigue générale; mais il recommence bientôt avec violence, et pendant quatre heures les Français, immobiles comme des murailles, résistent avec une admirable froideur à toute la furie des Russes. Ils n'avaient fait encore que des pertes peu considérables. Les Austro-Russes, au contraire, avaient été horriblement traités. La plaine était jonchée de leurs morts et de leurs blessés. Malheureusement le reste de l'armée austro-russe arrivait de Rivalta, sous les ordres de Mélas. Cette nouvelle irruption allait se diriger sur notre droite. Saint-Cyr, s'en apercevant, ramène la division Watrin, qui s'était trop engagée dans la plaine, et la dirige sur un plateau à droite de Novi. Mais tandis qu'elle opère ce mouvement, elle se voit déjà enveloppée de tous côtés par le corps nombreux de Mélas. Cette vue la saisit, elle se rompt, et gagne le plateau en désordre. On la rallie cependant un peu en arrière. Pendant ce temps, Suwarow, redoublant d'efforts au centre vers Novi, rejette enfin les Français dans la ville, et s'empare des hauteurs qui la commandent à droite et à gauche. Dès cet instant, Moreau, jugeant la retraite nécessaire, l'ordonne avant que de nouveaux progrès de l'ennemi interdisent les communications sur Gavi. A droite, la division Watrin est obligée de se faire jour pour regagner le chemin de Gavi déjà fermé. La division Laboissière se retire de Novi; les divisions Lemoine et Grouchy se replient sur Pasturana, en essuyant les charges furieuses de Kray. Malheureusement un bataillon s'introduit dans le ravin du Riasco, qui passe derrière Pasturana. Son feu jette le désordre dans nos colonnes; artillerie, cavalerie, tout se confond. La division Lemoine, pressée par l'ennemi, se débande et se jette dans le ravin. Nos soldats sont emportés comme la poussière soulevée par le vent. Pérignon et Grouchy rallient quelques braves, pour arrêter l'ennemi et sauver l'artillerie; mais ils sont sabrés, et restent prisonniers. Pérignon avait reçu sept coups de sabre, Grouchy six. Le brave Colli, ce général piémontais qui s'était si distingué dans les premières campagnes contre nous, et qui avait ensuite pris du service dans notre armée, se forme en carré avec quelques bataillons, résiste jusqu'à ce qu'il soit enfoncé, et tombe tout mutilé dans les mains des Russes.

Après ce premier moment de confusion, l'armée se rallia en avant de Gavi. Les Austro-Russes étaient trop fatigués pour la poursuivre. Elle put se remettre en marche sans être inquiétée. La perte des deux côtés était égale; elle s'élevait à environ dix mille hommes pour chaque armée. Mais les blessés et les tués étaient beaucoup plus nombreux dans l'armée austro-russe. Les Français avaient perdu beaucoup plus de prisonniers. Ils avaient perdu aussi le général en chef, quatre généraux de division, trente-sept bouches à feu et quatre drapeaux. Jamais ils n'avaient déployé un courage plus froid et plus opiniâtre. Ils étaient inférieurs à l'ennemi du tiers au moins. Les Russes avaient montré leur bravoure fanatique, mais n'avaient dû l'avantage qu'au nombre, et non aux combinaisons du général, qui avait montré ici la plus grande ignorance. Il avait, en effet, exposé ses colonnes à être mitraillées l'une après l'autre, et n'avait pas assez appuyé sur notre gauche, point qu'il fallait accabler. Cette déplorable bataille nous interdisait définitivement l'Italie, et ne nous permettait plus de tenir la campagne. Il fallait nous renfermer dans l'Apennin, heureux de pouvoir le conserver. La perte de la bataille ne pouvait être imputée à Moreau, mais à la circonstance malheureuse de la réunion de Kray à Suwarow. Le retard de Joubert avait seul causé ce dernier désastre.

Tous nos malheurs ne se bornaient pas à la bataille de Novi. L'expédition contre la Hollande, précédemment annoncée, s'exécutait enfin par le concours des Anglais et des Russes. Paul Ier avait stipulé un traité avec Pitt, par lequel il devait fournir dix-sept mille Russes, qui seraient à la solde anglaise, et qui agiraient en Hollande. Après beaucoup de difficultés vaincues, l'expédition avait été préparée pour la fin d'août (commencement de fructidor). Trente mille Anglais devaient se joindre aux dix-sept mille Russes, et si le débarquement s'effectuait sans obstacle, on avait l'espérance certaine d'arracher la Hollande aux Français. C'était pour l'Angleterre l'intérêt le plus cher; et n'eût-elle réussi qu'à détruire les flottes et les arsenaux de la Hollande, elle eût encore été assez payée des frais de l'expédition. Une escadre considérable se dirigea vers la Baltique, pour aller chercher les Russes. Un premier détachement mit à la voile sous les ordres du général Abercrombie, pour tenter le débarquement. Toutes les troupes d'expédition une fois réunies devaient se trouver sous les ordres supérieurs du duc d'York.

Le point le plus avantageux pour aborder en Hollande était l'embouchure de la Meuse. On menaçait ainsi la ligne de retraite des Français, et on abordait très près de La Haye, où le stathouder avait le plus de partisans. La commodité des côtes fit préférer la Nord-Hollande. Abercrombie se dirigea vers le Helder, où il arriva vers la fin d'août. Après bien des obstacles vaincus, il débarqua près du Helder, aux environs de Groot-Keeten, le 10 fructidor (27 août). Les préparatifs immenses qu'avait exigés l'expédition, et la présence de toutes les escadres anglaises sur les côtes, avaient assez averti les Français pour qu'ils fussent sur leurs gardes. Brune commandait à la fois les armées batave et française. Il n'avait guère sous la main que sept mille Français et dix mille Hollandais, commandés par Daendels. Il avait dirigé la division batave aux environs du Helder, et disposé aux environs de Harlem la division française. Abercrombie, en débarquant, rencontra les Hollandais à Groot-Keeten, les repoussa, et parvint ainsi à assurer le débarquement de ses troupes. Les Hollandais en cette occasion ne manquèrent pas de bravoure, mais ne furent pas dirigés avec assez d'habileté par le général Daendels, et furent obligés de se replier. Brune les recueillit, et fit ses dispositions pour attaquer promptement les troupes débarquées avant qu'elles fussent solidement établies, et qu'elles eussent été renforcées des divisions anglaises et russes qui devaient rejoindre.

Les Hollandais montraient les meilleures dispositions. Les gardes nationales s'étaient offertes à garder les places, ce qui avait permis à Brune de mobiliser de nouvelles troupes. Il avait appelé à lui la division Dumonceau, forte de six mille hommes, et il résolut d'attaquer dès les premiers jours de septembre le camp où venaient de s'établir les Anglais. Ce camp était redoutable; c'était le Zip, ancien marais, desséché par l'industrie hollandaise, formant un vaste terrain coupé de canaux, hérissé de digues, et couvert d'habitations. Dix-sept mille Anglais l'occupaient, et y avaient fait les meilleures dispositions défensives. Brune pouvait l'assaillir avec vingt mille hommes au plus, ce qui était fort insuffisant à cause de la nature du terrain. Il aborda ce camp le 22 fructidor (8 septembre), et, après un combat opiniâtre, fut obligé de battre en retraite, et de se replier sur Amsterdam. Il ne pouvait plus dès cet instant empêcher la réunion de toutes les forces anglo-russes, et devait attendre la formation d'une armée française pour les combattre. Cet établissement des Anglais dans la Nord-

Hollande amena l'événement qu'on devait redouter le plus, la défection de la grande flotte hollandaise. Le Texel n'avait pas été fermé, et l'amiral anglais Mitchell put y pénétrer avec toutes ses voiles. Depuis longtemps les matelots hollandais étaient travaillés par des émissaires du prince d'Orange; à la première sommation de l'amiral Mitchell, ils s'insurgèrent, et forcèrent Story, leur amiral, à se rendre. Toute la marine hollandaise se trouva ainsi au pouvoir des Anglais, ce qui était déjà pour eux un avantage du plus grand prix.

Ces nouvelles, arrivées coup sur coup à Paris, y produisirent l'effet qu'on devait naturellement en attendre. Elles augmentèrent la fermentation des partis, et surtout le déchaînement des patriotes, qui demandèrent, avec plus de chaleur que jamais, l'emploi des grands moyens révolutionnaires. La liberté rendue aux journaux et aux clubs en avait fait renaître un grand nombre. Les restes du parti jacobin s'étaient réunis dans l'ancienne salle du Manége, où avaient siégé nos premières assemblées. Quoique la loi défendît aux sociétés populaires de prendre la forme d'assemblées délibérantes, la société du Manége ne s'en était pas moins donné, sous des titres différens, un président, des secrétaires, etc. On y voyait figurer l'ex-ministre Bouchotte, Drouet, Félix Lepelletier, Arena, tous disciples ou complices de Babœuf. On y invoquait les mânes de Goujon, de Soubrany et des victimes de Grenelle. On y demandait, en style de 93, la punition de toutes les sangsues du peuple, le désarmement des royalistes, la levée en masse, l'établissement des manufactures d'armes dans les places publiques, et la restitution des canons et des piques aux gardes nationales, etc. On y demandait surtout la mise en accusation des anciens directeurs, auxquels on attribuait les derniers désastres, comme étant les résultats de leur administration. Quand la nouvelle de la bataille de Novi et des événemens de Hollande fut connue, la violence n'eut plus de bornes. Les injures furent prodiguées aux généraux. Moreau fut traité de tâtonneur; Joubert lui-même, malgré sa mort héroïque, fut accusé d'avoir perdu l'armée par sa lenteur à la rejoindre. Sa jeune épouse, MM. de Semonville, Sainte-Foy, Talleyrand, auxquels on attribuait son mariage, furent accablés d'outrages. Le gouvernement hollandais fut accusé de trahison; on dit qu'il était composé d'aristocrates, de stathoudériens, ennemis de la France et de la liberté. Le *Journal des hommes libres*, organe du même parti qui se réunissait à la salle du Manége, répétait toutes ces déclamations, et ajoutait au scandale des paroles celui de l'impression.

Ce déchaînement causait à beaucoup de gens une espèce de terreur. On craignait une nouvelle représentation des scènes de 93. Ceux qui s'appelaient les *modérés*, les *politiques*, et qui, à la suite de Sièyes, avaient l'intention louable et la prétention hasardée de sauver la France des fureurs des partis en la constituant une seconde fois, s'indignaient du déchaînement de ces nouveaux jacobins. Sièyes surtout avait une grande habitude de les craindre, et il se prononçait contre eux avec toute la vivacité de son humeur. Au reste, ils pouvaient paraître redoutables, car, indépendamment des criards et des brouillons qui étalaient leur énergie dans les clubs ou dans les journaux, ils comptaient des partisans plus braves, plus puissans, et par conséquent dangereux, dans le gouvernement lui-même. Il y avait dans les conseils tous les patriotes repoussés une première fois par les scissions, et entrés de force aux élections de cette année, qui, en langage plus modéré, répétaient à peu près ce qui se disait dans la société du Manége. C'étaient des hommes qui ne voulaient pas courir la chance d'une nouvelle constitution, qui se défiaient d'ailleurs de ceux qui voulaient la faire, et qui craignaient qu'on ne cherchât dans les généraux un appui redoutable. Ils voulaient de plus, pour tirer la France de ses périls, des mesures semblables à celles qu'avait employées le comité de salut public. Les anciens, plus mesurés et plus sages, par leur position, partageaient peu cet avis, mais plus de deux cents membres le soutenaient chaudement dans les cinq-cents. Il n'y avait pas seulement dans le nombre des têtes chaudes comme Augereau, mais des hommes sages et éclairés comme Jourdan. Ces deux généraux donnaient au parti patriote un grand ascendant sur les cinq-cents. Au directoire, ce parti avait deux voix : Gohier et Moulins. Barras restait indécis ; d'une part, il se défiait de Sièyes, qui lui témoignait peu d'estime et le regardait comme pourri ; d'autre part, il craignait les patriotes et leurs extravagances. Il hésitait ainsi à se prononcer. Dans le ministère, les patriotes venaient de trouver un appui dans Bernadotte. Ce général était beaucoup moins prononcé que la plupart des généraux de l'armée d'Italie, et on doit se souvenir que sa division, en arrivant sur le Tagliamento, fut en querelle avec la division Augereau au sujet du mot *monsieur*, qu'elle substituait déjà à celui de *citoyen*. Mais Bernadotte avait une ambition inquiète ; il avait vu avec humeur la confiance accordée à Joubert par le parti réorganisateur ; il croyait qu'on songeait à Moreau depuis la mort de Joubert, et cette circonstance l'indisposant contre les projets de réorganisation, le rattachait entièrement aux patriotes. Le général Marbot, commandant de la place de Paris, républicain violent, était dans le mêmes dispositions que Bernadotte.

Ainsi, deux cents députés prononcés dans les cinq-cents, à la tête desquels se trouvaient deux généraux célèbres, le ministre de la guerre, le commandant de la place de Paris, deux directeurs, quantité de journaux et de clubs, un reste considérable d'hommes compromis, et propres aux coups de main, pouvaient causer quelque effroi; et bien que le parti montagnard ne pût renaître, on conçoit les craintes qu'il inspirait encore à des hommes tout pleins des souvenirs de 1793.

On était peu satisfait du magistrat Bourguignon pour l'exercice des fonctions de la police. C'était un honnête citoyen, mais trop peu avisé. Barras proposa à Sièyes sa créature, qu'il venait d'envoyer à l'ambassade de Hollande, le souple et astucieux Fouché. Ancien membre des jacobins, instruit parfaitement de leur esprit et de leurs secrets, nullement attaché à leur cause, ne cherchant au milieu du naufrage des partis qu'à sauver sa fortune, Fouché était éminemment propre à espionner ses anciens amis, et à garantir le directoire de leurs projets. Il fut accepté par Sièyes et Roger-Ducos, et obtint le ministère de la police. C'était une précieuse acquisition dans les circonstances. Il confirma Barras dans l'idée de se rattacher plutôt au parti réorganisateur qu'au parti patriote, parce que ce dernier n'avait point d'avenir, et pouvait d'ailleurs l'entraîner trop loin.

Cette mesure prise, la guerre aux patriotes commença. Sièyes, qui avait sur les anciens une grande influence, parce que ce conseil était tout composé des *modérés* et des *politiques*, usa de cette influence pour faire fermer la nouvelle société des jacobins. La salle du Manége, attenant aux Tuileries, était comprise dans l'enceinte du palais des anciens. Chaque conseil ayant la police de son enceinte, les anciens pouvaient fermer la salle du Manége. En effet, la commission des inspecteurs prit un arrêté, et défendit toute réunion dans cette salle. Une simple sentinelle placée à la porte suffit pour empêcher la réunion des nouveaux jacobins. C'était là une preuve que, si les déclamations étaient les mêmes, les forces ne l'étaient plus. Cet arrêté fut motivé auprès du conseil des anciens par un rapport du député Cornet. Courtois, le même qui avait fait le rapport sur le 9 thermidor, en profita pour faire une nouvelle dénonciation contre les complots des jacobins. Sa dénonciation fut suivie d'une délibération tendant à ordonner un rapport sur ce sujet.

Les patriotes, chassés de la salle du Manége, se retirèrent dans un vaste local, rue du Bac, et recommencèrent là leurs déclamations habituelles. Leur organisation en assemblée délibérante demeurant la même, la constitution donnait au pouvoir exécutif le droit de dissoudre leur société. Sièyes,

Roger-Ducos et Barras, à l'instigation de Fouché, se décidèrent à la fermer. Gohier et Moulins n'étaient pas de cet avis, disant que, dans le danger présent, il fallait raviver l'esprit public par des clubs; que la société des nouveaux jacobins renfermait de mauvaises têtes, mais point de factieux redoutables, puisqu'ils avaient cédé devant une simple sentinelle quand la salle du Manége avait été fermée. Leur avis ne fut pas écouté, et la décision fut prise. L'exécution en fut renvoyée après la célébration de l'anniversaire du 10 août, qui devait avoir lieu le 23 thermidor. Sièyes était président du directoire ; à ce titre, il devait parler dans cette solennité. Il fit un discours remarquable, dans lequel il s'attachait à signaler le danger que les nouveaux anarchistes faisaient courir à la république, et les dénonçait comme des conspirateurs dangereux, rêvant une nouvelle dictature révolutionnaire. Les patriotes présens à la cérémonie accueillirent mal ce discours, et poussèrent quelques vociférations. Au milieu des salves d'artillerie, Sièyes et Barras crurent entendre des balles siffler à leurs oreilles. Ils rentrèrent au directoire fort irrités. Se défiant des autorités de Paris, ils résolurent d'enlever le commandement de la place au général Marbot, qu'on accusait d'être un chaud patriote et de participer aux prétendus complots des jacobins. Fouché proposa à sa place Lefebvre, brave général, ne connaissant que la consigne militaire, et tout à fait étranger aux intrigues des partis. Marbot fut donc destitué, et le surlendemain, l'arrêté qui ordonnait la clôture de la société de la rue du Bac fut signifié.

Les patriotes n'opposèrent pas plus de résistance à la rue du Bac que dans la salle du Manége. Ils se retirèrent et demeurèrent définitivement séparés. Mais il leur restait les journaux, et ils en firent un redoutable usage. Celui qui se qualifiait *Journal des Hommes libres* déclama avec une extrême violence contre tous les membres du directoire qui étaient connus pour avoir approuvé la délibération. Sièyes fut traité cruellement. Ce prêtre perfide, disaient les journaux patriotes, a vendu la république à la Prusse. Il est convenu avec cette puissance de rétablir en France la monarchie, et de donner la couronne à Brunswick. Ces accusations n'avaient d'autre fondement que l'opinion bien connue de Sièyes sur la constitution, et son séjour en Prusse. Il répétait, en effet, tous les jours que les brouillons et les bavards rendaient tout gouvernement impossible; qu'il fallait concentrer l'autorité; que la liberté pouvait être compatible même avec la monarchie, témoin l'Angleterre; mais qu'elle était incompatible avec cette domination successive de tous les partis. On lui prêtait même cet autre propos, *que le nord de l'Europe était plein de princes sages et modérés, qui pourraient, avec une forte constitution, faire le bonheur de la France.* Ces propos, vrais ou faux, suffisaient pour qu'on lui prêtât des complots qui n'existaient que dans l'imagination de ses ennemis. Barras n'était pas mieux traité que Sièyes. Les ménagemens que les patriotes avaient eus long-temps pour lui, parce qu'il les avait toujours flattés de son appui, avaient cessé. Ils le déclaraient maintenant un traître, un homme pourri, qui n'était plus bon à aucun parti. Fouché, son conseil, apostat comme lui, était poursuivi des mêmes reproches. Roger-Ducos n'était, suivant eux, qu'un imbécile, adoptant aveuglément l'avis de deux traîtres.

La liberté de la presse était illimitée. La loi proposée par Berlier n'ayant pas été accueillie, il n'existait qu'un moyen pour attaquer les écrivains, c'était de faire revivre une loi de la convention contre ceux qui, par des actions ou par des écrits, tendraient au renversement de la république. Il fallait que cette intention fût démontrée pour que la loi devînt applicable, et alors la loi portait peine de mort. Il était donc impossible d'en faire usage. Une nouvelle loi avait été demandée au corps législatif, et on décida qu'on s'en occuperait sur-le-champ. Mais en attendant, le déchaînement continuait avec la même violence; et les trois directeurs composant la majorité déclaraient qu'il était impossible de gouverner. Ils imaginèrent d'appliquer à ce cas l'article 144 de la constitution, qui donnait au directoire le droit de lancer des mandats d'arrêt contre les auteurs ou complices des complots tramés contre la république. Il fallait singulièrement torturer cet article pour l'appliquer aux journalistes. Cependant, comme c'était un moyen d'arrêter le débordement de leurs écrits, en saisissant leurs presses et en les arrêtant eux-mêmes, la majorité directoriale, sur l'avis de Fouché, lança des mandats d'arrêt contre les auteurs de onze journaux, et fit mettre le scellé sur leurs presses. L'arrêté fut signifié le 17 fructidor (3 septembre) au corps législatif, et produisit un soulèvement de la part des patriotes. On cria au coup d'état, à la dictature, etc.

Telle était la situation des choses. Dans le directoire, dans les conseils, partout enfin, les *modérés*, les *politiques* luttaient contre les patriotes. Les premiers avaient la majorité dans le directoire comme dans les conseils. Les patriotes étaient en minorité, mais ils étaient ardens, et faisaient assez de bruit pour épouvanter leurs adversaires. Heureusement les moyens étaient usés comme les partis, et de part et d'autre on pouvait se faire beaucoup plus de peur que de mal. Le directoire avait fermé deux fois la nouvelle société des jacobins et supprimé leurs journaux. Les patriotes criaient, menaçaient, mais n'avaient plus assez d'audace ni de partisans pour attaquer le gouvernement. Dans cette situation, qui durait depuis le 30 prairial, c'est-à-dire depuis près de trois mois, on eut l'idée, si ordinaire à la veille des événemens décisifs, d'une réconciliation. Beaucoup de députés de tous les côtés proposèrent une entrevue avec les membres du directoire pour s'expliquer et s'entendre sur leurs griefs réciproques. « Nous aimons tous la liberté, disaient-ils, nous voulons tous la sauver des périls auxquels elle se trouve exposée par la défaite de nos armées; tâchons donc de nous entendre sur le choix des moyens, puisque ce choix est notre seule cause de désunion. » L'entrevue eut lieu chez Barras. Il n'y a pas et il ne peut pas y avoir de réconciliation entre les partis, car il faudrait qu'ils renonçassent à leur but, ce qu'on ne peut obtenir d'une conversation. Les députés patriotes se plaignirent de ce qu'on parlait tous les jours de complots, de ce que le président du directoire avait lui-même signalé une classe d'hommes dangereux et qui méditaient la ruine de la république. Ils demandaient qu'on désignât quels étaient ces hommes, afin de ne pas les confondre avec les patriotes. Sièyes, à qui cette interpellation s'adressait, répondit en rappelant la conduite des sociétés populaires et des journaux, et en signalant les dangers d'une nouvelle anarchie. On lui demanda encore de désigner les véritables anarchistes, pour se réunir contre eux et les combattre. « Et comment nous réunir contre eux, dit Sièyes, quand tous les jours des membres du corps législatif montent à la tribune pour les appuyer? — C'est donc nous que vous attaquez? repartirent les députés auxquels Sièyes venait de faire cette réponse. Quand nous voulons nous expliquer avec vous, vous nous injuriez et nous repoussez. » L'humeur arrivant, sur-le-champ on se sépara, en s'adressant des paroles plutôt menaçantes que conciliatrices.

Immédiatement après cette entrevue, Jourdan forma le projet d'une proposition importante, celle de déclarer la patrie en danger. Cette déclaration entraînait la levée en masse et plusieurs grandes mesures révolutionnaires. Elle fut présentée aux cinq-cents le 27 fructidor (13 septembre). Le parti modéré la combattit vivement, en disant que cette mesure, loin d'ajouter à la force du gouvernement, ne ferait que la diminuer, en excitant des craintes exagérées et des agitations dangereuses. Les patriotes soutinrent qu'il fallait donner une grande commotion pour réveiller l'esprit public et sauver la révolution. Ce moyen, excellent en 1793, ne pouvait plus réussir aujourd'hui et n'était qu'une application erronée du passé. Lucien Bonaparte, Boulay (de la Meurthe), Chénier, le combattirent vivement, et on obtint l'ajournement au lendemain.

Les patriotes des clubs avaient entouré le palais des cinq-cents en tumulte, et ils insultèrent plusieurs députés. On répandait que Bernadotte, pressé par eux, allait monter à cheval, se mettre à leur tête et faire une journée. Il est certain que plusieurs des brouillons du parti l'y avaient fortement engagé. On pouvait craindre qu'il se laissât entraîner. Barras et Fouché le virent et cherchèrent à s'expliquer avec lui. Ils le trouvèrent plein de ressentiment contre les projets qu'il disait avoir été formés avec Joubert. Barras et Fouché lui assurèrent qu'il n'en était rien, et l'engagèrent à demeurer tranquille.

Ils retournèrent auprès de Sièyes, et convinrent d'arracher à Bernadotte sa démission, sans la lui donner. Sièyes, s'entretenant le jour même avec Bernadotte, l'amena à dire qu'il désirait reprendre bientôt un service actif, et qu'il regarderait le commandement d'une armée comme la plus douce récompense de son ministère. Sur-le-champ, interprétant cette réponse comme la demande de sa démission, Sièyes, Barras et Roger-Ducos résolurent d'écrire à Bernadotte que sa démission était acceptée. Ils avaient saisi le moment où Gohier et Moulins étaient absens pour prendre cette détermination. Le lendemain même, la lettre fut écrite à Bernadotte. Celui-ci fut tout étonné, et répondit au directoire une lettre très-amère, dans laquelle il disait qu'on acceptait une démission qu'il n'avait pas donnée, et demandait son traitement de réforme. La nouvelle de cette destitution déguisée fut annoncée aux cinq-cents au moment où l'on allait voter sur le danger de la patrie. Elle excita une grande rumeur. « On prépare des coups d'état, s'écrièrent les patriotes. — Jurons, dit Jourdan, de mourir sur nos chaises curules ! — Ma tête tombera, s'écrie Augereau, avant qu'il soit porté atteinte à la représentation nationale. » Enfin, après un grand tumulte, on alla aux voix. A une majorité de deux cent quarante-cinq contre cent soixante-onze voix, la proposition de Jourdan fut rejetée, et la patrie ne fut point déclarée en danger.

Quand les deux directeurs Gohier et Moulins apprirent le renvoi de Bernadotte, décidé sans leur participation, ils se plaignirent à leurs collègues, en disant qu'une pareille mesure ne devait pas être prise sans le concours des cinq directeurs. « Nous formions la majorité, reprit Sièyes, et nous avions le droit de faire ce que nous avons fait. » Gohier et Moulins allèrent sur-le-champ rendre une visite officielle à Bernadotte, et ils eurent soin de le faire avec le plus grand éclat.

L'administration du département de la Seine inspirait aussi quelque défiance à la majorité directoriale, elle fut changée. Dubois de Crancé remplaça Bernadotte au ministère de la guerre.

La désorganisation était donc complète sous tous les rapports : battue au dehors par la coalition, presque bouleversée au dedans par les partis, la république semblait menacée d'une chute prochaine. Il fallait qu'une force surgît quelque part, soit pour dompter les factions, soit pour résister aux étrangers. Cette force, on ne pouvait plus l'espérer d'un parti vainqueur, car ils étaient tous également usés et discrédités ; elle ne pouvait naître que du sein des armées, où réside la force, et la force silencieuse, régulière, glorieuse comme elle convient à une nation fatiguée de l'agitation des disputes et de la confusion des volontés. Au milieu de cette grande dissolution, les regards erraient sur les hommes illustrés pendant la révolution, et semblaient chercher un chef. *Il ne faut plus de bavards*, avait dit Sièyes, *il faut une tête et une épée*. La tête était trouvée, car il était au directoire. On cherchait une épée. Hoche était mort ; Joubert, que sa jeunesse, sa bonne volonté, son héroïsme, recommandaient à tous les amis de la république, venait d'expirer à Novi. Moreau, jugé le plus grand homme de guerre parmi les généraux restés en Europe, avait laissé dans les esprits l'impression d'un caractère froid, indécis, peu entreprenant, et peu jaloux de se charger d'une grande responsabilité. Masséna, l'un de nos plus grands généraux, n'avait pas encore acquis la gloire d'être notre sauveur. On ne voyait d'ailleurs en lui qu'un soldat. Jourdan venait d'être vaincu. Augereau était un esprit turbulent, Bernadotte un esprit inquiet, et aucun des deux n'avait assez de renommée. Il y avait un personnage immense, qui réunissait toutes les gloires, qui à cent victoires avait joint une belle paix, qui avait porté la France au comble de la grandeur à Campo-Formio, et qui semblait en s'éloignant avoir emporté sa fortune, c'était Bonaparte; mais il était dans les contrées lointaines; il occupait de son nom les échos de l'Orient. Seul il était resté victorieux, et faisait retentir aux bords du Nil et du Jourdain les foudres dont il avait naguère épouvanté l'Europe sur l'Adige. Ce n'était pas assez de le trouver glorieux, on le voulait intéressant; on le disait exilé par une autorité défiante et ombrageuse. Tandis qu'en aventurier il cherchait une carrière grande comme son imagination, on croyait que, citoyen soumis, il payait par des victoires l'exil qu'on lui avait imposé. « Où est Bonaparte? se disait-on. Sa vie déjà épuisée se consume sous un ciel dévorant. Ah! s'il était parmi nous, la république ne serait pas menacée d'une ruine prochaine. L'Europe et les factions la respecteraient également! » Des bruits confus circulaient sur son compte. On disait quelquefois que la victoire, infidèle à tous les généraux français, l'avait abandonné à son tour dans une expédition lointaine. Mais on repoussait de tels bruits; il est invincible, disait-on; loin d'avoir essuyé des revers, il marche à la conquête de tout l'Orient. On lui prêtait des projets gigantesques. Les uns allaient jusqu'à dire qu'il avait traversé la Syrie, franchi l'Euphrate et l'Indus; les autres qu'il avait marché sur Constantinople, et qu'après avoir renversé l'empire ottoman, il allait prendre l'Europe à revers. Les journaux étaient pleins de ces conjectures, qui prouvent ce que les imaginations attendaient de ce jeune homme.

Le directoire lui avait mandé l'ordre de revenir, et avait réuni dans la Méditerranée une flotte immense, composée de marins français et espagnols, pour ramener l'armée [1]. Les frères du général, restés à Paris, et chargés de l'informer de l'état des choses, lui avaient envoyé dépêches sur dépêches, pour l'instruire de l'état de confusion où était tombée la république, et pour le presser de reve-

---

[1]. Il faut dire que cet ordre est contesté. On connaît un arrêté du directoire, signé de Treilhard, Barras et Larévellière, et daté du 7 prairial, qui rappelle Bonaparte en Europe. Larévellière, dans ses mémoires, déclare ne pas se souvenir d'avoir donné cette signature, et regarde l'arrêté comme supposé. Cependant l'expédition maritime de Bruix resterait alors sans explication. Du reste, il est certain que le directoire, à cette époque, souhaitait Bonaparte, et qu'il craignait son ambition beaucoup moins que la férocité de Suwarow. Si l'ordre n'est pas authentique, il est vraisemblable, et d'ailleurs il est de peu d'importance, car Bonaparte était autorisé à revenir quand il le jugerait convenable.

nir. Mais ces avis avaient à traverser les mers et les escadres anglaises, et on ne savait si le héros serait averti et revenu avant la ruine de la république.

CHAPITRE XVIII.

SUITE DES OPÉRATIONS DE BONAPARTE EN ÉGYPTE. CONQUÊTE DE LA HAUTE-ÉGYPTE PAR DESAIX; BATAILLE DE SÉDIMAN. — EXPÉDITION DE SYRIE; PRISE DU FORT D'EL-ARISCH ET DE JAFFA; BATAILLE DU MONT-THABOR; SIÉGE DE SAINT-JEAN-D'ACRE. — RETOUR EN ÉGYPTE; BATAILLE D'ABOUKIR. — DÉPART DE BONAPARTE POUR LA FRANCE. — OPÉRATIONS EN EUROPE. MARCHE DE L'ARCHIDUC CHARLES SUR LE RHIN, ET DE SUWAROW EN SUISSE; MOUVEMENT DE MASSÉNA; MÉMORABLE VICTOIRE DE ZURICH; SITUATION PÉRILLEUSE DE SUWAROW; SA RETRAITE DÉSASTREUSE; LA FRANCE SAUVÉE. — ÉVÉNEMENS EN HOLLANDE; DÉFAITE ET CAPITULATION DES ANGLO-RUSSES; ÉVACUATION DE LA HOLLANDE. FIN DE LA CAMPAGNE DE 1799.

Bonaparte, après la bataille des Pyramides, s'était trouvé maître de l'Égypte. Il avait commencé à s'y établir, et avait distribué ses généraux dans les provinces, pour en faire la conquête. Desaix, placé à l'entrée de la Haute-Égypte avec une division de trois mille hommes environ, était chargé de conquérir cette province contre les restes de Mourad-Bey. C'est en vendémiaire et brumaire de l'année précédente (octobre 1798), au moment où l'inondation finissait, que Desaix avait commencé son expédition. L'ennemi s'était retiré devant lui et ne l'avait attendu qu'à Sédiman ; là, Desaix avait livré, le 16 vendémiaire an VII (7 octobre 1798), une bataille acharnée contre les restes désespérés de Mourad-Bey. Aucun des combats des Français en Égypte ne fut aussi sanglant. Deux mille Français eurent à lutter contre quatre mille Mameluks et huit mille fellahs, retranchés dans le village de Sédiman. La bataille se passa comme celle des Pyramides, et comme toutes celles qui furent livrées en Égypte. Les fellahs étaient derrière les murs du village, et les cavaliers dans la plaine. Desaix s'était formé en deux carrés, et avait placé sur ses ailes deux autres petits carrés, pour amortir le choc de la cavalerie ennemie. Pour la première fois, notre infanterie fut rompue, et l'un des petits carrés enfoncé. Mais, par un instinct subit et admirable, nos braves soldats se couchèrent aussitôt par terre, afin que les grands carrés pussent faire feu sans les atteindre. Les Mameluks, passant sur leurs corps, chargèrent les grands carrés avec furie pendant plusieurs heures de suite, et vinrent expirer en désespérés sur les baïonnettes. Suivant l'usage, les carrés s'ébranlèrent ensuite, pour attaquer les retranchemens, et les emportèrent. Pendant ce mouvement, les Mameluks, décrivant un arc de cercle, vinrent égorger les blessés sur les derrières, mais on les chassa bientôt de ce champ de carnage, et les soldats furieux en massacrèrent un nombre considérable. Jamais plus de morts n'avaient jonché le champ de bataille. Les Français avaient perdu trois cents hommes. Desaix continua sa marche pendant tout l'hiver, et après une suite de combats, devenu maître de la Haute-Égypte jusqu'aux cataractes, il fit autant redouter sa bravoure que chérir sa clémence. Au Caire, on avait appelé Bonaparte le sultan Kebir, *sultan de feu*; dans la Haute-Égypte, Desaix fut nommé *sultan le juste*.

Bonaparte, pendant ce temps, avait fait une marche jusqu'à Belbeys, pour rejeter Ibrahim-Bey en Syrie, et il avait recueilli en route les débris de la caravane de la Mecque, pillée par les Arabes. Revenu au Caire, il continua à y établir une administration toute française. Une révolte, excitée au Caire par les agens secrets de Mourad-Bey, fut durement réprimée, et découragea tout à fait les ennemis des Français [1]. L'hiver de 1798 à 1799 s'écoula ainsi dans l'attente des événemens. Bonaparte apprit dans cet intervalle la déclaration de guerre de la Porte, et les préparatifs qu'elle faisait contre lui, avec l'aide des Anglais. Elle formait deux armées, l'une à Rhodes, l'autre en Syrie. Ces deux armées devaient agir simultanément au printemps de 1799, l'une en venant débarquer à Aboukir, près d'Alexandrie, l'autre en traversant le désert qui sé-

---

1. Cet événement eut lieu le 30 vendémiaire an vii (21 octob. 1798).

pare la Syrie de l'Egypte. Bonaparte sentit sur-le-champ sa position, et voulut, suivant son usage, déconcerter l'ennemi en le prévenant par une attaque soudaine. Il ne pouvait pas franchir le désert qui sépare l'Égypte de la Syrie, dans la belle saison, et il résolut de profiter de l'hiver pour aller détruire les rassemblemens qui se formaient à Acre, à Damas, et dans les villes principales. Le célèbre pacha d'Acre, Djezzar, était nommé séraskier de l'armée réunie en Syrie. Abdallah, pacha de Damas, commandait son avant-garde, et s'était avancé jusqu'au fort d'El-Arisch, qui ouvre l'Égypte du côté de la Syrie. Bonaparte voulut agir sur-le-champ. Il avait des intelligences parmi les peuplades du Liban. Les Druses, tribus chrétiennes, les Mutualis, mahométans schismatiques, lui offraient leur secours, et l'appelaient de tous leurs vœux. En brusquant l'assaut de Jaffa, d'Acre et de quelques places mal fortifiées, il pouvait s'emparer en peu de temps de la Syrie, ajouter cette belle conquête à celle de l'Égypte, devenir maître de l'Euphrate comme il l'était du Nil, et avoir alors toutes les communications avec l'Inde. Son ardente imagination allait plus loin encore, et formait quelques-uns des projets que ses admirateurs lui prêtaient en Europe. Il n'était pas impossible qu'en soulevant les peuplades du Liban, il réunît soixante ou quatre-vingt mille auxiliaires, et qu'avec ces auxiliaires, appuyés de vingt-cinq mille soldats, les plus braves de l'univers, il marchât sur Constantinople pour s'en emparer. Que ce projet gigantesque fût exécutable ou non, il est certain qu'il occupait son imagination ; et quand on a vu ce qu'il a fait aidé de la fortune, on n'ose plus déclarer insensé aucun de ses projets.

Bonaparte se mit en marche en pluviôse (premiers jours de février), à la tête des divisions Kléber, Régnier, Lannes, Bon et Murat, fortes de treize mille hommes environ. La division de Murat était composée de la cavalerie. Bonaparte avait créé un régiment d'une arme toute nouvelle : c'était celui des dromadaires. Deux hommes, assis dos à dos, étaient portés sur un dromadaire, et pouvaient, grâce à la force et à la célérité de ces animaux, faire vingt-cinq ou trente lieues sans s'arrêter. Bonaparte avait formé ce régiment pour donner la chasse aux Arabes, qui infestaient les environs de l'Égypte. Ce régiment suivait l'armée d'expédition. Bonaparte ordonna en outre au contre-amiral Perrée de sortir d'Alexandrie avec trois frégates, et de venir sur la côte de Syrie pour y transporter l'artillerie de siége et des munitions. Il arriva devant le fort d'El-Arisch le 29 pluviôse (17 février). Après un peu de résistance, la garnison se rendit prisonnière au nombre de treize cents hommes. On trouva dans le fort des magasins considérables. Ibrahim-Bey ayant voulu le secourir, fut mis en fuite; son camp resta au pouvoir des Français, et leur procura un butin immense. Les soldats eurent beaucoup à souffrir en traversant le désert, mais ils voyaient leur général marchant à leurs côtés, supportant, avec une santé débile, les mêmes privations, les mêmes fatigues, et ils n'osaient se plaindre. Bientôt on arriva à Gasah; on prit cette place à la vue de Djezzar-Pacha, et on y trouva comme dans le fort d'El-Arisch, beaucoup de matériel et d'approvisionnemens. De Gasah l'armée se dirigea sur Jaffa, l'ancienne Joppé. Elle y arriva le 13 ventôse (3 mars). Cette place était entourée d'une grosse muraille flanquée de tours. Elle renfermait quatre mille hommes de garnison. Bonaparte la fit battre en brèche, et puis somma le commandant, qui pour toute réponse coupa la tête au parlementaire. L'assaut fut donné, la place emportée avec une audace extraordinaire, et livrée à trente heures de pillage et de massacres. On y trouva encore une quantité considérable d'artillerie et de vivres de toute espèce. Il restait quelques mille prisonniers, qu'on ne pouvait pas envoyer en Égypte, parce qu'on n'avait pas les moyens ordinaires de les faire escorter, et qu'on ne voulait pas renvoyer à l'ennemi, dont ils auraient grossi les rangs. Bonaparte se décida à une mesure terrible, et qui est le seul acte cruel de sa vie. Transporté dans un pays barbare, il en avait involontairement adopté les mœurs : il fit passer au fil de l'épée les prisonniers qui lui restaient. L'armée consomma avec obéissance, mais avec une espèce d'effroi, l'exécution qui lui était commandée. Nos soldats prirent en s'arrêtant à Jaffa les germes de la peste.

Bonaparte s'avança ensuite sur Saint-Jean-d'Acre, l'ancienne Ptolémaïs, situé au pied du mont Carmel. C'était la seule place qui pût encore l'arrêter. La Syrie était à lui s'il pouvait l'enlever. Mais Djezzar s'y était enfermé avec toutes ses richesses et une forte garnison. Il comptait sur l'appui de Sidney-Smith, qui croisait dans ces parages, et qui lui fournit des ingénieurs, des canonniers et des munitions. Il devait d'ailleurs être bientôt secouru par l'armée turque réunie en Syrie, qui s'avançait de Damas pour franchir le Jourdain. Bonaparte se hâta d'attaquer la place pour l'enlever comme celle de Jaffa, avant qu'elle fût renforcée de nouvelles troupes, et que les Anglais eussent le temps d'en perfectionner la défense. On ouvrit aussitôt la tranchée. Malheureusement l'artillerie de siége, qui devait venir par mer d'Alexandrie, avait été enlevée par Sidney-Smith. On avait pour toute artillerie de siége et de campagne, une caronade de trente-deux, quatre pièces de douze, huit obusiers, et une trentaine de pièces de quatre.

On manquait de boulets, mais on imagina un moyen de s'en procurer. On faisait paraître sur la plage quelques cavaliers ; à cette vue Sidney-Smith faisait un feu roulant de toutes ses batteries, et les soldats, auxquels on donnait cinq sous par boulet, allaient les ramasser au milieu de la canonnade et de rires universels.

La tranchée avait été ouverte le 30 ventôse (20 mars). Le général du génie Sanson, croyant être arrivé dans une reconnaissance de nuit au pied du rempart, déclara qu'il n'y avait ni contrescarpe ni fossé. On crut n'avoir à pratiquer qu'une simple brèche et à monter ensuite à l'assaut. Le 5 germinal (25 mars), on fit brèche, on se présenta à l'assaut, et on fut arrêté par une contrescarpe et un fossé. Alors on se mit sur-le-champ à miner. L'opération se faisait sous le feu de tous les remparts et de la belle artillerie que Sidney-Smith nous avait enlevée. Il avait donné à Djezzar d'excellens pointeurs anglais, et un ancien émigré, Phélippeaux, officier du génie d'un grand mérite. La mine sauta le 8 germinal (28 mars), et n'emporta qu'une partie de la contrescarpe. Vingt-cinq grenadiers, à la suite du jeune Mailly, montèrent à l'assaut. En voyant ce brave officier poser une échelle, les Turcs furent épouvantés, mais Mailly tomba mort. Les grenadiers furent alors découragés, les Turcs revinrent, deux bataillons qui suivaient furent accueillis par une horrible fusillade; leur commandant Laugier fut tué, et l'assaut manqua encore.

Malheureusement la place venait de recevoir plusieurs mille hommes de renfort, une grande quantité de canonniers exercés à l'européenne, et des munitions immenses. C'était un grand siége à exécuter avec treize mille hommes, et presque sans artillerie. Il fallait ouvrir un nouveau puits de mine pour faire sauter la contrescarpe entière, et commencer un autre cheminement. On était au 12 germinal (1er avril). Il y avait déjà dix jours d'employés devant la place; on annonçait l'approche de la grande armée turque; il fallait poursuivre les travaux et couvrir le siége, et tout cela avec la seule armée d'expédition. Le général en chef ordonna qu'on travaillât sans relâche à miner de nouveau, et détacha la division Kléber vers le Jourdain pour en disputer le passage à l'armée venant de Damas.

Cette armée, réunie aux peuplades des montagnes de Naplouse, s'élevait à environ vingt-cinq mille hommes. Plus de douze mille cavaliers en faisaient la force. Elle traînait un bagage immense. Abdallah, pacha de Damas, en avait le commandement. Elle passa le Jourdan au pont d'Iacoub, le 15 germinal (4 avril). Junot, avec l'avant-garde de Kléber, forte de cinq cents hommes au plus, rencontra les avant-gardes turques sur la route de Nazareth le 19 (8 avril). Loin de reculer, il brava hardiment l'ennemi, et, formé en carré, couvrit le champ de bataille de morts, et prit cinq drapeaux. Mais obligé de céder au nombre, il se replia sur la division Kléber. Celle-ci s'avançait, et hâtait sa marche pour rejoindre Junot. Bonaparte, instruit de la force de l'ennemi, se détacha avec la division Bon, pour soutenir Kléber, et livrer une bataille décisive. Djezzar, qui se concertait avec l'armée qui venait le débloquer, voulut faire une sortie ; mais, mitraillé à outrance, il laissa nos ouvrages couverts de ses morts; Bonaparte se mit aussitôt en marche.

Kléber, avec sa division, avait débouché dans les plaines qui s'étendent au pied du mont Thabor, non loin du village de Fouli. Il avait eu l'idée de surpendre le camp turc pendant la nuit, mais il était arrivé trop tard pour y réussir. Le 21 germinal (16 avril) au matin, il trouva toute l'armée turque en bataille. Quinze mille fantassins occupaient le village de Fouli, plus de douze mille cavaliers se déployaient dans la plaine. Kléber avait à peine trois mille fantassins en carré. Toute cette cavalerie s'ébranla et fondit sur nos carrés. Jamais les Français n'avaient vu tant de cavaliers caracoler, charger, se mouvoir dans tous les sens. Ils conservèrent leur sang-froid accoutumé, et les recevant à bout portant par un feu terrible, ils en abattirent à chaque charge un nombre considérable. Bientôt ils eurent formé autour d'eux un rempart d'hommes et de chevaux, et abrités par cet horrible abatis, ils purent résister six heures de suite à toute la furie de leurs adversaires. Dans le moment Bonaparte débouchait du mont Thabor avec la division Bon. Il vit la plaine couverte de feu et de fumée, et la brave division Kléber résistant, à l'abri d'une ligne de cadavres. Sur-le-champ, il partagea la division qu'il amenait en deux carrés ; ces deux carrés s'avancèrent de manière à former un triangle équilatéral avec la division Kléber, et mirent ainsi l'ennemi au milieu d'eux. Ils marchèrent en silence, et sans donner aucun signe de leur approche, jusqu'à une certaine distance : puis tout à coup Bonaparte fit tirer un coup de canon, et se montra alors sur le champ de bataille. Un feu épouvantable, partant aussitôt des trois extrémités de ce triangle, assaillit les Mameluks qui étaient au milieu, les fit tourbillonner sur eux-mêmes, et fuir en désordre dans toutes les directions. La division Kléber, redoublant d'ardeur à cette vue, s'élança sur le village de Fouli, l'enleva à la baïonnette, et fit un grand carnage de l'ennemi. En un instant toute cette multitude s'écoula, et la plaine ne fut plus couverte que de morts. Le camp turc, les trois queues du pachà, quatre cents chameaux, un butin immense, devinrent la proie des Français. Murat, placé sur les bords du Jourdain, tua un grand nombre de fugitifs. Bonaparte fit brûler tous les villages des Naplousins. Six mille Français avaient détruit cette armée, que les habitans disaient innombrable *comme les étoiles du ciel et les sables de la mer.*

Pendant cet intervalle, on n'avait cessé de miner, de contre-miner autour des murs de Saint-Jean-d'Acre. On se disputait un terrain bouleversé par l'art des siéges. Il y avait un mois et demi qu'on était devant la place, on avait tenté beaucoup d'assauts, repoussé beaucoup de sorties, tué beaucoup de monde à l'ennemi; mais malgré de continuels avantages, on faisait d'irréparables pertes de temps et d'hommes. Le 18 floréal (7 mai), il arriva dans le port d'Acre un renfort de douze mille hommes. Bonaparte, calculant qu'ils ne pourraient pas être débarqués avant six heures, fait sur-le-champ jouer une pièce de vingt-quatre sur un pan de mur; c'était à la droite du point où depuis quelque temps on déployait tant d'efforts. La nuit venue, on monte à la brèche, on envahit les travaux de l'ennemi, on les comble, on encloue les pièces, on égorge tout, enfin on est maître de la place, lorsque les troupes débarquées s'avancent en bataille, et présentent une masse effrayante.

Rambaut, qui commandait les premiers grenadiers montés à l'assaut, est tué. Lannes est blessé. Dans le même moment, l'ennemi fait une sortie, prend la brèche à revers, et coupe la retraite aux braves qui avaient pénétré dans la place. Les uns parviennent à ressortir; les autres, prenant un parti désespéré, s'enfuient dans une mosquée, s'y retranchent, y épuisent leurs dernières cartouches, et sont prêts à vendre chèrement leur vie, lorsque Sydney-Smith, touché de tant de bravoure, leur fait accorder une capitulation. Pendant ce temps, les troupes de siége, marchant sur l'ennemi, le ramènent dans la place, après en avoir fait un carnage épouvantable, et lui avoir enlevé huit cents prisonniers. Bonaparte, obstiné jusqu'à la fureur, donne deux jours de repos à ses troupes, et le 21 (10 mai) ordonne un nouvel assaut. On y monte avec la même bravoure, on escalade la brèche; mais on ne peut pas la dépasser. Il y avait toute une armée gardant la place et défendant toutes les rues. Il fallut y renoncer.

Il y avait deux mois qu'on était devant Acre, on avait fait des pertes irréparables, et il eût été imprudent de s'exposer à en faire davantage. La peste était dans cette ville, et l'armée en avait pris le germe à Jaffa. La saison des débarquemens approchait, et on annonçait l'arrivée d'une armée turque vers les bouches du Nil. En s'obstinant davantage,

Bonaparte pouvait s'affaiblir, au point de ne pouvoir repousser de nouveaux ennemis. Le fond de ses projets était réalisé, puisqu'il avait détruit les rassemblemens formés en Syrie, et que de ce côté il avait réduit l'ennemi à l'impuissance d'agir. Quant à la partie brillante de ces mêmes projets, quant à ces vagues et merveilleuses espérances de conquêtes en Orient, il fallait y renoncer. Il se décida enfin à lever le siége. Mais son regret fut tel, que, malgré sa destinée inouïe, on lui a entendu répéter souvent, en parlant de Sidney-Smith : *Cet homme m'a fait manquer ma fortune.* Les Druses, qui pendant le siége avaient nourri l'armée, toutes les peuplades ennemies de la Porte, apprirent sa retraite avec désespoir.

Il avait commencé le siége le 30 ventôse (20 mars), il le leva le 1ᵉʳ prairial (20 mai) : il y avait employé deux mois. Avant de quitter Saint-Jean-d'Acre, il voulait laisser une terrible trace de son passage : il accabla la ville de ses feux, et la laissa presque réduite en cendres. Il reprit la route du désert. Il avait perdu par le feu, les fatigues ou les maladies, près du tiers de son armée d'expédition, c'est-à-dire environ quatre mille hommes. Il emmenait douze cents blessés. Il se mit en marche pour repasser le désert. Il ravagea sur sa route tout le pays, et y imprima une profonde terreur. Arrivé à Jaffa, il en fit sauter les fortifications. Il y avait là une ambulance pour nos pestiférés. Les emporter était impossible : en ne les emportant pas, on les laissait exposés à une mort inévitable, soit par la maladie, soit par la faim, soit par la cruauté de l'ennemi. Aussi Bonaparte dit-il au médecin Desgenettes, qu'il y aurait bien plus d'humanité à leur administrer de l'opium qu'à leur laisser la vie ; à quoi ce médecin fit cette réponse, fort vantée : *Mon métier est de les guérir, et non de les tuer.* On ne leur administra point d'opium, et ce fait servit à propager une calomnie indigne, et aujourd'hui détruite.

Bonaparte rentra enfin en Égypte après une expédition de près de trois mois. Il était temps qu'il y arrivât. L'esprit d'insurrection s'était répandu dans tout le Delta. Un imposteur, qui s'appelait l'ange El-Mohdhy, qui se disait invulnérable, et qui prétendait chasser les Français en soulevant de la poussière, avait réuni quelques mille insurgés. Les agens des Mamelucks l'aidaient de leur concours; il s'était emparé de Damanhour, et en avait égorgé la garnison. Bonaparte envoya un détachement, qui dispersa les insurgés, et tua l'ange invulnérable. Le trouble s'était communiqué aux différentes provinces du Delta; sa présence ramena partout la soumission et le calme. Il ordonna au Caire des fêtes magnifiques, pour célébrer ses triomphes en Syrie. Il n'avouait pas la partie manquée de ses projets, mais il vantait avec raison les nombreux combats livrés en Syrie, la belle bataille du mont Thabor, les vengeances terribles exercées contre Djezzar. Il répandit de nouvelles publications aux habitans, dans lesquelles ils leur disait qu'il était dans le secret de leurs pensées, et devinait leurs projets à l'instant où ils les formaient. Ils ajoutèrent foi à ces étranges paroles du sultan Kebir et le croyaient présent à toutes leurs pensées. Bonaparte n'avait pas seulement à contenir les habitans, mais encore ses généraux et l'armée elle-même. Un mécontentement sourd y régnait. Ce mécontentement ne provenait ni des fatigues, ni des dangers, ni surtout des privations, car l'armée ne manquait de rien, mais de l'amour du pays, qui poursuit le Français en tous lieux. Il y avait un an entier qu'on était en Égypte, et depuis près de six mois on n'avait aucune nouvelle de France. Aucun navire n'avait pu passer : une sombre tristesse dévorait tous les cœurs. Chaque jour les officiers et les généraux demandaient des congés pour repasser en Europe. Bonaparte en accordait peu, ou bien y ajoutait de ces paroles qu'on redoutait comme le déshonneur. Berthier lui-même, son fidèle Berthier, dévoré d'une vieille passion, demandait à revoir l'Italie. Il fut honteux pour la seconde fois de sa faiblesse, et renonça à partir. Un jour l'armée avait formé le projet d'enlever ses drapeaux du Caire, et de marcher sur Alexandrie pour s'y embarquer.

Mais elle n'en eut que la pensée, et n'osa jamais braver son général. Les lieutenans de Bonaparte, qui donnaient tous l'exemple des murmures, se taisaient dès qu'ils étaient devant lui, et pliaient sous son ascendant. Il avait eu plus d'un démêlé avec Kléber. L'humeur de celui-ci ne venait pas de découragement, mais de son indocilité accoutumée. Ils s'étaient toujours racommodés, car Bonaparte aimait la grande ame de Kléber, et Kléber était séduit par le génie de Bonaparte.

On était en prairial (juin). L'ignorance des événemens de l'Europe et des désastres de la France était toujours la même. On savait seulement que le continent était dans une véritable confusion et qu'une nouvelle guerre était inévitable. Bonaparte attendait impatiemment de nouveaux détails, pour prendre un parti et retourner, s'il le fallait, sur le premier théâtre de ses exploits. Mais avant, il voulait détruire la seconde armée turque, réunie à Rhodes, dont on annonçait le débarquement très prochain.

Cette armée, montée sur de nombreux transports, et escortée par la division navale de Sydney-Smith, parut le 23 messidor (11 juillet) à la vue d'Alexandrie, et vint mouiller à Aboukir, la même rade où notre escadre avait été détruite. Le point de débarquement choisi par les Anglais était la presqu'île qui ferme cette rade, et qui porte le même nom. Cette presqu'île étroite s'avance entre la mer et le lac Madieh, et vient se terminer par un fort. Bonaparte avait ordonné à Marmont, qui commandait à Alexandrie, de perfectionner la défense du fort, et de détruire le village d'Aboukir, placé tout autour. Mais au lieu de détruire le village, on avait voulu le conserver pour y loger les soldats, et on l'avait simplement entouré d'une redoute pour le protéger du côté de la terre. Mais la redoute, ne joignant pas les deux bords de la mer, ne présentait pas un ouvrage fermé, et associait le sort du fort à celui d'un simple ouvrage de campagne. Les Turcs en effet débarquèrent avec beaucoup de hardiesse, abordèrent les retranchemens le sabre au poing, les enlevèrent, et s'emparèrent du village d'Aboukir, dont ils égorgèrent la garnison. Le village pris, le fort ne pouvait guère tenir, et fut obligé de se rendre. Marmont, commandant à Alexandrie, en était sorti à la tête de douze cents hommes, pour courir au secours des troupes d'Aboukir. Mais, apprenant que les Turcs étaient débarqués en nombre considérable, il n'osa pas tenter de les jeter à la mer par une attaque hardie. Il rentra dans Alexandrie, et les laissa s'établir tranquillement dans la presqu'île d'Aboukir.

Les Turcs étaient à peu près dix-huit mille hommes d'infanterie. Ce n'étaient pas de ces misérables fellahs qui composaient l'infanterie des

Mamelucks; c'étaient de braves janissaires, portant un fusil sans baïonnette, le rejetant en bandoulière sur le dos quand ils avaient fait feu, puis s'élançant sur l'ennemi le pistolet et le sabre à la main. Ils avaient une artillerie nombreuse et bien servie; et ils étaient dirigés par des officiers anglais. Ils manquaient de cavalerie, car ils avaient à peine amené trois cents chevaux; mais ils attendaient l'arrivée de Mourad-Bey, qui devait quitter la Haute-Égypte, longer le désert, traverser les oasis, et venir se jeter à Aboukir avec deux à trois mille Mamelucks.

Quand Bonaparte apprit les détails du débarquement, il quitta le Caire sur-le-champ, et fit du Caire à Alexandrie une de ces marches extraordinaires dont il avait donné tant d'exemples en Italie. Il emmenait avec lui les divisions Lannes, Bon et Murat. Il avait ordonné à Desaix d'évacuer la Haute-Égypte, à Kléber et Regnier, qui étaient dans le Delta, de se rapprocher d'Aboukir. Il avait choisi le point de Birket, intermédiaire entre Alexandrie et Aboukir, pour y concentrer ses forces, et manœuvrer suivant les circonstances. Il craignait qu'une armée anglaise ne fût débarquée avec l'armée turque.

Mourad-Bey, suivant le plan convenu avec Mustapha-Pacha, avait essayé de descendre dans la Basse-Égypte; mais rencontré, battu par Murat, il avait été obligé de regagner le désert. Il ne restait à combattre que l'armée turque, privée de cavalerie, mais campée derrière des retranchemens, et disposée à y résister avec son opiniâtreté accoutumée. Bonaparte, après avoir jeté un coup d'œil sur Alexandrie, et sur les beaux travaux exécutés par le colonel Crétin, après avoir réprimandé son lieutenant Marmont, qui n'avait pas osé attaquer les Turcs au moment du débarquement, quitta Alexandrie le 6 thermidor (24 juillet). Il était le lendemain 7 à l'entrée de la presqu'île. Son projet était d'abord d'enfermer l'armée turque par des retranchemens, et d'attendre, pour attaquer, l'arrivée de toutes ses divisions; car il n'avait sous la main que les divisions Lannes, Bon, Murat, environ six mille hommes. Mais à la vue des dispositions faites par les Turcs, il changea d'avis, et résolut de les attaquer sur-le-champ, espérant les renfermer dans le village d'Aboukir, et les accabler d'obus et de bombes.

Les Turcs occupaient le fond de la presqu'île, qui est fort étroite. Ils étaient couverts par deux lignes de retranchemens. A une demi-lieue en avant du village d'Aboukir, où était leur camp, ils avaient occupé deux mamelons de sables, appuyant l'un à la mer, l'autre au lac de Madieh, et formant ainsi leur droite et leur gauche. Au centre de ces deux mamelons était un village, qu'ils gardaient aussi. Ils avaient mille hommes au mamelon de droite, deux mille à celui de gauche, et trois à quatre mille hommes dans le village. Telle était leur première ligne. La seconde était au village même d'Aboukir. Elle se composait de la redoute construite par les Français, et se joignait à la mer par deux boyaux. Ils avaient placé là leur camp principal et le gros de leurs forces.

Bonaparte fit ses dispositions avec sa promptitude et sa précision accoutumées. Il ordonna au général Destaing de marcher avec quelques bataillons sur le mamelon de gauche, où étaient les mille Turcs; à Lannes, de marcher sur le mamelon de droite, où étaient les deux mille autres, et à Murat, qui était au centre, de faire filer la cavalerie sur les derrières des deux mamelons. Ces dispositions sont exécutées avec une grande précision: Destaing marche sur le mamelon de gauche, et le gravit hardiment; Murat le fait tourner par un escadron. Les Turcs, à cette vue, abandonnent leur poste, rencontrent la cavalerie qui les sabre et les pousse dans la mer, où ils aiment mieux se jeter que de se rendre. Vers la droite, la même opération s'exécute. Lannes aborde les deux mille Mamelucks; Murat les tourne; ils sont également sabrés et jetés dans la mer. Destaing et Lannes se portent ensuite vers le centre, formé par un village, et l'attaquent de front. Les Turcs s'y défendent bravement, comptant sur un secours de la seconde ligne. Une colonne, en effet, se détache du camp d'Aboukir; mais Murat, qui a déjà filé sur le derrière du village, sabre cette colonne, et la repousse dans Aboukir. L'infanterie de Destaing et celle de Lannes entrent au pas de charge dans le village, en chassent les Turcs, qu'on pousse dans toutes les directions, et qui, s'obstinant toujours à ne pas se rendre, n'ont pour retraite que la mer, où ils se noient.

Déjà quatre à cinq mille avaient péri de cette manière; la première ligne était emportée; le but de Bonaparte était rempli, et il pouvait, resserrant les Turcs dans Aboukir, les bombarder, en attendant l'arrivée de Kléber et de Régnier. Mais il veut profiter de son succès, et achever sa victoire à l'instant même. Après avoir laissé reprendre haleine à ses troupes, il marche sur la seconde ligne. La division Lanusse, restée en réserve, appuie Lannes et Destaing. La redoute qui couvrait Aboukir était difficile à emporter; elle renfermait neuf à dix mille Turcs. Vers la droite, un boyau la joignait à la mer; vers la gauche, un autre boyau la prolongeait, mais sans joindre tout à fait le lac Madieh. L'espace ouvert était occupé par l'ennemi, et balayé par de nombreuses canonnières. Bonaparte, habitué à porter ses soldats sur les plus formidables obstacles, les dirige sur la position ennemie. Ses divisions d'infanterie marchent sur le front et la droite de la redoute. La cavalerie, cachée dans un bois de palmiers, doit l'attaquer par la gauche, et traverser, sous le feu des canonnières, l'espace laissé ouvert entre la redoute et le lac Madieh. La charge s'exécute; Lannes et Destaing poussent leur brave infanterie en avant; la 32e marche l'arme au bras sur les retranchemens, la 18e les tourne par l'extrême droite. L'ennemi, sans les attendre, s'avance à leur rencontre. On se joint corps à corps. Les soldats turcs, après avoir tiré leur coup de fusil et leurs deux coups de pistolet, font étinceler leur sabre. Ils veulent saisir les baïonnettes avec leurs mains; mais ils les reçoivent dans les flancs, avant d'avoir pu les saisir. On s'égorge ainsi sur les retranchemens. Déjà la 18e est près d'arriver dans la redoute; mais un feu terrible d'artillerie la repousse et la ramène au pied des ouvrages. Le brave Leturcq est tué glorieusement en voulant se retirer le dernier; Fugières perd un bras. Murat, de son côté, s'était avancé avec sa cavalerie, pour franchir l'espace compris entre la redoute et le lac Madieh. Plusieurs fois il s'était élancé et avait refoulé l'ennemi; mais, pris entre les feux de la redoute et des canonnières, il avait été obligé de se replier en arrière. Quelques-uns de ses cavaliers s'étaient même avancés jusqu'aux fossés de la redoute; les efforts de tant de braves paraissaient devoir être impuissans. Bonaparte contemplait ce carnage, attendant le moment favorable pour revenir à la charge. Heureusement les Turcs, suivant leur usage, sortent des retranchemens pour venir couper les têtes des morts. Bonaparte saisit cet instant, lance deux bataillons, l'un de la 22ᵉ, l'autre de la 69, qui marchent sur les retranchemens et s'en emparent. A la droite, la 18ᵉ profite aussi de l'occasion, et entre dans la redoute. Murat, de son côté, ordonne une nouvelle charge. L'un de ses escadrons traverse cet espace si redoutable qui règne entre les retranchemens et le lac, et pénètre dans le village d'Aboukir. Alors les Turcs effrayés fuient de toutes parts ; on en fait un carnage épouvantable. On les pousse la baïonnette dans les reins, et on les précipite dans la mer. Murat, à la tête de ses cavaliers, pénètre dans le camp de Mustapha-Pacha. Celui-ci, saisi de désespoir, prend un pistolet, et le tire sur Murat qu'il blesse légèrement. Murat lui coupe deux doigts d'un coup de sabre, et l'envoie prisonnier à Bonaparte. Les Turcs qui ne sont ni tués ni noyés se retirent dans le fort d'Aboukir.

Plus de douze mille cadavres flottaient sur cette mer d'Aboukir, qui naguère avait été couverte des corps de nos marins : deux ou trois mille avaient péri par le feu ou le fer. Les autres, enfermés dans ce fort, n'avaient plus d'autre ressource que la clémence du vainqueur. Telle est cette extraordinaire bataille, où, pour la première fois peut-être, dans l'histoire de la guerre, l'armée ennemie fut détruite tout entière. C'est dans cette occasion que Kléber, arrivant à la fin du jour, saisit Bonaparte au milieu du corps, et s'écria : *Général, vous êtes grand comme le monde!*

Ainsi, soit par l'expédition de Syrie, soit par la bataille d'Aboukir, l'Égypte était délivrée, du moins momentanément, des forces de la Porte. La situation de l'armée française pouvait être regardée comme assez rassurante. Après toutes les pertes qu'elle avait faites, elle comptait vingt-cinq mille hommes environ, mais les plus braves et les mieux commandés de l'univers. Chaque jour devait la faire mieux sympathiser avec les habitans, et consolider son établissement. Bonaparte y était depuis un an : arrivé en été avant l'inondation, il avait employé les premiers momens à s'emparer d'Alexandrie et de la capitale, ce qu'il avait obtenu par la bataille des Pyramides. Après l'inondation, et en automne, il avait achevé la conquête du Delta, et confié à Desaix la conquête de la Haute-Égypte. En hiver, il avait tenté l'expédition de Syrie, et détruit l'armée turque de Djezzar au mont Thabor. Il venait, en été, de détruire la seconde armée de la Porte à Aboukir. Le temps avait donc été aussi bien employé que possible ; et tandis que la victoire abandonnait en Europe les drapeaux de la France, elle leur restait fidèle en Afrique et en Asie. Les trois couleurs flottaient triomphantes sur le Nil et le Jourdain, sur les lieux mêmes d'où est partie la religion du Christ.

Bonaparte ignorait encore ce qui se passait en France, aucune des dépêches du directoire ni de ses frères ne lui étant arrivée : il était dévoré d'inquiétude. Pour tâcher d'obtenir quelques nouvelles, il faisait croiser des bricks avec ordre d'arrêter les vaisseaux de commerce, et de s'instruire par eux des événemens qui se passaient en Europe. Il envoya à la flotte turque un parlementaire qui, sous le prétexte de négocier un échange de prisonniers, devait tâcher d'obtenir quelques nouvelles. Sidney-Smith arrêta ce parlementaire, l'accueillit fort bien, et voyant que Bonaparte ignorait les désastres de la France, se fit un malin plaisir de lui donner un paquet de tous les journaux. Le parlementaire revint, et remit le paquet à Bonaparte. Celui-ci passa une nuit entière à dévorer ces feuilles, et à s'instruire de tout ce qui se passait dans sa patrie. Sur-le-champ sa détermination fut prise : il résolut de s'embarquer secrètement pour l'Europe, et d'essayer la traversée, au risque d'être saisi en route par les flottes anglaises. Il demanda le contre-amiral Gantheaume, et lui enjoignit de mettre les frégates *le Muiron* et *la Carrère* en état de faire voile. Il ne fit part de son projet à personne, courut au Caire pour faire toutes ses dispositions, rédigea une longue instruction pour Kléber, auquel il voulait laisser le commandement de l'armée, et repartit aussitôt après pour Alexandrie.

Le 5 fructidor (22 août), emmenant avec lui Berthier, Lannes, Murat, Andréossy, Marmont, Berthollet et Monge, il se rendit, escorté de quelques-uns de ses guides, sur une plage écartée. Quelques canots étaient préparés; ils s'embarquèrent, et montèrent sur les deux frégates *le Muiron* et *la Carrère*. Elles étaient suivies des chebecks *la Revanche* et *la Fortune*. A l'instant même on mit à la voile, pour n'être plus au jour en vue des croiseurs anglais. Malheureusement un calme survint; on trembla d'être surpris, on voulait rentrer à Alexandrie; Bonaparte ne le voulut pas. « Soyez tranquilles, dit-il, nous passerons.» Comme César, il comptait sur la fortune.

Ce n'était pas, comme on l'a dit, une lâche désertion; car il laissait une armée victorieuse, pour aller braver des dangers de tout genre, et, le plus horrible de tous, celui d'aller porter des fers à Londres. C'était une de ces témérités par lesquelles les grands ambitieux tentent le ciel, et auxquelles ils doivent ensuite cette confiance immense qui tour à tour les élève et les précipite.

Tandis que cette grande destinée était commise au hasard des vents ou d'une rencontre, la victoire revenait sous nos drapeaux en Europe, et la république sortait, par un sublime effort, des périls auxquels nous venons de la voir exposée. Masséna était toujours sur la ligne de la Limmat, différant le moment de reprendre l'offensive. L'armée d'Italie, après avoir perdu la bataille de Novi, s'était dispersée dans l'Apennin. Heureusement Suwarow ne profitait pas mieux de la victoire de Novi que de celle de la Trebbia, et perdait dans le Piémont un temps que la France employait en préparatifs. Dans ce moment, le conseil aulique, aussi peu constant dans ses plans que l'avait été le directoire, en imagina un qui ne pouvait manquer de changer la face des événemens. Il était jaloux de l'autorité que Suwarow avait voulu exercer en Italie, et avait vu avec peine que ce général eût écrit au roi de Sardaigne pour le rappeler dans ses états. Le conseil aulique avait des vues sur le Piémont, et tenait à en écarter le vieux maréchal. De plus, il régnait peu d'accord entre les Russes et les Autrichiens; et ces raisons réunies décidèrent le conseil aulique à changer entièrement la distribution des troupes sur la ligne d'opération. Les Russes étaient mêlés aux Autrichiens sur les deux théâtres de la guerre. Korsakoff opérait en Suisse avec l'archiduc Charles, et Suwarow avec

Mélas en Italie. Le conseil aulique imagina de transporter l'archiduc Charles sur le Rhin, et Suwarow en Suisse. De cette manière les deux armées russes devaient agir toutes deux en Suisse. Les Autrichiens devaient agir seuls sur le Rhin; ils devaient aussi agir seuls en Italie, où ils allaient être bientôt renforcés par une nouvelle armée, destinée à remplir le vide laissé par Suwarow. Le conseil aulique donna pour raison de ce changement, qu'il fallait faire combattre ensemble les troupes de chaque nation; que les Russes trouveraient en Suisse une température plus analogue à leur climat, et que le mouvement de l'archiduc Charles sur le Rhin seconderait l'expédition de Hollande. L'Angleterre ne pouvait manquer d'approuver ce plan, car elle espérait beaucoup, pour l'expédition de Hollande, de la présence de l'archiduc Charles sur le Rhin, et elle n'était pas fâchée que les Russes, entrés déjà à Corfou, et ayant le projet de s'emparer de Malte, fussent écartés de Gênes.

Ce revirement, exécuté en présence de Masséna, était excessivement dangereux, et d'ailleurs il transportait les Russes sur un théâtre qui ne leur convenait pas du tout. Ces soldats, habitués à charger en plaine et à la baïonnette, ne savaient pas tirer un coup de fusil; et ce qu'il faut par-dessus tout dans les montagnes, ce sont d'habiles tirailleurs. Le conseil aulique qui, suivant l'esprit des cabinets, faisait passer les raisons politiques avant les raisons militaires, défendit à ses généraux de faire une seule objection, et ordonna la rigoureuse exécution de ce plan, pour les derniers jours d'août (milieu de fructidor).

On a déjà décrit la configuration du théâtre de la guerre et la distribution des armées sur ce théâtre [1]. Les eaux partant des Grandes-Alpes, et tantôt coulant en forme de fleuves, tantôt séjournant en forme de lacs, présentaient différentes lignes inscrites les unes dans les autres, commençant à droite contre une grande chaîne de montagnes, et allant finir, à gauche, dans le grand fleuve qui sépare l'Allemagne de la France. Les deux principales étaient celles du Rhin et de la Limmat. Masséna, obligé d'abandonner celle du Rhin, s'était replié sur celle de la Limmat. Il avait même été obligé de se retirer un peu en arrière de celle-ci, et de s'appuyer sur l'Albis. La ligne de la Limmat n'en séparait pas moins les deux armées. Cette ligne se composait de la Lint, qui naît contre les Grandes-Alpes, dans le canton de Glaris, et se jette

1. Quelque soin que je mette à me rendre clair, je n'espère pas faire comprendre les événemens qui vont suivre, si le lecteur n'a pas sous les yeux une carte, quelque incomplète qu'elle soit. Cependant ces événemens sont si extraordinaires, et ont décidé d'une manière si positive le salut de la France, que je les crois dignes d'être compris, et que j'engage le lecteur à consulter une carte. La plus mauvaise carte de Suisse sera encore suffisante pour saisir l'ensemble des opérations.

ensuite dans le lac de Zurich; du lac de Zurich dans la Limmat, qui sort de ce lac à Zurich même, et va se jeter enfin dans l'Aar près de Bruck. L'archiduc Charles était derrière la Limmat, de Bruck à Zurich. Korsakoff était derrière le lac de Zurich, attendant qu'on lui assignât sa position. Hotze gardait la Lint.

D'après le plan convenu, l'archiduc, destiné au Rhin, devait être remplacé derrière la Limmat par Korsakoff. Hotze devait rester sur la Lint avec le corps autrichien de Voralberg, afin de donner la main à Suwarow arrivant d'Italie. La question était de savoir quelle route on ferait prendre à Suwarow. Il avait à franchir les monts, et pouvait suivre l'une ou l'autre des lignes qui coupent la Suisse. S'il préférait pénétrer par la vallée du Rhin, il pouvait, en traversant le Splugen, se rendre par Coire sur le Rhin-Supérieur, et faire là sa jonction avec Hotze. On avait calculé qu'il pourrait être arrivé vers le 25 septembre (3 vendémiaire an VIII). Ce mouvement avait l'avantage de s'opérer loin des Français, hors de leur portée, et de ne dépendre ainsi d'aucun accident. Suwarow pouvait également prendre une autre route, et au lieu de suivre la ligne du Rhin, entrer par le Saint-Gothard dans la vallée de la Reuss, et déboucher par Schwitz derrière la ligne de la Lint, occupée par les Français. Cette marche avait l'avantage de le porter sur le revers de la ligne ennemie; mais il fallait traverser le

Saint-Gothard occupé par Lecourbe ; il fallait préparer un mouvement de Hotze au-delà de la Lint, pour qu'il vînt tendre la main à l'armée arrivant du Saint-Gothard; il fallait, pour seconder ce mouvement, une attaque sur la Limmat ; il fallait en un mot une opération générale sur toute la ligne, et un à-propos, une précision difficiles à obtenir quand on agit à de si grandes distances et en détachemens aussi nombreux. Ce plan, que les Russes rejettent sur les Autrichiens, et les Autrichiens sur les Russes, fut néanmoins préféré. En conséquence une attaque générale fut prescrite sur toute la ligne, pour les derniers jours de septembre. Au moment où Suwarow débouchait du Saint-Gothard dans la vallée de la Reuss, Korsakoff devait attaquer au-dessous du lac de Zurich, c'est-à-dire le long de la Limmat, et Hotze au-dessus du lac, le long de la Lint. Deux des lieutenans de Hotze, Linken et Jellachich, devaient pénétrer dans le canton de Glaris, jusqu'à Schwitz, et donner la main à Suwarow. La jonction générale une fois opérée, les troupes réunies en Suisse allaient s'élever à quatre-vingt mille hommes. Suwarow arrivait avec dix-huit mille ; Hotze en avait vingt-cinq, Korsakoff trente. Ce dernier avait en réserve le corps de Condé et quelques mille Bavarois. Mais avant la jonction, trente mille sous Korsakoff, et vingt-cinq mille sous Hotze, c'est-à-dire cinquante-cinq mille se trouvaient exposés aux coups de toute l'armée de Masséna.

Le moment, en effet, où l'archiduc Charles quittait la Limmat, et où Suwarow n'avait pas encore passé les Alpes, était trop favorable pour que Masséna ne le saisît pas, et ne sortît point enfin de l'inaction qu'on lui avait tant reprochée. Son armée avait été portée à soixante-quinze mille hommes environ, par les renforts qu'elle avait reçus; mais elle devait s'étendre du Saint-Gothard à Bâle, ligne immense à couvrir. Lecourbe, formant sa droite, et ayant Gudin et Molitor sous ses ordres, gardait le Saint-Gothard, la vallée de la Reuss et la Haute-Lint, avec douze ou treize mille hommes. Soult, avec dix mille, occupait la Lint jusqu'à son embouchure dans le lac de Zurich. Masséna, avec les divisions Mortier, Klein, Lorge et Mesnard, formant un total de trente-sept mille hommes, était devant la Limmat, de Zurich à Bruck. La division Thureau, forte de neuf mille hommes, et la division Chabran de huit, gardaient l'une le Valais, l'autre les environs de Bâle.

Masséna, quoique inférieur en forces, avait l'avantage de pouvoir réunir sa masse principale sur le point essentiel. Ainsi il avait trente-sept mille hommes devant la Limmat, qu'il pouvait jeter sur Korsakoff. Celui-ci venait de s'affaiblir de quatre mille hommes, envoyés en renfort à Hotze, par derrière le lac de Zurich, ce qui le réduisait à vingt-six mille. Le corps de Condé et les Bavarois, qui devaient lui servir de réserve, étaient encore fort en arrière à Schaffouse. Masséna pouvait donc lancer trente-sept mille hommes contre vingt-six mille. Korsakoff battu, il pouvait se rejeter sur Hotze, et après les avoir tous deux mis en déroute, peut-être détruits, accabler Suwarow, qui arrivait en Suisse avec l'espoir d'y trouver un ennemi vaincu, ou du moins contenu dans sa ligne.

Masséna, averti des projets des ennemis, devança d'un jour son attaque générale, et la fixa pour le 3 vendémiaire (25 septembre 1799). Depuis qu'il était retiré sur l'Albis, à quelques pas en arrière de la Limmat, le cours de cette rivière appartenait à l'ennemi. Il fallait le lui enlever par un passage: c'est ce qu'il se proposa d'exécuter avec ses trente-sept mille hommes. Tandis qu'il allait opérer au-dessous du lac de Zurich, il chargea Soult d'opérer au-dessus, et de franchir la Lint le même jour. Les militaires ont adressé un reproche à Masséna : il fallait, disent-ils, plutôt attirer Suwarow en Suisse que l'en éloigner: si donc, au lieu de laisser Lecourbe se battre inutilement au Saint-Gothard contre Suwarow, Masséna l'eût réuni à Soult, il aurait été plus assuré d'accabler Hotze, et de franchir la Lint. Au reste, comme le résultat obtenu fut aussi grand qu'on pouvait le souhaiter, on n'a fait ce reproche à Masséna que dans l'intérêt rigoureux des principes.

La Limmat sort du lac de Zurich à Zurich même, et coupe la ville en deux parties. Conformément au plan convenu avec Hotze et Suwarow, Korsakoff se disposait à attaquer Masséna, et pour cela il avait porté la masse de ses forces dans la partie de Zurich qui est en avant de la Limmat. Il n'avait laissé que trois bataillons à Closter-Fahr, pour garder un point où la Limmat est plus accessible : il avait dirigé Durasof avec une division près de l'embouchure de la Limmat dans l'Aar, pour veiller de ce côté; mais sa masse, forte de dix-huit mille hommes au moins, était en avant de la rivière, en situation offensive.

Masséna basa son plan sur cet état de choses. Il résolut de masquer plutôt que d'attaquer le point de Zurich, où Korsakoff avait amassé ses forces; puis, avec une portion considérable de ses troupes, de tenter le passage de la Limmat à Closter-Fahr, point faiblement défendu. Le passage opéré, il voulait que cette division remontât la Limmat sur la rive opposée, et vînt se placer sur les derrières de Zurich. Alors il se proposait d'attaquer Korsakoff sur les deux rives, et de le tenir enfermé dans Zurich même. Des conséquences immenses pouvaient résulter de cette disposition.

Mortier avec sa division, qui était forte de huit

mille hommes, et occupait la droite de ce champ de bataille, fut dirigé sur Zurich. Elle devait contenir d'abord, puis attaquer la masse russe. Klein avec sa division, qui était forte de dix mille hommes, devait être placé à Altstetten, entre le point de Zurich et celui de Closter-Fahr, où l'on allait tenter le passage. Elle pouvait ainsi ou se porter devant Zurich, et donner secours à Mortier contre la masse russe, ou courir au point du passage, s'il était nécessaire de le seconder. Cette division renfermait quatre mille grenadiers, et une réserve de superbe cavalerie. La division Lorge, avec une partie de la division Mesnard, devait exécuter le passage à Closter-Fahr. Quinze mille hommes à peu près formaient cette masse. Le reste de la division Mesnard devait faire des démonstrations sur la Basse-Limmat, pour tromper et retenir Durasof.

Ces dispositions, qui ont fait l'admiration de tous les critiques, furent mises à exécution le 3 vendémiaire an VIII (25 septembre 1799), à cinq heures du matin. Les apprêts du passage avaient été faits près du village de Dietikon, avec un soin et un secret extraordinaires. Des barques avaient été traînées à bras, et cachées dans les bois. Dès le matin, elles étaient à flot, et les troupes étaient rangées en silence sur la rive. Le général Foy, illustré depuis comme orateur, commandait l'artillerie à cette immortelle bataille; il disposa plusieurs batteries de manière à protéger le passage. Six cents hommes s'embarquèrent hardiment, et arrivèrent sur l'autre rive. Sur-le-champ ils fondirent sur les tirailleurs ennemis, et les dispersèrent. Korsakoff avait mis là, sur le plateau de Closter-Fahr, trois bataillons avec du canon. Notre artillerie, supérieurement dirigée, éteignit bientôt les feux de l'artillerie russe, et protégea le passage successif de notre avant-garde. Lorsque le général Gazan eut réuni aux six cents hommes qui avaient passé les premiers un renfort suffisant, il marcha sur les trois bataillons russes qui gardaient Closter-Fahr. Ceux-ci s'étaient logés dans un bois, et s'y défendirent bravement. Gazan les enveloppa, et fut obligé de tuer presque jusqu'au dernier homme pour les déloger. Ces trois bataillons détruits, le pont fut jeté. Le reste de la division Lorge et partie de la division Mesnard passèrent la Limmat : c'étaient quinze mille hommes portés au-delà de la rivière. La brigade Bontemps fut placée à Regensdorf, pour faire face à Durasof, s'il voulait remonter de la Basse-Limmat. Le gros des troupes, dirigé par le chef d'état-major Oudinot, remonta la Limmat, pour se porter sur les derrières de Zurich.

Cette partie de l'opération achevée, Masséna se reporta de sa personne sur l'autre rive de la Limmat, pour veiller au mouvement de ses ailes. Vers la Basse-Limmat, Mesnard avait si bien trompé Durasof par ses démonstrations, que celui-ci s'était porté sur la rive, où il déployait tous ses feux. A sa droite, Mortier s'était avancé sur Zurich par Wollishofen, mais il y avait rencontré la masse de Korsakoff, posté, comme on l'a dit, en avant de la Limmat, et avait été obligé de se replier. Masséna arrivant dans cet instant ébranla la division Klein, qui était à Altstetten. Humbert, à la tête de ses quatre mille grenadiers, marcha sur Zurich, et rétablit le combat. Mortier renouvela ses attaques, et on parvint à renfermer ainsi les Russes dans Zurich.

Pendant ce temps, Korsakoff, chagriné d'entendre du canon sur ses derrières, avait reporté quelques bataillons au-delà de la Limmat; mais ces faibles secours avaient été inutiles. Oudinot, avec ses quinze mille hommes, continuait à remonter la Limmat. Il avait enlevé le petit camp placé à Hong, ainsi que les hauteurs qui sont sur les derrières de Zurich, et s'était emparé de la grande route de Vintherthur, qui donne issue en Allemagne, et la seule par laquelle les Russes pussent se retirer.

La journée était presque achevée, et d'immenses résultats étaient préparés pour le lendemain. Les Russes étaient enfermés dans Zurich; Masséna avait porté par le passage à Closter-Fahr quinze mille hommes sur leurs derrières, et placé dix-huit mille hommes devant eux. Il était difficile qu'il ne leur fît pas essuyer un désastre. On a pensé qu'il aurait dû, au lieu de laisser la division Klein devant Zurich, la porter par Closter-Fahr, derrière cette ville, de manière à fermer tout à fait la route de Vintherthur. Mais il craignait que, Mortier restant avec huit mille hommes seulement, Korsakoff ne lui passât sur le corps et ne se jetât sur la Lint. Il est vrai que Korsakoff aurait rencontré Soult et Lecourbe; mais il aurait pu rencontrer aussi Suwarow, venant d'Italie, et on ne sait ce qui serait arrivé de cette singulière combinaison.

Korsakoff s'était enfin aperçu de sa position, et avait porté ses troupes dans l'autre partie de Zurich, en arrière de la Limmat. Durasof, sur la Basse-Limmat, apprenant le passage, s'était dérobé; et évitant la brigade Bontemps, par un détour, était venu regagner la route de Vintherthur. Le lendemain 4 vendémiaire (26 septembre), le combat devait être acharné, car les Russes voulaient se faire jour, et les Français voulaient recueillir d'immenses trophées. Le combat commença de bonne heure. La malheureuse ville de Zurich, encombrée d'artillerie, d'équipages, de blessés, attaquée de tous côtés, était comme enveloppée de feux. De ce côté-ci de la Limmat, Mortier et Klein l'avaient abordée, et étaient près d'y entrer.

MASSÉNA.

Publié par Furne, Paris.

Au-delà, Oudinot la serrait par derrière et voulait fermer la route à Korsakoff. Cette route de Vintherthur, théâtre d'un combat sanglant, avait été prise et reprise plusieurs fois. Korsakoff, songeant enfin à se retirer, avait mis son infanterie en tête, sa cavalerie au centre, son artillerie et ses équipages à la queue. Il s'avançait ainsi formant une longue colonne. Sa brave infanterie, chargeant avec furie, renverse tout devant elle, et s'ouvre un passage; mais quand elle a passé avec une partie de la cavalerie, les Français reviennent à la charge, attaquent le reste de la cavalerie et les bagages, et les refoulent jusqu'aux portes de Zurich. Au même instant, Klein, Mortier, y entrent de leur côté. On se bat dans les rues. L'illustre et malheureux Lavater est frappé sur la porte de sa maison, d'une balle par un soldat suisse ivre qui lui mit son fusil sur la poitrine pour avoir de l'argent; il tomba atteint d'une blessure grave à la cuisse dont il mourut quelques mois après. Enfin, tout ce qui était resté dans Zurich est obligé de mettre bas les armes. Cent pièces de canon, tous les bagages, les administrations, le trésor de l'armée et cinq mille prisonniers, deviennent la proie des Français. Korsakoff avait eu en outre huit mille hommes hors de combat, dans cette lutte acharnée. Huit et cinq faisaient treize mille hommes perdus, c'est-à-dire la moitié de son armée. Les grandes batailles d'Italie n'avaient pas présenté des résultats plus extraordinaires. Les conséquences pour le reste de la campagne ne devaient pas être moins grandes que les résultats matériels. Korsakoff, avec treize mille hommes au plus, se hâta de regagner le Rhin.

Pendant ce temps, Soult, chargé de passer la Lint au-dessus du lac de Zurich, exécutait sa mission avec non moins de bonheur que le général en chef. Il avait exécuté le passage entre Bilten et Richenburg. Cent cinquante braves, portant leur fusil sur leur tête, avaient traversé la rivière à la nage, abordé sur l'autre rive, balayé les tirailleurs, et protégé le débarquement de l'avant-garde. Hotze, accouru sur-le-champ au lieu du danger, était tombé mort d'un coup de feu, ce qui avait mis le désordre dans les rangs autrichiens. Petrasch, succédant à Hotze, avait en vain essayé de rejeter dans la Lint les corps qui avaient passé; il avait été obligé de se replier, et s'était retiré précipitamment sur Saint-Gall et le Rhin, en laissant trois mille prisonniers et du canon. De leur côté, les généraux Jellachich et Linken, chargés de venir par la Haute-Lint, dans le canton de Glaris, recevoir Suwarow au débouché du Saint-Gothard, s'étaient retirés en apprenant tous ces désastres. Ainsi près de soixante mille hommes étaient repoussés déjà de la ligne de la Limmat, au-delà de celle du Rhin, et repoussés après des pertes immenses. Suwarow, qui croyait déboucher en Suisse dans le flanc d'un ennemi attaqué de tous côtés, et qui croyait décider sa défaite en arrivant, allait trouver au contraire tous ses lieutenans dispersés, et s'engager au milieu d'une armée victorieuse de toutes parts.

Parti d'Italie avec dix-huit mille hommes, il était arrivé au pied du Saint-Gothard le cinquième jour complémentaire de l'an VII (21 septembre). Il avait été obligé de démonter ses Cosaques pour charger son artillerie sur le dos de leurs chevaux. Il envoya Rosemberg avec six mille hommes, pour tourner le Saint-Gothard par Disentits et le Crispalt. Arrivé le 1er vendémiaire (23 septembre) à Airolo, à l'entrée de la gorge du Saint-Gothard, il y trouva Gudin avec une des brigades de la division Lecourbe. Il se battit là avec la dernière opiniâtreté; mais ses soldats, mauvais tireurs, ne sachant qu'avancer et se faire tuer, tombaient par pelotons sous les balles et les pierres. Il se décida enfin à inquiéter Gudin sur ses flancs, et il l'obligea ainsi à céder la gorge jusqu'à l'hôpital. Gudin, par sa résistance, avait donné à Lecourbe le temps de recueillir ses troupes. Celui-ci, n'ayant guère sous sa main que six mille hommes, ne pouvait résister à Suwarow qui arrivait avec douze mille, et à Rosemberg qui, transporté déjà à Urseren, en avait six mille sur ses derrières. Il jeta son artillerie dans la Reuss, gagna ensuite la rive opposée en gravissant des rochers presque inaccessibles, et s'enfonça dans la vallée. Arrivé au-delà d'Urseren, n'ayant plus Rosemberg sur ses derrières, il rompit le pont du Diable, et tua une multitude de Russes, avant qu'ils eussent franchi le précipice en descendant dans le lit de la Reuss et en remontant la rive opposée. Lecourbe avait fait ainsi une retraite pied à pied, profitant de tous les obstacles pour fatiguer et tuer un à un les soldats de Suwarow.

L'armée russe arriva ainsi à Altorf, au fond de la vallée de la Reuss, accablée de fatigues, manquant de vivres, et singulièrement affaiblie par les pertes qu'elle avait faites. A Altorf, la Reuss tombe dans le lac de Lucerne. Si Hotze, suivant le plan convenu, avait pu faire arriver Jellachich et Linken au-delà de la Lint, jusqu'à Schwitz, il aurait envoyé des bateaux pour recevoir Suwarow à l'embouchure de la Reuss. Mais après les événemens qui s'étaient passés, Suwarow ne trouva pas une embarcation, et se vit enfermé dans une vallée épouvantable. C'était le 4 vendémiaire (26 septembre), jour du désastre général sur toute la ligne. Il ne lui restait d'autre ressource que de se jeter dans le Schachental, et de passer à travers des montagnes horribles, où il n'y avait aucune route tracée, pour pénétrer dans la vallée de Muthenthal. Il se mit en route le lendemain. Il ne pouvait passer qu'un homme de front dans le sentier qu'on avait à suivre. L'armée mit deux jours à faire ce trajet de quelques lieues. Le premier homme était déjà à Mutten, que le dernier n'avait pas encore quitté Altorf. Les précipices étaient couverts d'équipages, de chevaux, de soldats mourant de faim ou de fatigue. Arrivé dans la vallée de Muthenthal, Suwarow pouvait déboucher par Schwitz, non loin du lac de Zurich, ou bien remonter la vallée, et par le Bragel se jeter sur la Lint. Mais du côté de Schwitz, Masséna arrivait avec la division Mortier, et de l'autre côté du Bragel était Molitor, qui occupait le défilé du Kloenthal, vers les bords de la Lint. Après avoir donné deux jours de repos à ses troupes, Suwarow se décida à rétrograder par le Bragel. Le 8 vendémiaire (30 septembre) il se mit en marche ; Masséna l'attaquait en queue, tandis que de l'autre côté du Bragel, Molitor lui tenait tête au défilé du Kloenthal. Rosemberg résista bravement à toutes les attaques de Masséna, mais Bagration fit de vains efforts pour percer Molitor. Il s'ouvrit la route de Glaris, mais ne put percer celle de Wesen. Suwarow, après avoir livré des combats sanglans et meurtriers, coupé de toutes les routes, rejeté sur Glaris, n'avait d'autre ressource que de remonter la vallée d'Engi, pour se jeter dans celle du Rhin. Mais cette route était encore plus affreuse que celle qu'il avait parcourue. Il s'y décida cependant, et après quatre jours d'efforts et de souffrances inouïes, atteignit Coire et le Rhin. De ses dix-huit mille hommes, il en avait à peine sauvé dix mille. Les cadavres de ses soldats remplissaient les Alpes. Ce barbare, prétendu invincible, se retirait couvert de confusion et plein de rage. En quinze jours, plus de vingt mille Russes et cinq à six mille Autrichiens avaient succombé. Les armées prêtes à nous envahir étaient chassées de la Suisse et rejetées en Allemagne. La coalition était dissoute, car Suwarow, irrité contre les Autrichiens, ne voulait plus servir avec eux. On peut dire que la France était sauvée.

Gloire éternelle à Masséna, qui venait d'exécuter l'une des plus belles opérations dont l'histoire de la guerre fasse mention, et qui nous avait sauvés dans un moment plus périlleux que celui de Valmy et de Fleurus! Il faut admirer les batailles grandes par la conception ou le résultat politique; mais il faut célébrer surtout celles qui sauvent. On doit l'admiration aux unes et la reconnaissance aux autres. Zurich est le plus beau fleuron de Masséna; et il n'en existe pas de plus beau dans aucune couronne militaire.

Pendant que ces événemens si heureux se passaient en Suisse, la victoire nous revenait en Hollande. Brune, faiblement pressé par l'ennemi, avait eu le temps de concentrer ses forces, et après avoir battu les Anglo-Russes à Kastrikum, les avait enfermés au Zip, et réduits à capituler. Les conditions étaient l'évacuation de la Hollande, la restitution de ce qui avait été pris au Helder, et l'élargissement sans échange de huit mille prisonniers. On aurait souhaité la restitution de la flotte hollandaise; mais les Anglais s'y refusaient, et on craignait, en rejetant la capitulation, le mal qu'ils pouvaient faire au pays.

Ainsi se termina cette mémorable campagne de 1799. La république, entrée trop tôt en action, et commettant la faute de prendre l'offensive, sans avoir auparavant concentré ses forces, avait été battue à Stokach et Magnano, et avait perdu ainsi par ces deux défaites l'Allemagne et l'Italie. Masséna resté seul en Suisse, formait un saillant dangereux entre deux masses victorieuses. Il s'était replié sur le Rhin, puis sur la Limmat, et enfin sur l'Albis. Là, il s'était rendu inattaquable durant quatre mois. Pendant ce temps, l'armée de Naples, tâchant de se réunir à l'armée de la Haute-Italie, avait été battue à la Trebbia. Réunie plus tard à cette armée par derrière l'Apennin, ralliée et renforcée, elle avait perdu son général à Novi, avait été battue de nouveau, et avait définitivement perdu l'Italie. L'Apennin était même envahi et le Var menacé. Mais là avait été le terme de nos malheurs. La coalition, revirant ses forces, avait porté l'archiduc Charles sur le Rhin, et Suwarow en Suisse. Masséna, saisissant ce moment, avait détruit Korsakoff privé de l'archiduc, et mis en fuite Suwarow privé de Korsakoff. Il avait ainsi réparé nos malheurs par une immortelle victoire. En Orient, de beaux triomphes avaient terminé la campagne. Mais, il faut le dire, si ces grands exploits avaient soutenu la république prête à succomber, s'ils lui avaient rendu quelque gloire, ils ne lui avaient rendu ni sa grandeur ni sa puissance. La France était sauvée, mais elle n'était que sauvée; elle n'avait point encore recouvré son rang, et elle courait même des dangers sur le Var.

CHAPITRE XIX.

RETOUR DE BONAPARTE; SON DÉBARQUEMENT A FRÉJUS; ENTHOUSIASME QU'IL INSPIRE. — AGITATION DE TOUS LES PARTIS A SON ARRIVÉE. — IL SE COALISE AVEC SIÈYES POUR RENVERSER LA CONSTITUTION DIRECTORIALE. — PRÉPARATIFS ET JOURNÉE DU 18 BRUMAIRE. — RENVERSEMENT DE LA CONSTITUTION DE L'AN III; INSTITUTION DU CONSULAT PROVISOIRE. — FIN DE CETTE HISTOIRE.

Les nouvelles de la bataille de Zurich et de la capitulation des Anglo-Russes se succédèrent presque immédiatement, et rassurèrent les imaginations épouvantées. C'était la première fois que ces Russes si odieux étaient battus, et ils l'étaient si complètement, que la satisfaction devait être profonde. Mais l'Italie était toujours perdue, le Var était menacé, la frontière du Midi en péril. Les grandeurs de Campo-Formio ne nous étaient pas rendues. Du reste, les périls les plus grands n'étaient pas au dehors, mais au dedans. Un gouvernement désorganisé, des partis ingouvernables, qui ne voulaient pas subir l'autorité et qui n'étaient cependant plus assez forts pour s'en emparer; partout une espèce de dissolution sociale, et le brigandage, signe de cette dissolution, infestant les grandes routes, surtout dans les provinces déchirées autrefois par la guerre civile; telle était la situation de la république. Un répit de quelques mois étant assuré par la victoire de Zurich, c'était moins d'un défenseur qu'on manquait dans le moment, que d'un chef qui s'emparât des rênes du gouvernement. La masse entière de la population voulait à tout prix du repos, de l'ordre, la fin des disputes, l'unité des volontés. Elle avait peur des jacobins, des émigrés, des chouans, de tous les partis. C'était le moment d'une merveilleuse fortune pour celui qui calmerait toutes ces peurs.

Les dépêches contenant le récit de l'expédition de Syrie, des batailles du mont Thabor et d'Aboukir, produisirent un effet extraordinaire, et confirmèrent cette idée que le héros de Castiglione et de Rivoli resterait vainqueur partout où il se montrerait. Son nom se retrouva aussitôt dans toutes les bouches, et la question *que fait-il? quand vient-il?* se renouvela de toutes parts. S'il allait revenir! disait-on... Par un instinct singulier, le bruit qu'il était arrivé courut deux ou trois fois. Ses frères lui avaient écrit, sa femme aussi; mais on ignorait si ces dépêches lui étaient parvenues. On a vu en effet qu'elles n'avaient pu traverser les croisières anglaises.

Pendant ce temps, cet homme, objet de vœux si singuliers, voguait tranquillement sur les mers, au milieu des flottes anglaises. La traversée n'était pas heureuse, et les vents contraires la prolongeaient. Plusieurs fois on avait vu les Anglais, et on avait craint de devenir leur proie. Lui seul, se promenant sur le pont de son vaisseau avec un air calme et serein, se confiant à son étoile, apprenait à y croire et à ne pas s'agiter pour des périls inévitables. Il lisait la Bible et le Koran, œuvres des peuples qu'il venait de quitter. Craignant, d'après les derniers événemens, que le midi de la France ne fût envahi, il avait fait gouverner, non vers les côtes de Provence, mais vers celles du Languedoc. Il voulait débarquer à Collioure ou à Port-Vendres. Un coup de vent l'avait ramené vers la Corse. L'île entière était accourue au-devant du célèbre compatriote. On avait ensuite fait voile vers Toulon. On allait arriver, lorsque tout à coup, au coucher du soleil, on vit sur le flanc gauche du vaisseau, trente voiles ennemies : on les voyait au milieu des rayons du soleil couchant. On proposait de mettre un canot à la mer pour aborder furtivement à terre. Se confiant toujours dans le destin, Bonaparte dit qu'il fallait attendre. L'ennemi, en effet, disparut, et le 17 vendémiaire an VIII (octobre 1799), à la pointe du jour, les frégates *le Muiron* et *la Carrère*, les chebecks *la*

Revanche et *la Fortune*, vinrent mouiller dans le golfe de Fréjus.

Les habitans de la Provence avaient craint, pendant trois années de suite, l'invasion de l'ennemi. Bonaparte les avait délivrés de cette crainte en 1796; mais elle leur était revenue plus grande que jamais depuis la bataille de Novi. En apprenant que Bonaparte était mouillé sur la côte, ils crurent leur sauveur arrivé. Tous les habitans de Fréjus accoururent, et en un instant la mer fut couverte d'embarcations. Une multitude, ivre d'enthousiasme et de curiosité, envahit les vaisseaux, et, violant toutes les lois sanitaires, communiqua avec les nouveaux arrivés. Tous demandaient Bonaparte, tous voulaient le voir. Il n'était plus temps de faire observer les lois sanitaires. L'administration de la santé dut dispenser le général de la quarantaine, car il aurait fallu condamner à la même précaution toute la population, qui avait déjà communiqué avec les équipages. Bonaparte descendit sur-le-champ à terre, et le jour même voulut monter en voiture pour se rendre à Paris.

Le télégraphe, aussi prompt que les vents, avait déjà répandu sur la route de Fréjus à Paris, la grande nouvelle du débarquement de Bonaparte. Sur-le-champ la joie la plus confuse avait éclaté. La nouvelle, annoncée sur tous les théâtres, y avait produit des élans extraordinaires. Les chants patriotiques avaient remplacé partout les représentations théâtrales. Le député Baudin (des Ardennes), l'un des auteurs de la constitution de l'an III, républicain sage et sincère, attaché à la république jusqu'à la passion, et la croyant perdue si un bras puissant ne venait la soutenir, Baudin (des Ardennes) expira de joie en apprenant cet événement.

Bonaparte était parti le jour même du 15 vendémiaire (9 octobre) pour Paris. Il avait passé par Aix, Avignon, Valence, Lyon. Dans toutes ces villes, l'enthousiasme fut immodéré. Les cloches retentissaient dans les villages, et pendant la nuit des feux étaient allumés sur les routes. A Lyon surtout, les élans furent plus vifs encore que partout ailleurs. En partant de cette dernière ville, Bonaparte, qui voulait arriver incognito, prit une autre route que celle qu'il avait indiquée à ses courriers. Ses frères et sa femme, trompés sur sa direction, couraient à sa rencontre, tandis qu'il arrivait à Paris. Le 24 vendémiaire (16 octobre), il était déjà dans sa maison de la rue Chantereine, sans que personne se doutât de son arrivée. Deux heures après, il se rendit au directoire. La garde le reconnut, et poussa, en le voyant, le cri de *Vive Bonaparte!* Il courut chez le président du directoire, c'était Gohier. Il fut convenu qu'il serait présenté le lendemain au directoire. Le lendemain 25, il se présenta en effet devant cette magistrature suprême. Il dit qu'après avoir consolidé l'établissement de son armée en Égypte, par les victoires du mont Thabor et d'Aboukir, et confié son sort à un général capable d'en assurer la prospérité, il était parti pour voler au secours de la république, qu'il croyait perdue. Il la trouvait sauvée par les exploits de ses frères d'armes, et il s'en réjouissait. Jamais, ajoutait-il en mettant la main sur son épée, jamais il ne la tirerait que pour la défense de cette république. Le président le complimenta sur ses triomphes et sur son retour, et lui donna l'accolade fraternelle. L'accueil fut en apparence très flatteur, mais au fond les craintes étaient maintenant trop réelles et trop justifiées par la situation, pour que son retour fît plaisir aux cinq magistrats républicains.

Lorsque après une longue apathie, les hommes se réveillent et s'attachent à quelque chose, c'est avec passion. Dans ce néant où étaient tombées les opinions, les partis et toutes les autorités, on était demeuré quelque temps sans s'attacher à rien. Le dégoût des hommes et des choses était universel. Mais à l'apparition de l'individu extraordinaire que l'Orient venait de rendre à l'Europe d'une manière si imprévue, tout dégoût, toute incertitude venaient de cesser. C'est sur lui que se fixèrent sur-le-champ les regards, les vœux et les espérances.

Tous les généraux, employés ou non employés, patriotes ou modérés, tous accoururent chez Bonaparte. C'était naturel, puisqu'il était le premier membre de cette classe si ambitieuse et si mécontente. En lui elle semblait avoir trouvé un vengeur contre le gouvernement. Tous les ministres, tous les fonctionnaires successivement disgraciés pendant les fluctuations du directoire, accoururent aussi auprès du nouvel arrivé. Ils allaient en apparence visiter le guerrier illustre, et en réalité observer et flatter l'homme puissant auquel l'avenir semblait appartenir.

Bonaparte avait amené Lannes, Murat et Berthier, qui ne le quittaient pas. Bientôt Jourdan, Augereau, Macdonald, Beurnonville, Leclerc, Lefebvre, Marbot, malgré des différences d'opinions, se montrèrent auprès de lui. Moreau lui-même fit bientôt partie de ce cortége. Bonaparte l'avait rencontré chez Gohier. Sentant que sa supériorité lui permettait de faire les premiers pas, il alla à Moreau, lui témoigna son impatience de le connaître, et lui exprima une estime qui le toucha profondément. Il lui donna ensuite un damas enrichi de pierreries, et parvint à le gagner tout à fait. En quelques jours Moreau fut de sa cour. Il était mécontent aussi, et il allait avec tous ses camarades chez le vengeur présumé. A ces guerriers illustres se joignirent des hommes de toutes les carrières :

on y vit Bruix, l'ex-ministre de la marine, qui venait de parcourir la Méditerranée à la tête des flottes française et espagnole, homme d'un esprit fin et délié, aussi habile à conduire une négociation qu'à diriger une escadre. On y vit aussi M. de Talleyrand, qui avait des raisons de craindre le mécontentement de Bonaparte, pour n'être point allé en Égypte. Mais M. de Talleyrand comptait sur son esprit, sur son nom, sur son importance, pour être bien accueilli; il le fut bien. Ces deux hommes avaient trop de goût l'un pour l'autre, et trop besoin de se rapprocher, pour se bouder mutuellement. On voyait encore rue Chantereine Rœderer, l'ancien procureur de la commune, homme plein de franchise et d'esprit; Regnault de Saint-Jean-d'Angély, ancien constituant auquel Bonaparte s'était attaché en Italie, et qu'il avait employé à Malte, orateur brillant et fécond.

Mais ce n'étaient pas seulement les disgraciés, les mécontens, qui se rendaient chez Bonaparte. Les chefs actuels du gouvernement s'y montrèrent avec le même empressement. Tous les directeurs et tous les ministres lui donnèrent des fêtes, comme au retour d'Italie. Une grande partie des députés des deux conseils se firent présenter chez lui. Les ministres et les directeurs lui décernèrent un hom-mage bien plus flatteur, ils vinrent le consulter à chaque instant sur ce qu'ils avaient à faire. Dubois-

Crancé, le ministre de la guerre, avait en quelque sorte transporté son portefeuille chez Bonaparte. Moulins, celui des directeurs qui s'occupait spécialement de la guerre, passait une partie des matinées avec lui. Gohier, Roger-Ducos y allaient aussi. Cambacérès, ministre de la justice, jurisconsulte habile, qui avait pour Bonaparte le goût que les hommes faibles ont pour la force, et que Bonaparte affectait de caresser pour prouver qu'il savait apprécier le mérite civil; Fouché, ministre de la police, qui voulait échanger son protecteur usé, Barras, contre un protecteur neuf et puissant; Réal, commissaire près le département de la Seine, ardent et généreux patriote, et l'un des hommes les plus spirituels du temps, étaient également assidus auprès de Bonaparte, et s'entretenaient avec lui des affaires de l'état. Il y avait à peine huit jours que le général était à Paris, et déjà le gouvernement des affaires lui arrivait presque involontairement. A défaut de sa volonté, qui n'était rien encore, on lui demandait son avis. Pour lui, avec sa réserve accoutumée, il affectait de se soustraire aux empressemens dont il était l'objet. Il refusait beaucoup de monde, il se montrait peu, et ne sortait pour ainsi dire qu'à la dérobée. Son visage était devenu plus sec, son teint plus foncé. Il portait depuis son retour une petite redingote grise et un sabre turc attaché à un cordon de soie.

Pour ceux qui avaient eu la bonne fortune de le voir, c'était un emblème qui rappelait l'Orient, les Pyramides, le mont Thabor, Aboukir. Les officiers de la garnison, les quatre adjudans de la garde nationale, l'état-major de la place demandaient à lui être présentés. Il différait de jour en jour, et semblait ne se prêter qu'à regret à tous ces hommages. Il écoutait, ne s'ouvrait encore à personne, et observait toutes choses. Cette politique était profonde. Quand on est nécessaire, il ne faut pas craindre d'attendre. On irrite l'impatience des hommes, ils accourent à vous, et vous n'avez plus qu'à choisir.

Que va faire Bonaparte? était la question que tout le monde s'adressait. Elle prouvait qu'il y avait quelque chose d'inévitable à faire. Deux partis principaux, et un troisième, subdivision des deux autres, s'offraient à lui, et étaient disposés à le servir, s'il adoptait leurs vues : c'étaient les patriotes, les modérés ou politiques, enfin les *pourris*, comme on les appelait, corrompus de tous les temps et de toutes les factions.

Les patriotes se défiaient bien de Bonaparte et de son ambition; mais avec leur goût de détruire, et leur imprévoyance du lendemain, ils se seraient servis de son bras pour tout renverser, sauf à s'occuper ensuite de l'avenir. Du reste, il n'y avait de cet avis que les forcenés, qui, toujours mécontens de ce qui existait, regardaient le soin de détruire comme le plus pressant de tous. Le reste des patriotes, ceux qu'on pouvait appeler les républicains, se défiaient de la renommée du général, voulaient tout au plus qu'on lui donnât place au directoire, voyaient même avec peine qu'il fallût pour cela lui accorder une dispense d'âge, et souhaitaient par-dessus tout qu'il allât aux frontières, relever la gloire de nos armes, et rendre à la république sa première splendeur.

Les modérés ou politiques, gens craignant les fureurs des partis, et surtout celles des jacobins, n'espérant plus rien d'une constitution violée et usée, voulaient un changement, et souhaitaient qu'il se fît sous les auspices d'un homme puissant. « Prenez le pouvoir, faites-nous une constitution « sage et modérée, et donnez-nous de la sécurité ; » tel était le langage intérieur qu'ils adressaient à Bonaparte. Ils composaient le parti le plus nombreux en France. Il y entrait même beaucoup de patriotes compromis, qui, ayant peur pour la révolution, voulaient en confier le salut à un homme puissant. Ils avaient la majorité dans les anciens, une minorité assez forte dans les cinq-cents. Ils avaient suivi jusqu'ici la plus grande renommée civile, celle de Sièyes, et s'y étaient d'autant plus attachés que Sièyes avait été plus maltraité au Manége. Aujourd'hui ils devaient courir avec bien plus d'empressement au-devant de Bonaparte, car c'était la force qu'ils cherchaient, et elle était bien plus grande dans un général victorieux que dans un publiciste, quelque illustre qu'il fût.

Les *pourris* enfin étaient tous les fripons, tous les intrigans qui cherchaient à faire fortune, qui s'étaient déshonorés en la faisant, et qui voulaient la faire encore au même prix. Ils suivaient Barras et le ministre de la police Fouché. Il y avait de tout parmi eux, des jacobins, des modérés, des royalistes même. Ce n'était point un parti, mais une coterie nombreuse.

Il ne faut pas, à la suite de cette énumération, compter les partisans de la royauté. Ils étaient trop annulés depuis le 18 fructidor, et d'ailleurs Bonaparte ne leur inspirait rien. Un tel homme ne pouvait songer qu'à lui, et ne pouvait prendre le pouvoir pour le remettre à d'autres. Ils se contentaient donc de faire nombre avec les ennemis du directoire, et de l'accuser dans la langue de tous les partis.

Parmi ces différens partis, Bonaparte ne pouvait faire qu'un choix. Les patriotes ne lui convenaient pas du tout. Les uns, attachés à ce qui existait, se défiaient de son ambition; les autres voulaient un coup de main, puis rien que des agitations interminables, et on ne pouvait rien fonder avec eux. D'ailleurs ils étaient en sens contraire de la marche du temps, et ils exhalaient leurs dernières ardeurs. Les *pourris* n'étaient rien, ils n'étaient quelque chose que dans le gouvernement, où ils s'étaient naturellement introduits, car c'est là que tendent toujours leurs vœux. Au reste, il n'y avait qu'à ne pas s'en occuper; ils devaient venir à celui qui réunirait le plus de chances en sa faveur, parce qu'ils voulaient rester en possession des places et de l'argent. Le seul parti sur lequel Bonaparte pût s'appuyer était celui qui, partageant les besoins de toute la population, voulût mettre la république à l'abri des factions, en la constituant d'une manière solide. C'était là qu'était tout avenir, c'était là qu'il devait se ranger.

Son choix ne pouvait être douteux : par instinct seul il était fait d'avance. Bonaparte avait horreur des hommes turbulens, dégoût des hommes corrompus. Il ne pouvait aimer que ces hommes modérés qui voulaient qu'on gouvernât pour eux. C'était d'ailleurs la nation même. Mais il fallait attendre, se laisser prévenir par les offres des partis, et observer leurs chefs, pour voir avec lesquels d'entre eux on pourrait faire alliance.

Les partis étaient tous représentés au directoire. Les patriotes avaient, comme on l'a vu, Moulins et Gohier. Les pourris avaient Barras. Les politiques ou modérés avaient Sièyes et Roger-Ducos.

Gohier et Moulins, patriotes sincères et honnêtes, plus modérés que leur parti, parce qu'ils étaient au pouvoir, admiraient Bonaparte; mais ne voulant se servir de son épée que pour la gloire de la constitution de l'an III, ils souhaitaient de l'envoyer aux armées. Bonaparte les traitait avec beaucoup d'égards; il estimait leur honnêteté, car il l'a toujours aimée chez les hommes (c'est un goût naturel et intéressé chez un homme né pour gouverner). D'ailleurs, les égards qu'il avait pour eux étaient un moyen de prouver qu'il honorait les vrais républicains. Sa femme s'était liée avec celle de Gohier. Elle calculait aussi, et elle avait dit à madame Gohier : « Mon intimité avec vous répon- « dra à toutes les calomnies. »

Barras, qui sentait sa fin politique approcher, et qui voyait dans Bonaparte un successeur inévitable, le détestait profondément. Il aurait consenti à le flatter comme autrefois, mais il se sentait plus méprisé que jamais par lui, et il en demeurait éloigné. Bonaparte avait pour cet épicurien ignorant, blasé, corrompu, une aversion tous les jours plus insurmontable. Le nom de *pourris* qu'il avait donné à lui et aux siens, prouvait assez son dégoût et son mépris. Il était difficile qu'il consentît à s'allier à lui.

Restait l'homme vraiment important, c'était Sièyes, entraînant à sa suite Roger-Ducos. En appelant Sièyes au directoire au moment du 30 prairial, il semblait qu'on eût songé à se jeter dans ses bras. Bonaparte lui en voulait presque d'avoir pris la première place en son absence; d'avoir fixé un moment les esprits, et d'avoir fait naître des espérances. Il avait contre lui une humeur qu'il ne s'expliquait pas. Quoique fort opposés par le génie et les habitudes, ils avaient cependant assez de supériorité pour s'entendre et se pardonner leurs différences, mais trop d'orgueil pour se faire des concessions. Malheureusement ils ne s'étaient point encore adressé la parole, et deux grands esprits qui ne se sont pas encore flattés, sont naturellement ennemis. Ils s'observaient, et chacun des deux attendait que l'autre fît les premiers pas. Ils se rencontrèrent à dîner chez Gohier. Bonaparte s'était senti assez au-dessus de Moreau pour faire les premiers pas; il ne crut pas pouvoir les faire envers Sièyes, et il ne lui parla pas. Celui-ci garda le même silence. Ils se retirèrent furieux. « Avez-vous « vu ce petit insolent? dit Sièyes; il n'a pas même « salué le membre d'un gouvernement qui aurait « dû le faire fusiller. — Quelle idée a-t-on eue, dit « Bonaparte, de mettre ce prêtre au directoire? il « est vendu à la Prusse, et, si on n'y prend garde, « il vous livrera à elle. » Ainsi, dans les hommes de la plus grande supériorité, l'orgueil l'emporte même sur la politique. Si, du reste, il en était autrement, ils n'auraient plus cette hauteur qui les rend propres à dominer les hommes.

Ainsi, le personnage que Bonaparte avait le plus d'intérêt à gagner, était celui pour lequel il avait le plus d'éloignement. Mais leurs intérêts étaient tellement identiques, qu'ils allaient être, malgré eux-mêmes, poussés l'un vers l'autre par leurs propres partisans.

Tandis qu'on s'observait, et que l'affluence chez Bonaparte allait toujours croissant, celui-ci, incertain encore du parti qu'il devait prendre, avait sondé Gohier et Ducos, pour savoir s'ils voudraient consentir à ce qu'il fût directeur, quoiqu'il n'eût pas l'âge nécessaire. C'était à la place de Siéyes qu'il aurait voulu entrer au gouvernement. En excluant Siéyes, il devenait le maître de ses autres collègues, et était assuré de gouverner sous leur nom. C'était sans doute un succès bien incomplet; mais c'était un moyen d'arriver au pouvoir, sans faire précisément une révolution; et une fois arrivé, il avait le temps d'attendre. Soit qu'il fût sincère, soit qu'il voulût les tromper, ce qui est possible, et leur persuader qu'il ne portait pas son ambition au-delà d'une place au directoire, il les sonda et les trouva intraitables sous le rapport de l'âge. Une dispense, quoique donnée par les conseils, leur paraissait une infraction à la constitution. Il fallut renoncer à cette idée.

Les deux directeurs Gohier et Moulins, commençant à s'inquiéter de l'ardeur que Bonaparte montrait pour les fonctions politiques, imaginèrent de l'éloigner, en lui donnant le commandement d'une armée. Sièyes ne fut pas de cet avis, et dit avec humeur que, loin de lui fournir l'occasion d'une gloire nouvelle, il fallait, au contraire, l'oublier et le faire oublier. Comme on parlait de l'envoyer en Italie, Barras dit qu'il y avait assez bien fait ses affaires pour n'avoir pas envie d'y retourner. Enfin il fut décidé qu'on l'appellerait pour l'inviter à prendre un commandement, en lui laissant le choix de l'armée à commander.

Bonaparte, mandé, se rendit au directoire. Il connaissait le propos de Barras. Avant qu'on lui eût notifié l'objet pour lequel on l'appelait, il prit la parole d'un ton haut et menaçant, cita le propos dont il avait à se plaindre, et, regardant Barras, dit que s'il avait fait sa fortune en Italie, ce n'était pas, du moins, aux dépens de la république. Barras se tut. Le président Gohier répondit à Bonaparte que le gouvernement était persuadé que ses lauriers étaient la seule fortune qu'il eût rapportée d'Italie. Il lui dit ensuite que le directoire l'invitait à prendre un commandement, et lui laissait d'ailleurs le choix de l'armée. Bonaparte répondit froidement qu'il n'était pas encore assez reposé de ses fatigues, que la transition d'un climat sec à un climat humide l'avait fortement éprouvé, et qu'il lui fallait encore quelque temps pour se remettre. Il se retira sans plus d'explication. Un pareil fait devait avertir les directeurs de ses vues, et l'avertir lui-même de leurs défiances.

C'était un motif de se hâter: ses frères, ses conseillers habituels, Rœderer, Réal, Regnault de Saint-Jean-d'Angély, Bruix, Talleyrand, lui amenaient tous les jours des membres du parti modéré et politique dans les conseils. C'étaient, dans les cinq-cents, Boulay (de la Meurthe), Gaudin, Chazal, Cabanis, Chénier; dans les anciens, Cornudet, Lemercier, Fargues, Daunou. Leur avis à tous était qu'il fallait s'allier au vrai parti, au parti réformateur, et s'unir à Sièyes, qui avait une constitution toute faite, et la majorité dans le conseil des anciens. Bonaparte était bien de leur avis, et sentait qu'il n'avait pas de choix à faire; mais il fallait qu'on le rapprochât de Sièyes, et c'était difficile. Cependant les intérêts étaient si grands, et il y avait entre son orgueil et celui de Sièyes des entremetteurs si délicats, si adroits, que l'alliance ne pouvait pas tarder à se faire. M. de Talleyrand eût concilié des orgueils encore plus sauvages que celui de ces deux hommes. Bientôt la négociation fut entamée et achevée. Il fut convenu qu'une constitution plus forte serait donnée à la France, sous les auspices de Sièyes et de Bonaparte. Sans qu'on se fût expliqué sur la forme et l'espèce de cette constitution, il fut sous-entendu qu'elle serait républicaine, mais qu'elle délivrerait la France de ce que l'un et l'autre appelaient les bavards, et donnerait aux deux esprits puissans qui s'alliaient la plus grande part d'influence.

Un systématique rêvant l'accomplissement trop différé de ses conceptions, un ambitieux voulant régir le monde, étaient, au milieu de ce néant de tous les systèmes et de toutes les forces, éminemment propres à se coaliser. Peu importait l'incompatibilité de leur humeur. L'adresse des intermédiaires et la gravité des intérêts suffisaient pour pallier cet inconvénient, du moins pour un moment : et c'était assez d'un moment pour faire une révolution.

Bonaparte était donc décidé à agir avec Sièyes et Roger-Ducos. Il montrait toujours le même éloignement pour Barras, les mêmes égards pour Gohier et Moulins, et gardait une égale réserve avec les trois. Mais Fouché, habile à deviner la fortune naissante, voyait avec le plus grand regret l'éloignement de Bonaparte pour son patron Barras, et était désolé de voir que Barras ne fît rien pour vaincre cet éloignement. Il était tout à fait décidé à passer dans le camp du nouveau César ; mais hésitant, par un reste de pudeur, à abandonner son protecteur, il aurait voulu l'y entraîner à sa suite. Assidu auprès de Bonaparte, et assez bien accueilli, parce qu'il avait le portefeuille de la police, il tâchait de vaincre sa répugnance pour Barras. Il était secondé par Réal, Bruix, et les autres conseillers du général. Croyant avoir réussi, il engagea Barras à inviter Bonaparte à dîner. Barras l'invita pour le 8 brumaire (30 octobre). Bonaparte s'y rendit. Après le dîner, ils commencèrent à s'entretenir des affaires. Bonaparte et Barras s'attendaient. Barras entra le premier en matière. Il débuta par des généralités sur sa situation personnelle. Espérant sans doute que Bonaparte affirmerait le contraire, il lui dit qu'il était malade, usé, et condamné à renoncer aux affaires. Bonaparte gardant toujours le silence, Barras ajouta que la république était désorganisée, qu'il fallait, pour la sauver, concentrer le pouvoir et nommer un président ; et puis il nomma le général Hédouville, comme digne d'être élu. Hédouville était aussi inconnu que peu capable. Barras déguisait sa pensée, et désignait Hédouville pour ne pas se nommer lui-même. « Quant à vous, général, ajouta-t-il, votre intention est de vous rendre à l'armée ; allez y acquérir une gloire nouvelle, et replacer la France à son véritable rang. Moi, je vais me rejeter dans la retraite dont j'ai besoin. » Bonaparte jeta un regard fixe sur Barras, ne répondit rien, et laissa là l'entretien. Barras interdit n'ajouta plus une seule parole. Bonaparte se retira sur-le-champ, et, avant de quitter le Luxembourg, passa dans l'appartement de Sièyes. Il vint lui déclarer d'une manière expresse qu'il voulait marcher avec lui seul, et qu'ils n'avaient plus qu'à convenir des moyens d'exécution. L'alliance fut scellée dans cette entrevue, et on convint de tout préparer pour le 18 ou le 20 brumaire.

Bonaparte en rentrant chez lui y trouva Fouché, Réal et les amis de Barras. « Eh bien, votre Barras, leur dit-il, savez-vous ce qu'il m'a proposé? de faire un président qui serait Hédouville, c'est-à-dire lui, et de m'en aller, moi, à l'armée. Il n'y a rien à faire avec un pareil homme. » Les amis de Barras voulurent réparer cette maladresse et cherchèrent à l'excuser. Mais Bonaparte insista peu, et changea d'entretien, car son parti était pris. Fouché se rendit aussitôt chez Barras, pour lui faire des reproches, et pour l'engager à aller corriger l'effet de ses gaucheries. Dès le lendemain matin, Barras courut chez Bonaparte pour excuser ses paroles de la veille; il lui offrit son dévouement et sa coopération à tout ce qu'il voudrait tenter. Bonaparte l'écouta peu, lui répondit par des généralités, et à son tour lui parla de ses fatigues, de sa santé délabrée, et de son dégoût des hommes et des affaires.

Barras se vit perdu et sentit son rôle achevé. Il était temps qu'il recueillît le prix de ses doubles intrigues et de ses lâches défections. Les patriotes ardens n'en voulaient plus depuis sa conduite envers la société du Manége; les républicains, attachés à la constitution de l'an III, n'avaient que du mépris et de la défiance pour lui. Les réformateurs, les politiques, n'y voyaient qu'un homme déconsidéré, et lui appliquaient le mot de *pourri*, imaginé par Bonaparte. Il ne lui restait que quelques intrigues avec les royalistes, au moyen de certains émigrés cachés dans sa cour. Ces intrigues étaient fort anciennes : elles avaient commencé dès le 18 fructidor. Il en avait fait part au directoire, et s'était fait autoriser à les poursuivre, pour avoir dans les mains les fils de la contre-révolution. Il s'était ainsi ménagé le moyen de trahir à volonté la république ou le prétendant. Il était question dans ce moment, avec ce dernier, d'une somme de quelques millions, pour seconder son retour. Il est possible, du reste, que Barras ne fût pas sincère avec le prétendant, car tous ses goûts devaient être pour la république. Mais savoir au juste les préférences de ce vieux corrompu, serait difficile. Peut-être les ignorait-il lui-même. D'ailleurs, à ce point de corruption, un peu d'argent doit malheureusement prévaloir sur toutes les préférences de goût ou d'opinion.

Fouché, désespéré de voir son patron perdu, désespéré surtout de se voir compromis dans sa disgrâce, redoubla d'assiduités auprès de Bonaparte. Celui-ci, se défiant d'un pareil homme, lui cacha tous ses secrets; mais Fouché ne se rebutant pas, parce qu'il voyait la victoire de Bonaparte assurée, résolut de vaincre ses rigueurs à force de services. Il avait la police, il la faisait habilement, et il savait que l'on conspirait partout. Il se garda d'en avertir le directoire, dont la majorité, composée de Moulins, Gohier et Barras, aurait pu tirer de ses révélations un parti funeste aux conjurés.

Il y avait une quinzaine de jours que Bonaparte était à Paris, et presque tout était déjà préparé. Berthier, Lannes, Murat, gagnaient chaque jour les officiers et les généraux. Parmi eux, Bernadotte par jalousie, Jourdan par attachement à la république, Augereau par jacobinisme, s'étaient rejetés en arrière, et avaient communiqué leurs craintes à tous les patriotes des cinq-cents; mais la masse des militaires était gagnée. Moreau, républicain sincère, mais suspect aux patriotes qui dominaient, mécontent du directoire qui avait si mal récompensé ses talens, n'avait de recours qu'en Bonaparte. Caressé, gagné par lui, et supportant très bien un supérieur, il déclara qu'il seconderait tous ses projets. Il ne voulait pas être mis dans le secret, car il avait horreur des intrigues politiques, mais il demandait à être appelé au moment de l'exécution. Il y avait à Paris les 8ᵉ et 9ᵉ de dragons, qui avaient servi autrefois sous Bonaparte en Italie, et qui lui étaient dévoués. Le 21ᵉ de chasseurs, organisé par lui quand il commandait l'armée de l'intérieur, et qui avait compté autrefois Murat dans ses rangs, lui appartenait également. Ces régimens demandaient toujours à défiler devant lui. Les officiers de la garnison, les adjudans de la garde nationale, demandaient aussi à lui être présentés, et ne l'avaient pas encore obtenu. Il différait, se réservant de faire concourir cette réception avec ses projets. Ses deux frères, Lucien et Joseph, et les députés de son parti, faisaient chaque jour de nouvelles conquêtes dans les conseils.

Une entrevue fut fixée le 15 brumaire avec Sièyes, pour convenir du plan et des moyens d'exécution. Ce même jour, les conseils devaient donner un banquet au général Bonaparte, comme on avait fait au retour d'Italie. Ce n'était point comme alors les conseils qui le donnaient officiellement. La chose avait été proposée en comité secret; mais les cinq-cents, qui, dans le premier moment du débarquement, avaient nommé Lucien président, pour honorer le général dans la personne de son frère, étaient maintenant en défiance, et se refusaient à donner un banquet. Il fut décidé alors qu'on le donnerait par souscription. Du reste, le nombre des souscripteurs fut de six à sept cents. Le repas eut lieu à l'église Saint-Sulpice; il fut froid et silencieux : tout le monde s'observait et gardait la plus grande réserve. Il était visible qu'on s'attendait à un grand événement, et qu'il était l'ouvrage d'une partie des assistans. Bonaparte fut sombre et préoccupé. C'était assez naturel, puisqu'au sortir de là il allait arrêter le lieu et l'heure d'une conjuration. A peine le dîner était-il achevé, qu'il se leva, fit avec Berthier le tour des tables, adressa quelques paroles aux députés, et se retira ensuite précipitamment.

Il se rendit chez Sièyes pour faire avec lui ses derniers arrangemens. Là, on convint d'abord du gouvernement qu'on substituerait à celui qui existait. Il fut arrêté qu'on suspendrait les conseils pour trois mois, qu'on substituerait aux cinq directeurs trois consuls provisoires, qui, pendant ces trois mois, auraient une espèce de dictature, et seraient chargés de faire une constitution. Bonaparte, Sièyes et Roger-Ducos, devaient être les trois consuls. Il s'agissait ensuite de trouver les moyens d'exécution. Sièyes avait la majorité assurée dans les anciens. Comme on parlait tous les jours de projets incendiaires, formés par les jacobins, on imagina de supposer de leur part un projet d'attentat contre la représentation nationale. La commission des inspecteurs des anciens, toute à la disposition de Sièyes, devait proposer de transférer le corps législatif à Saint-Cloud. La constitution donnait, en effet, ce droit au conseil des anciens. Ce conseil devait à cette mesure en ajouter une autre qui n'était pas autorisée par la constitution, c'était de confier le soin de protéger la translation à un général de son choix, c'est-à-dire à Bonaparte. Les anciens devaient lui déférer en même temps le commandement de la 17º division militaire et de toutes les troupes cantonnées dans Paris. Bonaparte, avec ces forces, devait conduire le corps législatif à Saint-Cloud. Là, on espérait devenir maître des cinq-cents, et leur arracher le décret d'un consulat provisoire. Sièyes et Roger-Ducos devaient donner ce jour même leur démission de directeurs. On se proposait d'emporter celle de Barras, Gohier ou Moulins. Alors le directoire était désorganisé par la dissolution de la majorité; on allait dire aux cinq-cents qu'il n'y avait plus de gouvernement, et on les obligeait à nommer les trois consuls. Ce plan était parfaitement conçu, car il faut toujours, quand on veut faire une révolution, déguiser l'illégal autant qu'on le peut, se servir des termes d'une constitution pour la détruire, et des membres d'un gouvernement pour le renverser.

On fixa le 18 brumaire pour provoquer le décret de translation, et le 19 pour la séance décisive à Saint-Cloud. On se partagea la tâche. Le décret de translation, le soin de l'obtenir, fut confié à

Sièyes et à ses amis. Bonaparte se chargea d'avoir la force armée et de conduire les troupes aux Tuileries.

Tout étant arrêté, ils se séparèrent. Il n'était bruit de toutes parts que d'un grand événement près d'éclater. C'est toujours ainsi que cela s'était passé. Il n'y a de révolutions qui réussissent que celles qui peuvent être connues d'avance. Fouché d'ailleurs se gardait d'avertir les trois directeurs restés en dehors de la conjuration. Dubois-Crancé, malgré sa déférence pour les lumières de Bonaparte en matière de guerre, était chaud patriote; il eut avis du projet, courut le dénoncer à Gohier et à Moulins, mais n'en fut pas cru. Ils croyaient bien à une grande ambition, mais non encore à une conjuration prête à éclater. Barras voyait bien un grand mouvement; mais il se sentait perdu de toute façon, et il se laissait lâchement aller aux événemens.

La commission des anciens, que présidait le député Cornet, eut la mission de tout préparer dans la nuit du 17 au 18, pour faire rendre le décret de translation. On ferma les volets et les rideaux des fenêtres, pour que le public ne fût pas averti par les lumières du travail de nuit qui se faisait dans les bureaux de la commission. On eut soin de convoquer le conseil des anciens pour sept heures, et celui des cinq-cents pour onze. De cette manière, le décret de translation devait être rendu avant que les cinq-cents fussent en séance; et, comme toute délibération était interdite par la constitution à l'instant où le décret de translation était promulgué, on fermait par cette promulgation la tribune des cinq-cents, et on s'épargnait toute discussion embarrassante. On eut un autre soin, ce fut de différer pour certains députés l'envoi des lettres de convocation. On fut certain par là que ceux dont on se défiait n'arriveraient qu'après la décision rendue.

De son côté, Bonaparte avait pris toutes les précautions nécessaires. Il avait mandé le colonel Sébastiani, qui commandait le 9ᵉ de dragons, pour s'assurer des dispositions du régiment. Ce régiment se composait de quatre cents hommes à pied et de six cents hommes à cheval. Il renfermait beaucoup de jeunes soldats; mais les vieux soldats d'Arcole et de Rivoli y donnaient le ton. Le colonel répondit du régiment à Bonaparte. Il fut convenu que le colonel, sous prétexte de passer une revue, sortirait à cinq heures de ses casernes, distribuerait son monde, partie sur la place de la Révolution, partie dans le jardin des Tuileries, et qu'il viendrait lui-même, avec deux cents hommes à cheval, occuper les rues du Mont-Blanc et Chantereine. Bonaparte fit ensuite dire aux colonels des autres régimens de cavalerie, qu'il les passerait en revue le 18. Il fit dire aussi à tous les officiers qui demandaient à lui être présentés, qu'il les recevrait le matin du même jour. Pour excuser le choix de l'heure, il prétexta un voyage. Il avertit Moreau et tous les généraux de vouloir bien se trouver rue Chantereine à la même heure. A minuit, il envoya un aide-de-camp à Lefebvre pour l'engager à passer chez lui à six heures du matin. Lefebvre était tout dévoué au directoire; mais Bonaparte comptait bien qu'il ne résisterait pas à son ascendant. Il n'avait fait prévenir ni Bernadotte ni Augereau. Il avait eu soin, pour tromper Gohier, de s'inviter à dîner chez lui le 18 même, avec toute sa famille, et en même temps, pour le décider à donner sa démission, il le fit prier par sa femme de venir le lendemain matin, à huit heures, déjeuner rue Chantereine.

Le 18 au matin, un mouvement imprévu de ceux mêmes qui concouraient à le produire, se manifesta de toutes parts. Une nombreuse cavalerie parcourait les boulevards; tout ce qu'il y avait de généraux et d'officiers dans Paris se rendaient en grand uniforme rue Chantereine, sans se douter de l'affluence qu'ils allaient y trouver. Les députés des anciens couraient à leur poste, étonnés de cette convocation si soudaine. Les cinq-cents ignoraient, pour la plupart, ce qui se préparait. Gohier, Moulins, Barras, étaient dans une complète ignorance. Mais Sièyes, qui depuis quelque temps prenait des leçons d'équitation, et Roger-Ducos, étaient déjà à cheval, et se rendaient aux Tuileries.

Dès que les anciens se furent assemblés, le président de la commission des inspecteurs prit la parole. La commission chargée de veiller à la sûreté du corps législatif avait, dit-il, appris que des projets sinistres se tramaient, que des conspirateurs accouraient en foule à Paris, y tenaient des conciliabules, et y préparaient des attentats contre la liberté de la représentation nationale. Le député Cornet ajouta que le conseil des anciens avait dans les mains le moyen de sauver la république, et qu'il devait en user. Ce moyen, c'était de transférer le corps législatif à Saint-Cloud pour le soustraire aux attentats des conspirateurs, de mettre pendant ce temps la tranquillité publique sous la garde d'un général capable de l'assurer, et de choisir Bonaparte pour ce général. A peine la lecture de cette proposition et du décret qui la contenait était-elle achevée, qu'une certaine émotion se manifesta dans le conseil. Quelques membres voulurent s'y opposer; Cornudet, Lebrun, Fargues, Régnier, l'appuyèrent. Le nom de Bonaparte, qu'on avait fait valoir, et de l'appui duquel on se savait assuré, décida la majorité. A huit heures le décret était rendu. Il transférait les conseils à

Saint-Cloud, et les y convoquait pour le lendemain à midi. Bonaparte était nommé général en chef de toutes les troupes contenues dans la 17ᵉ division militaire, de la garde du corps législatif, de la garde du directoire, des gardes nationales de Paris et des environs. Lefebvre, le commandant actuel de la 17ᵉ division, était mis sous ses ordres. Bonaparte avait ordre de venir à la barre recevoir le décret, et prêter serment dans les mains du président. Un messager d'état fut chargé de porter sur-le-champ le décret au général.

Le messager d'état, qui était le député Cornet lui-même, trouva les boulevards encombrés d'une nombreuse cavalerie; la rue du Mont-Blanc, la rue Chantereine, remplies d'officiers et de généraux en grand uniforme. Tous accouraient se rendre à l'invitation du général Bonaparte. Les salons de celui-ci étant trop petits pour recevoir autant de monde, il fit ouvrir les portes, s'avança sur le perron, et harangua les officiers. Il leur dit que la France était en danger, et qu'il comptait sur eux pour l'aider à la sauver. Le député Cornet lui présentant le décret, il s'en saisit, le leur lut, et leur demanda s'il pouvait compter sur leur appui. Tous répondirent, en mettant la main sur leurs épées, qu'ils étaient prêts à le seconder. Il s'adressa aussi à Lefebvre. Celui-ci, voyant les troupes en mouvement sans son ordre, avait interrogé le colonel Sébastiani, qui, sans lui répondre, lui avait enjoint d'entrer chez le général Bonaparte. Lefebvre était entré avec humeur. « Eh bien! Lefebvre, lui dit Bonaparte, vous, l'un des soutiens de la république, voulez-vous la laisser périr dans les mains de ces *avocats?* Unissez-vous à moi pour m'aider à la sauver. Tenez, ajouta Bonaparte en prenant un sabre, voilà le sabre que je portais aux Pyramides; je vous le donne comme un gage de mon estime et de ma confiance. — Oui, reprit Lefebvre tout ému, jetons les *avocats* à la rivière! » Joseph avait amené Bernadotte; mais celui-ci, voyant de quoi il s'agissait, se retira pour aller avertir les patriotes. Fouché n'était point dans le secret; mais, averti de l'événement, il avait ordonné la fermeture des barrières, et suspendu le départ des courriers et des voitures publiques. Il vint en toute hâte en avertir Bonaparte, et lui faire ses protestations de dévouement. Bonaparte, qui l'avait laissé de côté jusqu'ici, ne le repoussa point, mais lui dit que ses précautions étaient inutiles, qu'il ne fallait ni fermer les barrières, ni suspendre le cours ordinaire des choses, qu'il marchait avec la nation et comptait sur elle. Bonaparte apprit dans le moment que Gohier n'avait pas voulu se rendre à son invitation; il en témoigna quelque humeur, et lui fit dire par un intermédiaire qu'il se perdrait inutilement en voulant résister. Il monta aussitôt à cheval pour se rendre aux Tuileries, et préter serment devant le conseil des anciens. Presque tous les généraux de la république étaient à cheval à ses côtés. Moreau, Macdonald, Berthier, Lannes, Murat, Leclerc, étaient derrière lui comme ses lieutenans. Il trouva aux Tuileries les détachemens du 9e, les harangua, et, après les avoir enthousiasmés, entra dans le palais.

Il se présenta devant les anciens, accompagné de ce magnifique état-major. Sa présence causa une vive sensation, et prouva aux anciens qu'ils s'étaient associés à un homme puissant, et qui avait tous les moyens nécessaires pour faire réussir un coup d'état. Il se présenta à la barre : « Citoyens repré-
« sentans, dit-il, la république allait périr, votre
« décret vient de la sauver ! Malheur à ceux qui
« voudraient s'opposer à son exécution; aidé de
« tous mes compagnons d'armes rassemblés ici
« autour de moi, je saurai prévenir leurs efforts.
« On cherche en vain des exemples dans le passé
« pour inquiéter vos esprits; rien dans l'histoire ne
« ressemble au dix-huitième siècle, et rien dans ce
« siècle ne ressemble à sa fin... Nous voulons la ré-
« publique..... Nous la voulons fondée sur la vraie
« liberté, sur le régime représentatif... Nous l'au-
« rons, je le jure en mon nom, et au nom de mes
« compagnons d'armes..... » Nous le jurons tous, répétèrent les généraux et les officiers qui étaient à la barre. La manière dont Bonaparte venait de

prêter son serment était adroite, en ce qu'il avait évité de prêter serment à la constitution. Un député voulut prendre la parole pour en faire la remarque; le président la lui refusa, sur le motif que le décret de translation interdisait toute délibération. On se sépara sur-le-champ. Bonaparte se rendit alors dans le jardin, monta à cheval, accompagné de tous les généraux, et passa en revue les régimens de la garnison, qui arrivaient successivement. Il adressa une harangue courte et énergique aux soldats, et leur dit qu'il allait faire une révolution qui leur rendrait l'abondance et la gloire. Des cris de *vive Bonaparte!* retentissaient dans les rangs. Le temps était superbe, l'affluence extraordinaire : tout semblait seconder l'inévitable attentat qui allait terminer la confusion par le pouvoir absolu.

Dans ce moment, les cinq-cents, avertis de la révolution qui se préparait, s'étaient rendus en tumulte à la salle de leurs séances. A peine réunis, ils avaient reçu un message des anciens, contenant le décret de translation. A cette lecture, une foule de voix avaient éclaté à la fois; mais le président Lucien Bonaparte les avait réduites au silence, en vertu de la constitution qui ne leur permettait plus de délibérer. Les cinq-cents s'étaient séparés aussitôt; les plus ardens, courant les uns chez les autres, formaient des conciliabules, pour s'indigner en commun, et imaginer quelques moyens de résistance. Les patriotes des faubourgs étaient en grande agitation, et s'ameutaient autour de Santerre.

Pendant ce temps, Bonaparte, ayant achevé la revue des troupes, était rentré aux Tuileries, et s'était rendu à la commission des inspecteurs des anciens. Celle des cinq-cents avait entièrement adhéré à la révolution nouvelle, et se prêtait à tout ce qu'on préparait. C'était là que tout devait se faire, sous le prétexte d'exécuter la translation. Bonaparte y siégea en permanence. Déjà le ministre de la justice Cambacérès s'y était rendu. Fouché y vint de son côté. Sièyes et Roger-Ducos venaient d'y donner leur démission. Il importait d'en avoir encore une troisième au directoire, parce qu'alors la majorité étant dissoute, il n'y avait plus de pouvoir exécutif, et on n'avait plus à craindre un dernier acte d'énergie de sa part. On n'espérait pas que Gohier ni Moulins la donnassent; on dépêcha M. de Talleyrand et l'amiral Bruix à Barras, pour lui arracher la sienne.

Bonaparte distribua ensuite le commandement des troupes. Il chargea Murat, avec une nombreuse cavalerie et un corps de grenadiers, d'aller occuper Saint-Cloud. Serrurier fut mis au *Point-du-Jour* avec une réserve. Lannes fut chargé de commander les troupes qui gardaient les Tuileries. Bonaparte donna ensuite à Moreau une commission singulière, et certainement la moins honorable de toutes, dans ce grand événement : il le chargea d'aller, avec cinq cents hommes, garder le Luxembourg. Moreau avait pour instruction de bloquer les directeurs, sous prétexte de veiller à leur sûreté, et de leur interdire absolument toute communication au dehors. Bonaparte fit signifier en même temps au commandant de la garde directoriale de lui obéir, de quitter avec sa troupe le Luxembourg, et de venir se rendre auprès de lui aux Tuileries. On prit enfin une dernière et importante précaution, avec le secours de Fouché. Le directoire avait la faculté de suspendre les municipalités; le ministre Fouché, agissant en sa qualité de ministre de la police, comme s'il était autorisé par le directoire, suspendit les douze municipalités de Paris, et leur enleva tout pouvoir. Il ne restait, par ce moyen, aux patriotes, aucun point de ralliement, ni au directoire, ni dans les douze communes qui avaient succédé à la grande commune d'autrefois. Fouché fit ensuite afficher des placards, pour inviter les citoyens à l'ordre et au repos, et leur assurer qu'on travaillait dans ce moment à sauver la république de ses périls.

Ces mesures réussirent complètement. L'autorité du général Bonaparte fut reconnue partout, bien que le conseil des anciens n'eût pas agi constitutionnellement en la lui conférant. Ce conseil, en effet, pouvait bien ordonner la translation, mais ne pouvait pas nommer un chef suprême de la force armée. Moreau se rendit au Luxembourg, et le bloqua avec cinq cents hommes. Le commandant de la garde directoriale, Jubé, obéissant sur-le-champ aux ordres qu'il venait de recevoir, fit monter sa troupe à cheval, et quitta le Luxembourg pour se rendre aux Tuileries. Pendant ce temps, les trois directeurs, Moulins, Gohier et Barras, étaient dans une cruelle perplexité. Moulins et Gohier, s'apercevant enfin de la conjuration qui leur avait échappé, s'étaient rendus dans l'appartement de Barras pour lui demander s'il voulait tenir ferme avec eux, et former la majorité. Le voluptueux directeur était dans le bain, et apprenait à peine ce que Bonaparte faisait dans Paris. « Cet homme, s'écria-t-il avec une expression grossière, nous a tous trompés. » Il promit de s'unir à ses collègues, car il promettait toujours, et il envoya son secrétaire Bottot aux Tuileries pour aller à la découverte. Mais à peine Gohier et Moulins l'eurent-ils quitté, qu'il tomba dans les mains de Bruix et de M. de Talleyrand. Il n'était pas difficile de lui faire sentir l'impuissance à laquelle il était réduit, et on n'avait pas à craindre qu'il voulût succomber glorieusement en défendant la constitution directoriale. On lui promit repos et fortune, et il consentit à donner sa démission. On lui avait rédigé une lettre qu'il signa, et que MM. de Talleyrand et Bruix se hâtèrent de porter à Bonaparte. Dès cet instant, Gohier et Moulins firent pour parvenir auprès de lui des efforts inutiles, et apprirent qu'il venait de se démettre. Réduits à eux seuls, n'ayant plus le droit de délibérer, ils ne savaient quel parti prendre, et ils voulaient cependant remplir loyalement leurs devoirs envers la constitution de l'an III. Ils résolurent donc de se rendre à la commission des inspecteurs, pour demander à leurs deux collègues, Sièyes et Ducos, s'ils voulaient se réunir à eux pour reconstituer la majorité, et promulguer du moins le décret de translation. C'était là une triste ressource. Il n'était pas possible de réunir une force armée, et de venir lever un étendard contraire à celui de Bonaparte; dès lors il était inutile d'aller aux Tuileries, affronter Bonaparte au milieu de son camp et de toutes ses forces.

Ils s'y rendirent cependant, et on les y laissa aller. Ils trouvèrent Bonaparte entouré de Sièyes, Ducos, d'une foule de députés et d'un nombreux état-major. Bottot, le secrétaire de Barras, venait d'être fort mal accueilli. Bonaparte, élevant la voix, lui avait dit : « Qu'a-t-on fait de cette France, « que j'avais laissée si brillante ? j'avais laissé la « paix, j'ai retrouvé la guerre; j'avais laissé des « victoires, j'ai retrouvé des revers; j'avais laissé « les millions de l'Italie, et j'ai trouvé des lois spo-

« liatrices et la misère. Que sont devenus cent
« mille Français que je connaissais, tous mes com-
« pagnons de gloire? ils sont morts! » L'envoyé
Bottot s'était retiré atterré ; mais dans ce moment
la démission de Barras était arrivée et avait calmé
le général. Il dit à Gohier et Moulins qu'il était satisfait de les voir; qu'il comptait sur leur démission, parce qu'il les croyait trop bons citoyens
pour s'opposer à une révolution inévitable et salutaire. Gohier répondit avec force qu'il ne venait
avec son collègue Moulins que pour travailler à
sauver la république. « Oui, repartit Bonaparte,
la sauver, et avec quoi ?... avec les moyens de la
constitution, qui croule de toutes parts? — Qui
vous a dit cela? répliqua Gohier. Des personnes
qui n'ont ni le courage, ni la volonté de marcher
avec elle. » Une altercation assez vive s'engagea
entre Gohier et Bonaparte. Dans ce moment, on
apporta un billet au général. Il contenait l'avis
d'une grande agitation au faubourg Saint-Antoine.
« Général Moulins, dit Bonaparte, vous êtes parent de Santerre? — Non, répondit Moulins, je
ne suis pas son parent, mais son ami.—J'apprends,
ajouta Bonaparte, qu'il remue dans les faubourgs;
dites-lui qu'au premier mouvement je le fais fusiller. » Moulins répliqua avec force à Bonaparte,
qui lui répéta qu'il ferait fusiller Santerre. L'altercation continua avec Gohier. Bonaparte lui dit en

finissant : « La république est en péril, il faut la sauver... *je le veux.* Sièyes et Ducos ont donné leur démission ; Barras vient de donner la sienne. Vous êtes deux, isolés, impuissans, vous ne pouvez rien ; je vous engage à ne pas résister. » Gohier et Moulins répondirent qu'ils ne déserteraient pas leur poste. Ils retournèrent au Luxembourg, où ils furent dès ce moment consignés, séparés l'un de l'autre, et privés de toute communication par les ordres de Bonaparte transmis à Moreau. Barras venait de partir pour sa terre de Gros-Bois, escorté par un détachement de dragons.

Il n'y avait donc plus de pouvoir exécutif! Bonaparte avait seul la force dans les mains. Tous les ministres étaient réunis auprès de lui, à la commission des inspecteurs. Tous les ordres partaient de là, comme du seul point où il existât une autorité organisée. La journée s'acheva avec assez de calme. Les patriotes formaient de nombreux conciliabules, proposaient des résolutions désespérées, mais sans croire à la possibilité de les exécuter, tant on redoutait l'ascendant de Bonaparte sur les troupes !

Le soir on tint conseil à la commission des inspecteurs. L'objet de ce conseil était de convenir, avec les principaux membres des anciens, de ce qu'on ferait le lendemain à Saint-Cloud. Le projet arrêté avec Sièyes était de proposer l'ajournement des conseils avec un consulat provisoire. Cette proposition présentait quelques difficultés. Beaucoup de membres des anciens, qui avaient contribué à rendre le décret de translation, s'effrayaient maintenant de la domination du parti militaire. Ils n'avaient pas cru que l'on songeât à créer une dictature au profit de Bonaparte et de ses deux associés; ils auraient voulu seulement que l'on composât autrement le directoire, et, malgré l'âge de Bonaparte, ils auraient consenti à le nommer directeur. Ils en firent la proposition. Mais Bonaparte répondit, d'un ton décidé, que la constitution ne pouvait plus marcher, qu'il fallait une autorité plus concentrée, et surtout un ajournement de tous les débats politiques qui agitaient la république. La nomination de trois consuls et la suspension des conseils jusqu'au 1er ventôse furent donc proposées. Après une discussion assez longue, ces mesures furent adoptées. On choisit Bonaparte, Sièyes et Ducos pour consuls. Le projet fut rédigé et dut être proposé le lendemain matin à Saint-Cloud. Sièyes, connaissant parfaitement les mouvemens révolutionnaires, voulait qu'on arrêtât dans la nuit quarante des meneurs des cinq-cents. Bonaparte ne le voulut pas, et eut à s'en repentir.

La nuit fut assez tranquille. Le lendemain matin, 19 brumaire (10 novembre), la route de Saint-Cloud était couverte de troupes, de voitures et de curieux. Trois salles avaient été préparées au château : l'une pour les anciens, l'autre pour les cinq-cents, la troisième pour la commission des inspecteurs et pour Bonaparte. Les préparatifs devaient être achevés à midi, mais ils ne purent l'être avant deux heures. Ce retard manqua de devenir funeste aux auteurs de la révolution nouvelle. Les députés des deux conseils se promenaient dans les jardins de Saint-Cloud, et s'entretenaient ensemble avec une extrême vivacité. Ceux des cinq-cents, irrités d'avoir été déportés en quelque sorte par ceux des anciens, avant même qu'ils pussent prendre la parole, leur demandaient naturellement ce qu'ils voulaient, ce qu'ils projetaient pour la journée. « Le gouvernement est décomposé, leur disaient-ils ; eh bien, soit ; nous convenons qu'il faut le recomposer, et qu'il en a besoin. Voulez-vous, au lieu d'hommes ineptes et sans renommée, y porter des hommes imposans ; voulez-vous y porter Bonaparte ?..... quoiqu'il n'ait pas l'âge requis, nous y consentons encore. » Ces questions pressantes embarrassaient les anciens. Il fallait convenir qu'on voulait autre chose, et qu'on avait le projet d'un renversement de constitution. Quelques-uns d'entre eux firent des insinuations à ce sujet ; mais elles furent mal accueillies. Les anciens, déjà effrayés la veille de ce qui s'était passé à la commission des inspecteurs, furent ébranlés tout à fait, en voyant la résistance qui se manifestait dans les cinq-cents. Dès ce moment, les dispositions du corps législatif parurent douteuses, et le projet de révolution fut très compromis. Bonaparte était à cheval à la tête de ses troupes; Sièyes et Ducos avaient une chaise de poste, attelée de six chevaux, qui les attendait à la grille de Saint-Cloud. Beaucoup d'autres personnages en avaient aussi, se disposant, en cas d'échec, à prendre la fuite. Sièyes, du reste, montra dans toute cette scène un rare sang-froid et une grande présence d'esprit. On craignait que Jourdan, Augereau et Bernadotte ne vinssent parler aux troupes. On donna l'ordre de sabrer le premier individu qui se présenterait pour les haranguer, représentant ou général, n'importe.

La séance des deux conseils s'ouvrit à deux heures. Dans les anciens, des réclamations s'élevèrent de la part des membres qui n'avaient pas été convoqués la veille pour assister à la discussion sur le décret de translation. Ces réclamations furent écartées, puis on s'occupa d'une notification aux cinq-cents, pour leur apprendre que le conseil était en majorité, et prêt à délibérer. Aux cinq cents, la délibération commença autrement. Le député Gaudin, qui avait mission de Sièyes et de Bonaparte d'ouvrir la discussion, parla d'abord des dangers que courait la république, et proposa deux choses: premièrement de remercier les anciens d'avoir transféré le corps législatif à Saint-Cloud, et secondement de former une commission chargée de faire un rapport sur les dangers de la république, et sur les moyens de pourvoir à ces dangers. Si cette proposition avait été adoptée, on avait un rapport tout préparé, et on eût proposé le consulat provisoire et l'ajournement. Mais à peine le député Gaudin a-t-il achevé de parler, qu'un orage épouvantable éclate dans l'assemblée. Des cris violens retentissent; on entend de toutes parts : « A bas les dictateurs, point de dictature, vive la constitution! — La constitution ou la mort! s'écrie Delbrel.... Les baïonnettes ne nous effraient pas, nous sommes libres ici. » Ces paroles sont suivies de nouveaux cris. Quelques députés furieux répètent en regardant le président Lucien : « Point de dictature, à bas les dictateurs! » A ces cris insultans, Lucien prend la parole. « Je sens trop, dit-il, la dignité de président pour souffrir plus long-temps les menaces insolentes de certains orateurs; je les rappelle à l'ordre. » Cette injonction ne les calme pas, et les rend plus furieux. Après une longue agitation, le député Grandmaison propose de prêter serment à la constitution de l'an III. La proposition est aussitôt accueillie. On demande de plus l'appel nominal. L'appel nominal est aussi adopté. Chaque député vient à son tour prêter serment à la tribune, aux cris et aux applaudissemens de tous les assistans. Lucien est obligé lui-même de quitter le fauteuil, pour prêter le serment qui ruine les projets de son frère.

Les événemens prenaient une tournure dangereuse. Au lieu de nommer une commission pour écouter des projets de réforme, les cinq-cents prêtaient un serment de maintenir ce qui existait, et les anciens ébranlés étaient prêts à reculer. C'était une révolution manquée. Le danger était imminent. Augereau, Jourdan, les patriotes influens, étaient à Saint-Cloud, attendant le moment favorable pour ramener les troupes de leur côté. Bonaparte et Siéyes arrêtent sur-le-champ qu'il faut agir, et ramener à soi la masse flottante. Bonaparte se décide à se présenter aux deux conseils à la tête de son état-major. Il rencontre Augereau, qui d'un ton railleur lui dit : « Vous voilà dans une jolie position! — Les affaires étaient en bien plus mauvais état à Arcole, » lui répond Bonaparte; et il se rend à la barre des anciens. Il n'avait point l'habitude des assemblées. Parler pour la première fois en public est embarrassant, effrayant même pour les esprits les plus fermes, et dans les circonstances les plus ordinaires. Au milieu de pareils événemens, et pour un homme qui n'avait jamais paru à une tribune, ce devait être bien plus difficile encore. Bonaparte, fort ému, prend la parole, et d'une voix entrecoupée, mais forte,

dit aux anciens : « Citoyens représentans, vous
« n'êtes point dans des circonstances ordinaires,
« mais sur un volcan. Permettez-moi quelques
« explications. Vous avez cru la république en
« danger; vous avez transféré le corps législatif à
« Saint-Cloud; vous m'avez appelé pour assurer
« l'exécution de vos décrets; je suis sorti de ma
« demeure pour vous obéir, et déjà on nous abreuve
« de calomnies, moi et mes compagnons d'armes :
« on parle d'un nouveau Cromwell, d'un nouveau
« César. Citoyens, si j'avais voulu d'un tel rôle, il
« m'eût été facile de le prendre au retour d'Italie,
« au moment du plus beau triomphe, et lorsque
« l'armée et les partis m'invitaient à m'en emparer.
« Je ne l'ai pas voulu alors, je ne le veux pas au-
« jourd'hui. Ce sont les dangers seuls de la patrie
« qui ont éveillé mon zèle et le vôtre. » Bonaparte
fait ensuite, toujours d'une voix émue, le tableau
de la situation dangereuse de la république, dé-
chirée par tous les partis, menacée d'une nouvelle
guerre civile dans l'Ouest, et d'une invasion vers
le Midi. « Prévenons, ajoute-t-il, tant de maux;
« sauvons les deux choses pour lesquelles nous
« avons fait tant de sacrifices, la liberté et l'éga-
« lité... — Parlez donc aussi de la constitution! »
s'écrie le député Linglet. Cette interruption dé-
concerte un instant le général; mais bientôt il se
remet; et d'une voix entrecoupée il répond : « De

« constitution! vous n'en avez plus. C'est vous qui
« l'avez détruite, en attentant, le 18 fructidor, à
« la représentation nationale, en annulant, le 22
« floréal, les élections populaires, et en attaquant,
« le 30 prairial, l'indépendance du gouvernement.
« Cette constitution dont vous parlez, tous les
« partis veulent la détruire. Ils sont tous venus me
« faire confidence de leurs projets, et m'offrir de
« les seconder. Je ne l'ai pas voulu; mais, s'il le
« faut, je nommerai les partis et les hommes. —
« Nommez-les, s'écrient alors les opposans, nom-
« mez-les, demandez un comité secret. » Une longue
agitation succède à cette interruption. Bonaparte
reprend enfin la parole, et peignant de nouveau
l'état où la France est placée, engage les anciens à
prendre des mesures qui puissent la sauver. « En-
« vironné, dit-il, de mes frères d'armes, je saurai
« vous seconder. J'en atteste ces braves grenadiers,
« dont j'aperçois les baïonnettes, et que j'ai si
« souvent conduits à l'ennemi; j'en atteste leur
« courage, nous vous aiderons à sauver la patrie.
« Et si quelque orateur, ajoute Bonaparte d'une
« voix menaçante, si quelque orateur, payé par
« l'étranger, parlait de me mettre hors la loi, alors
« j'en appellerais à mes compagnons d'armes.
« Songez que je marche accompagné du dieu de la
« fortune et du dieu de la guerre. »

Ces paroles audacieuses étaient un avis pour les

cinq-cents. Les anciens les accueillirent très bien, et parurent ramenés par la présence du général. Ils lui accordèrent les honneurs de la séance.

Bonaparte, après avoir réchauffé les anciens, songe à se rendre aux cinq-cents, pour essayer de leur imposer. Ils s'avance suivi de quelques grenadiers; il entre, mais il les laisse derrière lui au bout de la salle. Il avait à parcourir la moitié de l'enceinte pour arriver à la barre. A peine est-il arrivé au milieu, que des cris furieux partent de toutes parts. « Quoi, s'écrient une foule de voix, des soldats ici! des armes! Que veut-on?... A bas le dictateur! à bas le tyran! » Un grand nombre de députés s'élancent au milieu de la salle, entourent le général, lui adressent les interpellations les plus vives! « Quoi! lui dit-on, c'est pour cela que vous avez vaincu?... Tous vos lauriers sont flétris... Votre gloire s'est changée en infamie. Respectez le temple des lois. Sortez, sortez! » Bonaparte est confondu au milieu de la foule qui le presse. Les grenadiers qu'il avait laissés à la porte, accourent, repoussent les députés, et le saisissent au milieu du corps. On dit que dans ce tumulte, des grenadiers reçurent des coups de poignard qui lui étaient destinés. Le grenadier Thomé eut ses vêtemens déchirés. Il est très possible que, dans le tumulte, ses vêtemens aient été déchirés, sans qu'il y eût là des poignards. Il est possible aussi

18 BRUMAIRE AN VIII.

que des poignards fussent dans plus d'une main. Des républicains qui croyaient voir un nouveau César, pouvaient s'armer du fer de Brutus, sans être des assassins. Il y a une grande faiblesse à les en justifier. Quoi qu'il en soit, Bonaparte est emporté hors de la salle. On dit qu'il était troublé, ce qui n'est pas plus étonnant que la supposition des poignards. Il monte à cheval, se rend auprès des troupes, leur dit qu'on a voulu l'assassiner, que ses jours ont été en péril, et est accueilli partout par les cris de *vive Bonaparte!*

Dans ce moment l'orage continue, plus violent que jamais, dans l'assemblée, et se dirige contre Lucien. Celui-ci déploie une fermeté et un courage rares. « Votre frère est un tyran, lui dit-on; en un jour il a perdu toute sa gloire. » Lucien cherche en vain à le justifier. « Vous n'avez pas voulu, dit-il, l'entendre. Il venait vous expliquer sa conduite, vous faire connaître sa mission, répondre à toutes les questions que vous ne cessez d'adresser depuis que vous êtes réunis. Ses services méritaient du moins qu'on lui donnât le temps de s'expliquer. — Non, non, à bas le tyran! s'écrient les patriotes furieux. Hors la loi! ajoutent-ils, hors la loi! » Ce mot était terrible, il avait perdu Robespierre. Prononcé contre Bonaparte, il pouvait peut-être faire hésiter les troupes, et les détacher de lui. Lucien, avec courage, résiste à la proposition de mise hors la loi, et demande auparavant qu'on écoute son frère. Il lutte long-temps au milieu d'un tumulte épouvantable. Enfin, déposant sa toque et sa toge: « Misérables, s'écrie-t-il, vous voulez que je mette hors la loi mon propre frère! Je renonce au fauteuil, et je vais me rendre à la barre pour défendre celui qu'on accuse. »

Dans ce moment, Bonaparte entendait du dehors la scène qui se passait dans l'assemblée. Il craignait pour son frère; il envoie dix grenadiers pour l'arracher de la salle. Les grenadiers entrent, trouvent Lucien au milieu d'un groupe, le saisissent par le bras en lui disant que c'est par ordre de son frère, et l'entraînent hors de l'enceinte. C'était le moment de prendre un parti décisif. Tout était perdu si on hésitait. Les moyens oratoires de ramener l'assemblée étant devenus impossibles, il ne restait que la force; il fallait hasarder un de ces actes audacieux, devant lesquels hésitent toujours les usurpateurs. César hésita en passant le Rubicon, Cromwell en fermant le parlement. Bonaparte se décide à faire marcher les grenadiers sur l'assemblée. Il monte à cheval avec Lucien, et parcourt le front des troupes. Lucien les harangue. « Le conseil des cinq-cents est dissous, leur dit-il, c'est moi qui vous le déclare. Des assassins ont envahi la salle des séances, et ont fait violence à la majorité; je vous somme de marcher pour la délivrer. » Lucien jure ensuite que lui et son frère seront les défenseurs fidèles de la liberté. Murat et Leclerc ébranlent alors un bataillon de grenadiers, et le conduisent à la porte des cinq-cents. Ils s'avancent jusqu'à l'entrée de la salle. A la vue des baïonnettes, les députés poussent des cris affreux, comme ils avaient fait à la vue de Bonaparte. Mais un roulement de tambours couvre leurs cris. *Grenadiers, en avant!* s'écrient les officiers. Les grenadiers entrent dans la salle, et dispersent les députés qui s'enfuient les uns par les couloirs, les autres par les fenêtres. En un instant la salle est évacuée, et Bonaparte reste maître de ce déplorable champ de bataille.

La nouvelle est portée aux anciens, qui en sont remplis d'inquiétude et de regrets. Ils n'avaient pas souhaité un pareil attentat. Lucien se présente à leur barre, et vient justifier sa conduite à l'égard des cinq-cents. On se contente de ses raisons, car que faire dans une pareille situation?... Il fallait en finir, et remplir l'objet qu'on s'était proposé. Le conseil des anciens ne pouvait pas décréter à lui seul l'ajournement du corps législatif et l'institution du consulat. Le conseil des cinq-cents était dissous; mais il restait une cinquantaine de députés, partisans du coup d'état. On les réunit, et on leur fait rendre le décret, objet de la révolution qu'on venait de faire. Le décret est ensuite porté aux anciens, qui l'adoptent vers le milieu de la nuit. Bonaparte,

Roger-Ducos, Sièyes, sont nommés consuls provisoires, et revêtus de toute la puissance exécutive. Les conseils sont ajournés au 1er ventôse prochain. Ils sont remplacés par deux commissions de vingt-cinq membres chacune, prises dans les conseils, et chargées d'approuver les mesures législatives que les trois consuls auront besoin de prendre. Les consuls et les commissions sont chargés de rédiger une constitution nouvelle.

Telle fut la révolution du 18 brumaire, jugée si diversement par les hommes, regardée par les uns comme l'attentat qui anéantit l'essai de notre liberté, par les autres comme un acte hardi, mais nécessaire, qui termina l'anarchie. Ce qu'on en peut dire, c'est que la révolution, après avoir pris tous les caractères, monarchique, républicain, démocratique, prenait enfin le caractère militaire, parce qu'au milieu de cette lutte perpétuelle avec l'Europe, il fallait qu'elle se constituât d'une manière solide et forte. Les républicains gémissent de tant d'efforts infructueux, de tant de sang inutilement versé pour fonder la liberté en France, et ils déplorent de la voir immolée par l'un des héros qu'elle avait enfantés. En cela le plus noble sentiment les trompe. La révolution, qui devait nous donner la liberté, et qui a tout préparé pour que nous l'ayons un jour, n'était pas, et ne devait pas être elle-même la liberté. Elle devait être une grande lutte contre l'ancien ordre de choses. Après l'avoir vaincu en France, il fallait qu'elle le vainquît en Europe. Mais une lutte si violente n'admettait pas les formes et l'esprit de la liberté. On eut un moment de liberté sous la constituante, et il fut court; mais quand le parti populaire devint menaçant au point d'intimider tous les esprits; quand il envahit les Tuileries au 10 août; quand au 2 septembre il immola tous ceux qui lui donnaient des défiances; quand au 21 janvier il obligea tout le monde à se compromettre avec lui en trempant les mains dans le sang royal; quand il obligea, en août 93, tous les citoyens à courir aux frontières, ou à livrer leur fortune; quand il abdiqua lui-même sa puissance, et la remit à ce grand comité de salut public, composé de douze individus, y avait-il, pouvait-il y avoir liberté? Non; il y avait un violent effort de passions et d'héroïsme; il y avait cette tension musculaire d'un athlète qui lutte contre un ennemi puissant. Après ce moment de danger, après nos victoires, il y eut un instant de relâche. La fin de la convention et le directoire présentèrent des momens de liberté. Mais la lutte avec l'Europe ne pouvait être que passagèrement suspendue. Elle recommença bientôt; et au premier revers les partis se soulevèrent tous contre un gouvernement trop modéré, et invoquèrent un bras puissant. Bonaparte, revenant d'Orient, fut salué comme souverain, et appelé au pouvoir. On dira vainement que Zurich avait sauvé la France. Zurich était un accident, un répit; il fallait encore Marengo et Hohenlinden pour la sauver. Il fallait plus que des succès militaires, il fallait une réorganisation puissante à l'intérieur de toutes les parties du gouvernement, et c'était un chef politique plutôt qu'un chef militaire dont la France avait besoin. Le 18 et le 19 brumaire étaient donc nécessaires. On pourrait seulement dire que le 20 fut condamnable, et que le héros abusa du service qu'il venait de rendre. Mais on répondra qu'il venait achever une tâche mystérieuse, qu'il tenait, sans s'en douter, de la destinée, et qu'il accomplissait sans le vouloir. Ce n'était pas la liberté qu'il venait continuer, car elle ne pouvait pas exister encore; il venait, sous les formes monarchiques, continuer la révolution dans le monde; il venait la continuer en se plaçant, lui plébéien, sur un trône; en conduisant le pontife à Paris pour verser l'huile sacrée sur un front plébéien; en créant une aristocratie avec des plébéiens, en obligeant les vieilles aristocraties à s'associer à son aristocratie plébéienne; en faisant des rois avec des plébéiens; enfin en recevant dans son lit la fille des Césars, et en mêlant un sang plébéien à l'un des sangs les plus vieux de l'Europe; en mêlant enfin tous les peuples, en répandant les lois françaises en Allemagne, en Italie, en Espagne ; en donnant des démentis à tant de prestiges, en ébranlant, en confondant tant de choses. Voilà quelle tâche profonde il allait remplir ; et pendant ce temps la nouvelle société allait se consolider à l'abri de son épée, et la liberté devait venir un jour. Elle n'est pas venue, elle viendra. J'ai décrit la première crise qui en a préparé les élémens en Europe ; je l'ai fait sans haine, plaignant l'erreur, révérant la vertu, admirant la grandeur, tâchant de saisir les profonds desseins de la Providence dans ces grands événemens, et les respectant dès que je croyais les avoir saisis.

FIN DU DIXIÈME ET DERNIER VOLUME.

TABLE

DES CHAPITRES CONTENUS DANS LE TOME DIXIEME.

CHAPITRE XIII.

Expédition d'Égypte. Départ de Toulon; arrivée devant Malte; conquête de cette île. Départ pour l'Égypte; débarquement à Alexandrie; prise de cette place. Marche sur le Caire; combat de Chébreïss. Bataille des Pyramides; occupation du Caire. Travaux administratifs de Bonaparte en Égypte; établissement de la nouvelle colonie. Bataille navale d'Aboukir, destruction de la flotte française par les Anglais.................. 1

CHAPITRE XIV.

Effet de l'expédition d'Égypte en Europe. Conséquences funestes de la bataille navale d'Aboukir. — Déclaration de guerre de la Porte. — Efforts de l'Angleterre pour former une nouvelle coalition.—Conférences avec l'Autriche à Selz. Progrès des négociations de Rastadt.— Nouvelles commotions en Hollande, en Suisse et dans les républiques italiennes. Changement de la constitution cisalpine; grands embarras du directoire à ce sujet.— Situation intérieure. Une nouvelle opposition se prononce dans les conseils. — Disposition générale à la guerre. Loi sur la conscription. — Finances de l'an VII. — Reprise des hostilités. Invasion des états romains par l'armée napolitaine —Conquête du royaume de Naples par le général Championnet. — Abdication du roi de Piémont.................. 60

CHAPITRE XV.

État de l'administration de la République et des armées au commencement de 1799. — Préparatifs militaires.— Levée de 200 mille conscrits.— Moyens et plans de guerre du directoire et des puissances coalisées. — Déclaration de guerre de l'Autriche. — Ouverture de la campagne de 1799. — Invasion des Grisons. — Combat de Pfullendorf. — Bataille de Stockach.— Retraite de Jourdan. — Opérations militaires en Italie. — Bataille de Magnano ; retraite de Schérer. — Assassinat des plénipotentaires français à Rastadt. — Effets de nos premiers revers.— Accusations multipliées contre le directoire. — Élections de l'an vii. — Sièyes est nommé directeur, en remplacement de Rewbell.. 122

CHAPITRE XVI.

Continuation de la campagne de 1799 ; Masséna réunit le commandement des armées d'Helvétie et du Danube, et occupe la ligne de la Limmat. — Arrivée de Suwarow en Italie. Schérer transmet le commandement à Moreau. Bataille de Cassano. Retraite de Moreau au-delà du Pô et de l'Apennin. — Essai de jonction avec l'armée de Naples; bataille de la Trebbia.— Coalition de tous les partis contre le directoire. — Révolution du 30 prairial. — Larévellière et Merlin sortent du directoire......................... 188

CHAPITRE XVII.

Formation du nouveau directoire.— Moulins et Roger-Ducos remplacent Larévellière et Merlin.— Changemens dans le ministère. — Levée de toutes les classes de conscrits.— Emprunt forcé de cent millions. — Loi des otages.— Nouveaux plans militaires. — Reprises des opérations en Italie ; Joubert général en chef ; bataille de Novi, et mort de Joubert. — Débarquement des Anglo-Russes en Hollande. — Nouveaux troubles à l'intérieur ; déchaînement des patriotes ; arrestation de onze journalistes ; renvoi de Bernadotte ; proposition de déclarer la patrie en danger................ 230

CHAPITRE XVIII.

Suite des opérations de Bonaparte en Egypte. Conquête de la Haute-Egypte par Desaix; bataille de Sédiman. — Expédition de Syrie; prise du fort d'El-Arisch et de Jaffa; bataille du Mont-Thabor; siége de Saint-Jean-d'Acre. — Retour en Egypte; bataille d'Aboukir. — Départ de Bonaparte pour la France. — Opérations en Europe. Marche de l'archiduc Charles sur le Rhin, et de Suwarow en Suisse: mouvement de Masséna; mémorable victoire de Zurich; situation périlleuse de Suwarow; sa retraite désastreuse; la France sauvée. — Evénemens en Hollande; défaite et capitulation des Anglo-Russes; évacuation de la Hollande. Fin de la campagne de 1799.. 286

CHAPITRE XIX.

Retour de Bonaparte; son débarquement à Fréjus; enthousiasme qu'il inspire. — Agitation de tous les partis à son arrivée. — Il se coalise avec Sièyes pour renverser la constitution directoriale. — Préparatifs et journée du 18 brumaire. — Renversement de la constitution de l'an III; institution du consulat provisoire. — Fin de cette histoire. 333

FIN DE LA TABLE.

TABLE ALPHABÉTIQUE
DES MATIÈRES
CONTENUES DANS CET OUVRAGE.

Les chiffres romains indiquent le tome, et les chiffres arabes la page.

ABBAYE. Le peuple enfonce les portes de l'Abbaye pour délivrer les soldats des gardes-françaises. I, 80. Les Suisses faits prisonniers le 10 août y sont transférés. II, 270. Vingt-quatre prêtres sont égorgés dans la cour de l'Abbaye, 316-318.

ABOUKIR. Bataille navale de ce nom. X, 51-57. Ses conséquences funestes. 61 et suiv. Autre bataille sanglante livrée par Bonaparte dans ce village; détails militaires. 304-310.

ACRE (Saint-Jean d'). Siége de cette ville. (Voyez *Égypte*.)

ADIGE. Raisons qui déterminent Bonaparte à placer ses lignes sur ce fleuve. VIII, 206-207. Description du cours de ce fleuve. 273 et suiv. Arrivée de Wurmser sur ce fleuve. 276 et suiv.

ADMINISTRATION. Réorganisation nouvelle de l'administration des vivres. III, 130 et suiv.

AGIOTAGE. Ce qui l'amène et sur quoi il s'exerce en 93. IV, 334 et suiv. Quelques députés s'y livrent ou sont accusés de s'y livrer. 340-341. On les regarde comme agens de la faction étrangère. 341-342.—Il se ranime en mai et avril 95. Ses causes. VII, 191 et suiv. Réunion des agioteurs au café de Chartres. Vaines précautions pour parer aux inconvéniens de ce trafic. 193.

AGRICULTURE. Réglemens du gouvernement révolutionnaire pour l'amélioration de l'agriculture. VI, 87-88.

AMI DU PEUPLE (l'), journal rédigé par Marat, II. 84.

AMI DU ROI (l'). L'auteur de ce journal est mis en accusation. II, 84.

ANGLETERRE. Politique de l'Angleterre à l'égard de la France, à l'époque de la révolution. I, 216-217.—Sa guerre avec la France et sa prépondérance en Europe. VI, 34-48.— Elle reste seule ennemie de la France après la soumission de la Vendée. Sa position politique. VII, 164 et suiv. — Alarmes et détresse de l'Angleterre après nos victoires en Italie et au nord, et l'alliance avec l'Espagne. VIII, 266 et suiv.—Situation embarrassante de l'Angleterre après les préliminaires de Léoben. Nouvelles négociations de paix. IX, 141-145. Conférences de Lille. 235-245.—Projet de descente en Angleterre. 360 et suiv. Ses efforts pour organiser une nouvelle coalition contre la France. X, 61 et suiv.

AOUT (10). Détails circonstanciés de cette journée. II, 234-257, 258 et suiv. — Fête de l'anniversaire de cette journée. IV, 353-357.

APPEL AU PEUPLE. Il est proposé et discuté dans la convention lors du procès du roi. III, 230 et suiv.

APPROVISIONNEMENT. Difficultés qui empêchent l'approvisionnement de Paris. I, 108-109.

ARCOLE. Détails de cette bataille. VIII, 367-374.

ARGONNE. Divers combats sont livrés dans cette forêt. II, 352 et suiv.

ARISTOCRATIE. Sa politique après le 14 juillet. I, 116-117.

ARMÉE. État de l'armée et révoltes des troupes dans diverses provinces. I, 245 et suiv.

ARMÉE RÉVOLUTIONNAIRE (l') est organisée. V, 58-60. — Est licenciée. VI, 9.

ARMÉES. Dispositions de nos armées pour s'opposer à l'invasion étrangère. II, 294 et suiv.

ARMOIRE DE FER. III, 197-198.

ARTOIS (le comte d') accueilli par des murmures. I, 16. Quitte la France. 105.

ASSEMBLÉE CENTRALE de résistance à l'oppression, formée à Caen par des députés des départemens. IV, 206 et suiv.

ASSEMBLÉE CONSTITUANTE. (Voy. *Assemblée nationale*.)

ASSEMBLÉE LÉGISLATIVE. Hommes qui la composent. II, 10 et suiv. Elle abolit les titres de *sire* et de *majesté*. 17. Elle fait un décret contre les émigrés. 23 et suiv. Rend un décret contre les prêtres qui ne prêtaient pas le serment civique. 27-28. Suites de cette mesure. 28 et suiv. Requiert les électeurs et princes de l'empire de désarmer les émigrés. 34-36. Met en accusation Monsieur et plusieurs autres émigrés. 58. Fait un décret pour prévenir toute modification de la constitution. 51. Décrète que la guerre est déclarée. 52 et suiv. Se déclare en permanence. 88. Décrète la déportation des prêtres. 89. Débats relatifs à une lettre écrite par Lafayette. 111 et suiv. Fait défiler devant elle les attroupemens armés du 20 juin. 131-132. Débats relatifs à l'affaire du 20 juin. 142 et suiv. Reçoit diverses pétitions relatives aux événemens du 20 juin. 146 et suiv. Fait un décret relatif à la levée des départemens. 156. Autre décret sur les gardes nationales. 157. Séance où elle délibère sur le projet de la commission des Douze, qui est adopté. 159-172. Séance du 7 juillet 1792. 173 et suiv. Elle déclare que *la patrie est en danger*. Suite de cette mesure. 179 et suiv. Elle rend le décret de la suspension provisoire du roi. 257. Mesures qu'elle prend après le 10 août. 263 et suiv. Décrète la formation d'un camp sous Paris. 265. Organise la police, dite de *sûreté générale*. 276 et suiv. Elle décrète la formation d'un tribunal extraordinaire pour juger les crimes du 10 août. 283. Ordonne une levée de trente mille hommes. 304-305. Est dissoute. III, 23.

ASSEMBLÉE NATIONALE. L'assemblée des députés du tiers-état prend ce titre, sur la proposition de Legrand. I, 56. Les communes se constituent en assemblée nationale. 56-57. Elle refuse de se séparer, d'après l'ordre du roi. 67. Déclare l'inviolabilité de ses membres. 68. Délibère sur les mandats impératifs. 73. Nomme un comité des subsistances. 77. Difficultés de sa position. 78. Elle vote une adresse au roi pour le renvoi des troupes. 84-85. Propose diverses mesures après les événemens des 12 et 13 juillet, et demande au roi le renvoi des troupes. 92. Continue le 14 juillet à s'occuper de la constitution, et nomme un comité pour préparer les questions. 93. Envoie, sur la proposition de Mirabeau, une députation au roi, Envoie une dernière députation au roi. Discours de Mirabeau. 94-95-101. Elle envoie à l'Hôtel-de-Ville une députation annonçant la réunion du roi avec la nation. 103. Fait une proclamation au peuple, sans résultat. 122. Discute la déclaration des droits de l'homme. 125. Abolit les priviléges féodaux et les priviléges des villes. *ibid.* et suiv. Adopte l'emprunt de

trente millions. 135. Fait la déclaration des droits de l'homme.
136 et suiv. Vote l'unité et la permanence de l'assemblée.
146. Vote le *veto* suspensif. 147-148-149. Vote l'hérédité de
la couronne et l'inviolabilité du roi. 150. Adopte un plan de
Necker sur un impôt. 157. Débats relatifs à un message du
roi. 166-167. Elle déclare qu'elle est inséparable du roi et
qu'elle sera transportée à Paris. 177. Décrète que les biens du
clergé sont à la disposition de l'état. 187 et suiv. Divise le
royaume en départemens. 190. Discussion importante pour
déterminer à qui appartient le droit de faire la paix et la
guerre. 221 et suiv. Elle rend un décret relatif à ce droit. 225.
Décrète l'émission de 400 millions d'assignats. 230. Abolit les
titres féodaux. 236. Prend des mesures pour empêcher l'émigration. 265 et suiv. Mesures qu'elle prend relativement à la
fuite du roi. 283 et suiv. Partis qui s'y forment et suite de ses
travaux. Opposition qu'elle a à vaincre. 298-299. Elle rend un
décret relatif à l'inviolabilité du roi. 301. Décrète qu'aucun
de ses membres ne sera réélu. 305. Achève le travail de la
constitution. 306. Déclare, le 30 septembre 1791, que ses séances sont terminées. 308. Réflexions sur ses travaux. Justification de ses actes. Récapitulation des objections présentées
contre la constituante, et réfutation. II, 1-10.

ASSIGNATS. Causes de leur création. Réflexions sur la nature du
numéraire et du papier-monnaie. I, 226-227 et suiv. —
400 millions d'assignats forcés sont décrétés. 230.—Une nouvelle création d'assignats est ordonnée. III, 27.—Leur dépréciation en 93. IV, 327-329 et suiv. Conséquences de leur dépréciation sur le commerce et causes de leur avilissement.
329-330-332-333-334 et suiv. Moyens qu'on prend pour en
amener la diminution. 379-380 et suiv.—Nouvelle création
d'assignats en 1794. VI, 89 et suiv.—Leur dépréciation augmente. Leur état après le 9 thermidor. 270 et suiv. Continuent à se déprécier en 1795. Divers moyens proposés pour
les retirer de la circulation. VII, 66-73. Ils continuent à bais-
ser. Leur état en avril et en mai 1795. 191-193. Divers projets
sont proposés pour les retirer et les relever. 194 et suiv. Projet de Bourdon (de l'Oise). Il est adopté. 199-202. Nouvelles
mesures prises pour remédier à leur dépréciation. 242-247.—
Projet du directoire pour la rentrée des assignats et pour sub-
venir aux besoins du trésor public; ce projet est rejeté. Détails
financiers à ce sujet. VIII, 31 et suiv. 40-45. Un projet d'emprunt
forcé est adopté. 41 et suiv. La valeur des assignats est presque

nulle. 107 et suiv. La planche en est brisée le 30 pluviôse. 109.
AUGEREAU. Un des généraux de l'armée d'Italie. VIII, 143. — Est envoyé à Paris par Bonaparte. Le directoire lui donne le commandement de la division militaire de Paris. IX, 226-228. Il s'empare des Tuileries le 18 fructidor. 275-278. Est nommé commandant de l'armée dite d'*Allemagne*, après la mort de Hoche. 302. — Est dépossédé de son commandement de l'armée d'Allemagne. 370-371.
AUTRICHE. Causes qui empêchent cette puissance de songer à la paix. VII, 135-136.

BABŒUF. Fait un journal (*le Tribun du peuple*). Caractère et projets de ce démagogue. VIII, 97-98. Sa conspiration. Il est arrêté. 115 et suiv. Est condamné à mort et exécuté. IX, 33.
BAILLY. Il est nommé député. I, 37. Est chargé par le tiers-état de remettre une adresse au roi. Son caractère. 51. Il est arrêté à la porte de la salle des communes par les gardes-françaises. 64. Prête le premier le serment du Jeu de Paume. 62-63. Il se maintient à la présidence. 72. Est nommé successeur de Flesselles, sous le titre de maire de Paris. 103. Difficultés qu'il éprouve pour l'approvisionnement de Paris. 108-109. Il propose un projet pour vendre les biens du clergé à la fois sans les discréditer. 226-227 et suiv. — Détails de son procès et de son supplice. V, 170-171.
BAPTISTE RENARD, domestique de Dumouriez, présenté à la convention. III, 121.
BARBAROUX. Son portrait. Ses plans de république dans le Midi. II, 120 et suiv.
BARBETS. Nom donné à des bandes de partisans piémontais. VIII, 210.
BARNAVE. Son esprit, son union avec les Lameth et Duport. I, 119. Son discours sur le droit de faire la paix et la guerre. 222-223. Accompagne la famille royale de Varennes à Paris. 289-290. S'entend avec la cour. 293 et suiv.
BARRAS. Est nommé général de l'armée de l'intérieur, le 12 vendémiaire. VII, 359. — Son caractère. Sa conduite vis-à-vis des autres membres du directoire. IX, 3-4. Il nuisait à la considération du gouvernement par son luxe et sa prodigalité. 9 et suiv. — Est seul épargné dans les accusations dont le directoire était l'objet. Pourquoi. X, 180 et suiv.
BARRÈRE. Il est mis en état d'accusation. VI, 394. Est décrété

d'arrestation. VII, 76. Est condamné à la déportation. 116. Est nommé député en l'an v. IX, 148. Sa nomination est abolie. 153.

BARTHÉLEMY. Il est nommé directeur à la place de Letourneur. IX, 155 et suiv. Est arrêté le 18 fructidor et conduit au Temple. 278. Est condamné à la déportation. 285.

BASSANO et SAINT-GEORGES. Batailles de ce nom. VIII, 309-312-315.

BASTILLE (La). Le peuple, secondé par les gardes-françaises, s'empare de la Bastille. I, 95-98.

BELGIQUE. Divisée en plusieurs partis après la bataille de Jemmapes. III, 125 et suiv. — Des agens du pouvoir exécutif vont l'organiser révolutionnairement. 294-295. — Les Belges murmurent et se révoltent contre l'administration française. 327-328.

BERNADOTTE. Il est nommé général en chef de l'armée du Rhin. X, 140. Donne un plan de campagne au directoire. Ses défauts. 251-252. Il est renvoyé du ministère de la guerre. 280-281.

BERTHIER. Général à l'armée d'Italie. VIII, 143.

BEZENVAL. Son billet au commandant de la Bastille. I, 97. Il est incarcéré : on ordonne sa liberté, et presque aussitôt sa détention est maintenue. 116.

BICÊTRE. Les massacres. II, 336-337.

BIENS DU CLERGÉ. L'assemblée nationale décrète la vente de 400 millions de biens du clergé. I, 206.

BIENS NATIONAUX, Projet de Bourdon (de l'Oise) pour faciliter leur vente. Il est adopté. VII, 199-202. On commence à le mettre à exécution. Ses résultats. 242 et suiv.

BILLAUD-VARENNES. Un des exécuteurs du 2 septembre. II, 318-319, 328-329. — Il donne sa démission de membre du comité de salut public. VI, 289. Est mis en état d'accusation. 394. Fait aux Jacobins de violentes menaces contre les thermidoriens. 376-377. Est décrété d'arrestation. VII, 76. Est condamné à la déportation. 116.

BONAPARTE. Officier au siége de Toulon. Propose d'attaquer le fort de l'Eguillette. V, 255 et suiv. Nommé général de brigade. Plan qu'il donne et fait adopter. VI, 52 et suiv. — Nommé commandant en second de l'armée de l'intérieur, la nuit du 12 vendémiaire. VII, 360-361. Ses opérations militaires dans la journée du 13. 361-367 et suiv. Chargé du commandement de l'armée de l'intérieur. VIII, 49. Il est nommé commandant de l'armée d'Italie. 125-126. Principales circonstances de la conquête du Piémont. 141-161. Ses négociations avec la cour de Turin. Il accorde un armistice au roi de Piémont. 155-157 et suiv. Sa proclamation aux soldats après les premières victoires d'Italie. 159. Conquête de la Lombardie. 173 et suiv. Son entrée à Milan. 181 et suiv. Nouvelle proclamation aux soldats à Milan. 188-189. Il reprend Pavie tombée au pouvoir de quelques bandes de paysans. 191-193. Entre dans le territoire vénitien. 193 et suiv. Son entrevue avec divers envoyés vénitiens. 202 et suiv. Il signe un armistice avec Naples. 212-213. Pénètre dans les États romains et en Toscane. 214 et suiv. Perd la ligne de l'Adige. Ses combinaisons pour réparer cet échec. 278 et suiv. Sa victoire de Lonato. 283-286. De Castiglione. 288 et suiv. Suite de ses opérations militaires et politiques en Italie. 293 et suiv. Bataille de Roveredo. 307-308. Sa marche sur la Brenta. Victoires de Bassano et de Saint-Georges. 308-312-315. Il fait conclure la paix avec Naples et Gênes. Ses négociations avec le pape. 345-351. Il organise la république cispadane. 352 et suiv. Sa position périlleuse à l'approche d'Alvinzy. Bataille d'Arcole. Détails militaires. 255-364-367-379. Sa conduite à l'armée contre les fournisseurs. Sa politique à l'égard des puissances italiennes. 407-408 et suiv. Ses dispositions militaires à la bataille de Rivoli. 411-414-423. Il prend Mantoue. 425 et suiv. Réflexions sur sa campagne en Italie. 428 et suiv. Sa conduite politique et militaire en Italie après l'affaire de Rivoli. Il marche contre les États romains et fait signer au pape le traité de Tolentino. IX, 50-55. Sa conduite envers les prêtres français retirés en Italie. 55-56. Il négocie inutilement avec Venise. 58-60. Son plan de campagne contre l'Autriche. Il passe le Tagliamento. 60-67. Se rend maître du sommet des Alpes. 68-71. Son entrevue avec les envoyés vénitiens. Il écrit à leur gouvernement une lettre menaçante. 79-86. Marche sur Vienne. Sa lettre à l'archiduc Charles. Son entrée à Léoben. 86-90. Il signe les préliminaires de paix à Léoben. 91-102. Retourne en Italie et détruit la république de Venise. Détails de sa conduite politique et militaire. 116-131. Il propose le secours de son armée au directoire menacé. 193-194. Donne, le 14 juillet 1797, une fête aux armées. Envoie au directoire les adresses de toutes les divisions. 222-226 et suiv. Ses négociations avec l'Autriche après les préliminaires de Léoben. 230-235. Ses négociations à Udine sont entravées par le directoire. Son mécontentement. 311 et suiv. Ses travaux en Italie. Il fonde la république cisalpine. 314-318. Se rend l'arbitre des différends entre les pays de la Valteline et les Grisons. 321-322. Conseils qu'il donne aux Génois sur leur constitution. 322-323. Il forme divers établissemens dans la Méditerranée. 323-326. Suite de ses négociations avec l'Autriche à Udine. Ses entrevues avec M. de Cobentzel. Il signe le traité de Campo-Formio. 328-335. Il est nommé général en chef de l'armée d'Angleterre. 338-339. Se dispose à quitter l'Italie. Ses dernières dispositions pour les affaires de ce pays. 339 et suiv. Il arrive à Paris. Réception qu'on lui fait. Ses paroles au directoire. Fête. 343-350. — Suite de son séjour à Paris. Ses relations avec le directoire. 351-360. Il est chargé de la descente en Angleterre. Sa répugnance pour cette expédition. 362 et suiv. Il propose un projet d'expédition en Égypte. Le directoire l'agrée. Détails sur les préparatifs. 408-419. Il s'embarque à Toulon. Sa proclamation aux soldats. X, 1 et suiv. Il s'empare de l'île de Malte. 4-8. Arrive à Alexandrie et s'en rend maître. 11-13. Ses plans pour effectuer la conquête. Sa lettre au pacha. Discours à ses soldats. 23-27. Ses premières opérations politiques et militaires. 27 et suiv. Il s'établit au Caire après la bataille. Suite de ses opérations politiques et militaires. 42 et suiv. Il fonde l'Institut d'Égypte. 48 et suiv. Proclamation aux soldats, après la défaite d'Aboukir. 58. Il se met en marche pour la Syrie, prend Gaza et le fort d'El-Arisch, et commence le siége de Saint-Jean-d'Acre. 286-290-292. Remporte une grande victoire au mont Thabor. 295-297. Revient en Égypte. Va de là à Aboukir, où il remporte une sanglante victoire sur les Turcs. 300-304-310. Reçoit des nouvelles d'Europe, et part secrètement pour la France. 311-312. Son retour en France. Enthousiasme qu'il inspire. Agitation de tous les partis à son arrivée à Paris. 336 et suiv. Sa conduite politique à Paris. Il se coalise avec Sièyes pour renverser la constitution directoriale. 345-350. Son entrevue avec Sièyes pour convenir de l'exécution de leur plan. 353-356 et suiv. Il fait le 18 brumaire. 358-359-373. (Voy. *Brumaire.*) Est nommé consul provisoire. 383-384.

BONCHAMPS (De). Chef vendéen. IV, 90-91. — Il est blessé à mort. V, 121. Fait délivrer les prisonniers. 122.

BORDEAUX. Les fédéralistes y sont soumis. V, 132-133.

BOUCHOTTE. Est nommé ministre de la guerre. IV, 44.

BOUILLÉ. Sa position au milieu des partis. Son caractère. I, 201-202. Il soumet des régimens révoltés. Ses projets. 246-248-

BOUILLÉ. Sa position au milieu des partis. Son caractère. I, 201-202. Il soumet des régimens révoltés. Ses projets. 246-248. Il arrive trop tard à Varennes pour sauver le roi. 288-289. Il écrit à l'assemblée, et prend sur lui-même le projet de fuite du roi. 294-295.

BOZE. Peintre du roi. Suscite une lettre des girondins. II, 208.

BRETAGNE (La). Est contraire à la révolution. IV, 78-79.— État de ce pays en 1795. VII, 34 et suiv. Plusieurs chefs signent leur soumission à la république. 159-160 et suiv. État de ce pays après la première pacification. De nouveaux troubles s'y préparent. 263 et suiv. Expédition de Quiberon. 269-275-318.

BRÉZÉ. (Le marquis de). Apporte les ordres du roi. I, 67.

BRIENNE (De). Il est nommé ministre. I, 12. Mande le parlement à Versailles pour un lit de justice. 16. Il négocie avec le parlement. 17. Ses embarras. 19. Se retire du ministère. 23. On brûle son effigie. 35.

BRIGANDS. Terreur mal fondée que leur nom répand dans toute la France. I, 122-123.

BROGLIE (Le maréchal de). Reçoit le commandement des troupes. I, 82.

BROTTIER. (Voy. *Royalistes*.)

BRUEYS. Amiral de l'escadre d'Égypte. X, 3. Ses fautes et son courage à la bataille d'Aboukir. Il est tué. 51-57.

BRUMAIRE (18). Préparatifs et journée du 18 brumaire. X. 353-356-359-373.

BRUNE. Nommé général en chef de l'armée de Hollande. X, 140.

BRUNSWICK (Le prince de). On répand un manifeste de ce prince. II, 217.

CALENDRIER. Il est réformé. V, 188-190.

CALONNE (De). Arrive au ministère. I, 10. Son caractère, la confiance aveugle qu'il inspire. Il réunit les notables. 11. Écrit au roi pour justifier l'Angleterre accusée d'exciter des troubles. 220.

CAMBON (de Montpellier), adversaire des fournisseurs. III, 131-132. Il en fait décréter trois par l'assemblée. 136.

CAMP DE CÉSAR. Il est évacué par les Français. IV, 352.

CAMPO-FORMIO. Traité de ce nom. Joie qu'il inspire en France. IX, 334 et suiv.

CAMUS. Propose de réduire toutes les pensions du clergé à un taux infiniment modique. I, 189.

CARNOT. Il est membre du comité de salut public. IV, 391. Dirige toutes les opérations militaires. V, 100 et suiv. Justifie sa conduite comme membre de l'ancien comité de salut public. VII, 99 et suiv. On n'ose pas le décréter à cause de ses services. 234.—Est nommé directeur à la place de Sièyes, qui avait refusé. VIII, 10 et suiv. Vices de son plan d'opérations militaires en Italie. 185 et suiv. Son plan de campagne sur le Danube et sur le Rhin. 219 et suiv.—Caractère de ce directeur. IX, 2-3-12 et suiv. Il se rend suspect à tous les partis et à ses collègues du directoire. 259-261. Prend la fuite le 18 fructidor. 278. Est condamné à la déportation. 285.

CARRIER. Atroces exécutions qu'il fait faire à Nantes. VI, 144-148.—Il est mis en accusation et envoyé au tribunal révolutionnaire. 373-374. Est condamné à mort. 394-395.

CATHELINEAU. Coopère à la première insurrection vendéenne. IV, 84 et suiv. — Il est nommé généralissime de l'armée vendéenne. 252.

CATHERINE THÉOT. Cette femme fanatique institue une secte. VI, 109-111. Elle est arrêtée ainsi que presque toute sa secte. 129 et suiv.

CAZALÈS. Défenseur éloquent de la noblesse. I, 117.

CERCLES CONSTITUTIONNELS formés par les patriotes en l'an v, pour s'opposer à l'influence des Clichyens. IX, 189 et suiv.

CHALIER. Il se fait remarquer à la tête du club central, à Lyon. IV, 75. Il demande un tribunal révolutionnaire pour Lyon. 76.

CHAMPIONNET. Général à l'armée d'Italie. Ses opérations militaires dans les États-Romains contre l'armée de Naples. X, 106-113. Il s'empare du royaume de Naples. 113-115-121. Résiste aux ordres du directoire. Est destitué. 129. Est nommé général d'une nouvelle armée des Alpes par le nouveau directoire. 242.

CHABOT. Accepte l'offre de Grangeneuve de s'immoler tous deux pour enflammer les esprits contre la cour. Il ne se rend pas à l'endroit convenu. II, 191-192. Il demande que les Suisses soient conduits à l'Abbaye. 270.

CHARETTE, chef vendéen. Son caractère. Il hésite d'abord et se rend aux instances des insurgés. S'empare de l'île de Noirmoutiers. IV, 89-90.—Il est amené à négocier avec les républicains pour la paix. VII, 139-142-145. Sa réception triomphale à Nantes. 146. Il continue à préparer la guerre, après sa soumission. Ses relations avec les princes et les émigrés. 162-163. Il se déclare de nouveau en guerre. VIII, 26. Fait d'inutiles efforts pour soutenir la guerre contre Hoche. 66 et suiv. Est poursuivi dans les bois et les montagnes. 130. Est pris et fusillé. 135-136.

CHARLES (L'archiduc). Il remplace Clerfayt dans le commandement de l'armée du Bas-Rhin. VIII, 123. Son plan de campagne après sa retraite à Neresheim. 298 et suiv. Sa marche contre Jourdan. 300.

CHATEAU. Le château des Tuileries est attaqué par le peuple. II, 134 et suiv.

CHAUMETTE. Procureur-général de la commune. Organise la législature municipale. IV, 279. Il est arrêté. V, 372 et suiv. Sa condamnation et sa mort. 415.

CHEBREISS. (Combat de) en Égypte. X, 31-33.

CHÉNIER (André). Sa mort. VI, 200.

CHÉNIER (Marie-Joseph). Il fait un rapport sur les mesures les plus capables de réprimer les royalistes, après les événemens du 9 thermidor. VII, 185-186.

CHOLET. Bataille de ce nom en Vendée. V, 318-322.

CHOUANS. Leur situation en Bretagne, leur chef. VI, 322-324.

CISALPINE (République). Organisée par Bonaparte. IX, 314-318. — Situation de cette république en l'an VI. 376 et suiv. Triste état de cette république après le départ de Bonaparte. X, 84-86. Changemens faits à sa constitution. 89 et suiv.

CISPADANE (République). Sa fondation. VIII, 352 et suiv.

CLARKE. Mission de ce général à Vienne. VIII, 559. Sa négociation avec le cabinet autrichien. Le projet d'armistice qu'il proposait est rejeté. 380-382 et suiv.

CLERGÉ. Il s'oppose à la vérification des pouvoirs des communes. I, 45. (Voyez *Tiers-État* et *Vérification*.) Vote sa réunion aux communes. 59. La majorité du clergé se réunit aux communes. 65. Il abdique ses priviléges. 125. Son rôle dans l'assemblée. 192. Ses manœuvres au commencement de 1790. 204 et suiv. Il s'oppose par divers moyens à l'exécution de la constitution civile. 233 et suiv. Une partie du clergé refuse de prêter le serment civique. Suite de ce refus. 257-258.

CLICHY. CLICHYENS. Club de ce nom, formé par les députés de l'opposition du corps législatif. IX, 16-17. Ses manœuvres pour obtenir un nouveau directeur de son choix. Diverses propositions faites au corps législatif. 151 et suiv. Plans de contre-révolution formés par les clichyens. 156 et suiv. Leur lutte avec le directoire dans les conseils. 158 et suiv. Leurs propositions financières aux cinq-cents. 165 et suiv. Motion d'ordre de l'un d'eux sur les événemens de Venise. 176 et suiv. (Voyez *Royalistes*.) Ils tâchent de s'opposer aux changemens dans le ministère projetés par le directoire. 203 et suiv. Leurs craintes après la nomination des ministres et la marche de Hoche. 213 et suiv. Autres plans d'opposition. Leurs craintes sur les préparatifs du directoire. 266 et suiv. Résolutions désespérées qu'ils proposent. 274 et suiv.

CLOOTZ. (Anacharsis), Prussien de naissance, est admis par l'assemblée à faire partie de la fédération. I, 235.—Prêche la république universelle et le culte de la Raison. V, 195 et suiv. Il est exclu de la société des jacobins. 228. Est arrêté. 372. Son procès et son supplice. 374-379.

CLUBS. Diverses assemblées se forment sous ce nom. I, 33. Club breton. 119. Leur importance augmente. 213. — Ils deviennent dominateurs. II, 12. — Les cinq-cents décrètent qu'aucune assemblée politique ne serait permise. IX, 218-219.

CLUB ÉLECTORAL. Comment il se compose après le 9 thermidor. VI, 264-265. Il fait une adresse à la convention, pour demander la reconstitution de la municipalité de Paris, etc. 343-345.

CLUB FRANÇAIS. Ce que c'était. II, 204.

COALITION. Elle commence à agir avec activité. II, 210 et suiv. — Envahit toutes nos frontières, en 93. IV, 214 et suiv. Le défaut d'union des coalisés paralyse leurs forces. 238. — État de la coalition au commencement de 1794. VI, 34-40-48. — Tiédeur des puissances coalisées pour les intérêts des princes français. 326 et suiv. — Plans de guerre de la nouvelle coalition, en 1799. Leurs défauts. X, 141 et suiv.

COBENTZEL (M. de). Ce qu'il demande au nom de sa cour. II, 70. Suite de cette communication. 71.

COBLENTZ. Les émigrés se transportent de Turin en cette ville. I, 263. Projets de la noblesse. 263-264 et suiv.

COBOURG (Le prince de) Commandant en chef des coalisés dans le nord. VI, 62.

COLLOT-D'HERBOIS. Il harangue Dumouriez aux Jacobins. III, 75-75. — Cherche à sauver les ultra-révolutionnaires arrêtés. V. 302 et suiv. Fait avorter l'insurrection des ultra-révolutionnaires les 15 et 16 ventôse. 362 et suiv. 370. Tentative d'assassinat sur lui. Elle échoue. Ses conséquences. VI, 96 et suiv. — Il donne sa démission de membre du comité de salut public, 289. Est mis en état d'accusation. 394. Est décrété d'arrestation. VII, 76. Est condamné à la déportation. 116.

COMITÉ CENTRAL RÉVOLUTIONNAIRE. L'assemblée de la mairie

prend ce nom. Elle s'occupe, dans plusieurs séances, des suspects et de l'enlèvement des députés. IV, 116 et suiv.

Comité de défense générale. Il se réunit pour délibérer sur les moyens de salut public. II, 307-308. — Pourquoi il fut établi. III, 296.

Comité central de salut public. Nécessité de sa création. Ce que c'était : l'étendue de ses attributions. IV, 46-48. Il se réunit le 1er juin 1793. Divers avis y sont ouverts pour remédier à l'insurrection. Proposition de Garat. 167-169.—Est chargé, après le 31 mai, de présenter un projet de constitution. 194. Propose des moyens pour arrêter l'insurrection des départemens. 202-203. Ses attributions. 276-277. Il perd sa popularité. 281-282. On lui adjoint Saint-Just, Couthon et Jean-Bon-Saint-André. 282. Est attaqué par divers partis après les échecs de nos armées. V, 51 et suiv. La convention déclare qu'il conserve sa confiance. 54-55.—Sa politique en décembre 93. 231 et suiv. Il fait arrêter des ultrà-révolutionnaires et des agioteurs. 238 et suiv. Rend des décrets relatifs aux détenus. 359. Sa politique au milieu des factions. 380 et suiv. Projets des membres du comité contre Danton. 383 et suiv. Sa politique après la mort de Danton et des hébertistes. Il concentre en ses mains tous les pouvoirs. VI, 2-5-9 et suiv. Abolit l'armée révolutionnaire, les ministères, les sociétés sectionnaires, etc. 9 et suiv. Sa dictature et sa position en 94. 104-107 et suiv. Il se partage en plusieurs groupes. Sa rivalité avec le comité de sûreté générale. 111 et suiv. Les divisions continuent. 128-131 et suiv. Les membres ennemis de Robespierre cherchent à s'emparer du pouvoir. 157-159. Feinte réconciliation des comités divisés. 161-164.—Il est réorganisé après le 9 thermidor. 238-239. Nouvelle épuration. 289-290.

Comité insurrectionnel. II, 190. En communication avec Pétion. 191.

Comité de sureté générale. Il est recomposé après le 9 thermidor. VI, 238.

Comité de surveillance. Ce que c'était. II, 275-276. Il fait exécuter des arrestations. 306-307. On y arrête le projet de massacrer les prisonniers. 310 et suiv. Il envoie une circulaire aux départemens pour recommander le meurtre des prisonniers. 337 et suiv. Ordonne des arrestations. III, 4.

Comités révolutionnaires. Leur nombre est réduit dans Paris et les départemens. VI, 258.

Comités. On décide qu'ils seront renouvelés par quart tous les mois. VI, 237-238. Inconvéniens de cette mesure. 256 et suiv. Seize comités sont établis après le 9 thermidor. 257 et suiv.

COMMERCE. État fâcheux du commerce en 1794. VI, 271-273-279.

COMMISSAIRES. Les commissaires des assemblées primaires de toute la France arrivent à Paris. Leur réception. IV, 343 et suiv.

COMMISSION DES DOUZE (La). Elle propose à l'assemblée un projet de salut public. II, 159 et suiv.

COMMISSIONS. Douze commissions sont instituées par le comité de salut public en remplacement des ministères. VI, 10 et suiv.

COMMUNE. Son pouvoir après le 10 août. II, 274-275. Elle est chargée de la garde de la famille royale. 278 et suiv. Mesures qu'elle prend contre les suspects. 305-306 et suiv. Sa puissance et ses exactions. III, 4 et suiv. Son opposition avec la convention. Elle est réprimée. 48-49-50. Ses membres sont renouvelés. 82. Elle s'oppose à une nouvelle insurrection. 344-345. Demande à la convention, au nom de trente-cinq sections, l'expulsion de vingt-deux de ses membres. IV, 61 et suiv. Soumet ses registres à la convention. 64. Ordonne une levée de douze mille hommes dans Paris et une taxe sur les riches. Troubles à ce sujet. 95 et suiv. Se plaint à la convention de l'arrestation d'Hébert et des calomnies dont elle est l'objet. 126-127. Hébert y est couronné. 138-139. Elle est destituée par le comité central révolutionnaire, le 31 mai. 147 et suiv. Une députation de la commune insurrectionnelle est introduite à la convention. 156 et suiv. Elle se trouve chargée, après le 31 mai, de toute l'administration intérieure. 279.

CONDÉ. (Le prince de). Il se met à la tête de six mille émigrés. II, 294.

CONSCRIPTION. Loi sur la conscription décrétée en septembre 1798. X, 98-101.

CONSCRITS. La levée de toutes les classes est ordonnée après le 30 prairial an VII. X, 350.

CONSEIL EXÉCUTIF. Nom que prend le ministère après le 10 août. II, 263. Il seconde les plans militaires de Dumouriez. 350. Sa nouvelle organisation. III, 50-52. Il est aboli. VI, 10.

CONSEIL DES ANCIENS. Nouveau pouvoir institué par la constitution de l'an III. VII, 334-335.

CONSEIL DES CINQ-CENTS. Création de cette assemblée par la constitution de l'an III. VII, 334. Discussion violente au sujet de la loi du 3 brumaire. VIII, 87 et suiv. — Premières opérations législatives en l'an v. Mesures adoptées ou proposées sur les émigrés, le culte et les finances, etc. IX, 158-162 et suiv. — Il rejette la proposition de Jourdan de déclarer la patrie en danger. X, 279-281.

Conseils. Ils se plaignent au directoire de l'agglomération des troupes de Hoche près de Paris. IX, 248 et suiv. Les conseils sont dispersés le 18 fructidor. On leur refuse l'entrée du lieu de leurs séances. 279-280. Les députés attachés au directoire se réunissent à l'Odéon et à l'École de Médecine. Le directoire leur fait part de la conspiration royaliste. Les nouveaux conseils cassent plusieurs élections, et condamnent à la déportation plusieurs députés, deux directeurs, des journalistes, etc. 280-281-284-285. Les deux conseils sont dissous le 18 brumaire. (Voy. *Brumaire*.)

Conspirateurs du 10 août. Ce qu'on entendait par là. II, 280.

Constant (Benjamin). Il publie une brochure qui produit de la sensation. VIII, 105-106.

Constitution. Nécessité d'une constitution, exprimée par les cahiers; obstacles à vaincre pour l'établir. I, 74 et suiv. Discussions relatives à l'établissement de la constitution. 138 et suiv.

Constitution civile du clergé. Les principales dispositions de ce projet sont adoptées. Réflexions. I, 232-233.

Constitution de l'an ii. Ses principaux articles. IV, 241-243. Une pétition contre cette constitution est repoussée par la convention. 243-244.

Constitution directoriale ou de l'an iii. Ses auteurs, ses principales dispositions. VII, 332-337. Elle est acceptée par les votes des sections de toute la France. 546-547. État des esprits à l'époque de son établissement. VIII, 2 et suiv. Installation du nouveau gouvernement le 5 brumaire. 5 et suiv. Elle est détruite le 18 brumaire. (Voy. *Brumaire*.)

Contre-révolutionnaires. Hardiesse de ce parti. Leurs tentatives dans le midi de la France. VII, 178-182 et suiv.

Convention. La convention nationale se constitue. III, 22 et suiv. Elle déclare la royauté abolie en France. 25. Séance du 24 septembre 1792. 28 et suiv. Elle se divise en côté droit et en côté gauche. 45-46. Se partage en divers comités. 52-53. Débats relatifs à l'accusation de Robespierre. 84 et suiv. Elle ordonne au comité de législation de donner son avis sur les formes du jugement de Louis XVI. 107-108. Longues discussions relatives à la mise en jugement de Louis XVI. 159 et suiv.

Elle déclare que le roi sera jugé par elle. 195. Discussions sur les formes du procès. *Ibid.* et suiv. Violens débats après la défense du roi. 226 et suiv. Séances du 14 au 17 janvier, où fut décrétée la mort du roi. 247-248-256. Elle décrète qu'il ne sera pas sursis à l'exécution du roi. 258. — Déclare la guerre à la Hollande et à l'Angleterre. 286. Mesures qu'elle prend pour faire face aux besoins de la guerre. 298 et suiv. Elle rend divers décrets. 333-334. Débats relatifs à l'établissement du tribunal extraordinaire. 336 et suiv. Terreur de ses membres, menacés d'une insurrection. 342-343. Terribles mesures qu'elle prend pour la sûreté intérieure et extérieure. IV, 23 et suiv. Elle rend divers décrets relatifs aux événemens de la Belgique et à la famille d'Orléans. 38-39. Discussion au sujet des pétitions des sections et des divers actes de la commune. 61 et suiv. Divers décrets relatifs à des pétitions de Bordeaux, de Marseille et de Lyon. 108-109. Tumulte à l'occasion d'une femme des tribunes. 110 et suiv. Elle nomme une commission de douze membres pour observer les actes de la commune et protéger la représentation nationale. 114. Cette commission informe contre la commune et fait quelques arrestations. 122-125. Scènes violentes le 27 mai, à cause de l'attroupement et des pétitions des sections armées. 128 et suiv. Elle casse sa commission des Douze et annule ses actes. 134. Violente discussion à ce sujet le lendemain. 135 et suiv. Elle rapporte son décret relatif aux Douze. 137. Séance du 31 mai 1793. 147, 150 et suiv. Elle supprime la commission des Douze et décrète plusieurs mesures le 31 mai. 164. Courte séance du 1er juin. 173. Séance du dimanche 2 juin 1793. 175-183. Elle vote l'ordre du jour sur les demandes des insurgés. 177. Plusieurs députés sont maltraités. 180. Elle est arrêtée par la force armée le 2 juin. 181-182. Vote l'arrestation des députés désignés par la commune. 183. —Renouvelle tous les comités après le 31 mai. 194. Rend d'énergiques décrets contre les départemens insurgés. 204-205. Moyens qu'elle emploie contre les ennemis du dehors et contre les fédéralistes. 240-241. Elle décrète la constitution de l'an II. 242-243. Le 7 août 93 la convention admet les commissaires des départemens et les embrasse en signe de réconciliation. 246 et suiv. Elle décrète la levée en masse. 261-262. Décrets contre la Vendée, les suspects, les étrangers et contre les Bourbons. 288-391-394-395. Elle institue le gouvernement révolutionnaire. V, 56-57. Mesures qu'elle prend pour la guerre de la Vendée. 66-68. —

Débats relatifs à l'arrestation de Danton. 389 et suiv. Elle décrète la mise en accusation de Desmoulins, Danton et autres. 394. Laisse tout faire aux comités. VI, 88-96. Commencement d'opposition contre Robespierre et les chefs du comité de salut public. 113-122 et suiv. Plusieurs membres se liguent contre les triumvirs. Dangers qui les menacent. 158-160. Séance du 9 thermidor. 203-211. Suite de la séance. 217 et suiv.—Rapport de la loi du 22 prairial. 240. Débats relatifs à l'élargissement des suspects. 247 et suiv. Discussions au sujet de l'accusation portée par Lecointre (de Versailles). 281 et suiv. Elle ordonne qu'il lui sera fait un rapport général sur l'état de la république. 291-292. Séance du 20 septembre 1794. Rapport de Robert Lindet. 293 et suiv. Elle rend plusieurs décrets relatifs au commerce. 297 et suiv. Débats relatifs aux sociétés populaires. 346 et suiv. Vive discussion sur le même sujet. Un décret est rendu. 351-357. Querelles entre les thermidoriens et les membres de l'ancien gouvernement. 360 et suiv. Elle prend diverses mesures financières et politiques pour remédier à l'état fâcheux des affaires après la terreur. 364 et suiv. Décret réglant les formalités à remplir pour accuser un membre de la convention. 371-372. Querelles suscitées par les menaces de Billaud-Varennes aux jacobins. 376 et suiv. Scènes violentes au sujet des événemens du 19 brumaire 1794, 383-386 et suiv. Elle rappelle dans son sein plusieurs députés proscrits. Scène violente à ce sujet. VII, 77 et suiv. Séances orageuses au sujet de la mise en accusation des anciens membres du comité de salut public, Carnot, Collot-d'Herbois, etc. 96 et suiv. Le 7 germinal, une troupe de femmes furieuses envahit la convention en demandant du pain. 102 et suiv. Journée du 12 germinal. Dangers de la Convention. Décret de déportation contre Billaud-Varennes, Collot-d'Herbois, Barrère, etc. Désarmement des patriotes. 108-116 et suiv. Elle prend diverses mesures pour comprimer la réaction royaliste amenée par le 9 thermidor. Questions financières. 184-185 et suiv. Le lieu de ses séances est envahi le 1er prairial an III. Scènes diverses, etc. (Voy. *Prairial*.) Elle ordonne l'arrestation de plusieurs députés montagnards. 204-207-221 et suiv. Scène funèbre à l'occasion de la mort de Féraud. 256 et suiv. —Elle décrète la constitution de l'an III. 332-337. Décrète que les deux tiers de ses membres feront partie du nouveau corps législatif, et que les assemblées électorales feraient le choix. 338. (Voy. *Décrets*.) Décret indiquant l'époque des assemblées primaires et électorales pour l'élection des nouveaux représentans. 347. Elle se déclare en permanence le 12 vendémiaire. Attaquée par les sections le 13, elle sort victorieuse. 355-370. Dernière lutte entre les partis de la convention après le 13 vendémiaire. La convention déclare que sa session est terminée. 379-385. Récapitulation des principaux actes de cette assemblée. Réflexions. 385-388.

CORDAY (Charlotte). Son histoire. Ses opinions républicaines. Son enthousiasme pour les girondins. Dévouement. IV, 260-262. Elle choisit Marat pour but de son dévouement, comme chef des anarchistes. 262. Le 13 juillet, elle se présente chez lui, etc. Elle tue Marat. 264-266. On répand que ce sont les girondins qui l'ont armée. 266. Détails de son procès. Son interrogatoire. Condamnation. Lettre à Barbaroux. Son supplice. 269-272.

CORDELIERS. Le club de ce nom rivalise de violence avec celui des jacobins. II, 14. Ils projettent une insurrection contre la Convention. IV, 120.

CORMATIN (Desotteux, baron de). Aventurier laissé par Puysaye en Bretagne, en qualité de major-général dans les provinces révoltées. VII, 34-35. Ses intrigues politiques. 225 et suiv. Il travaille à la pacification générale. 140 et suiv. Son rôle dans les négociations avec la Vendée. 144 et suiv. Il engage les chefs chouans de la Bretagne à se soumettre, et signe la paix. Son entrée à Rennes. 159-161. Suite de ses manœuvres en Bretagne. 265 et suiv. Il est arrêté par ordre de Hoche et mis en prison. 268-269. Est déporté. VIII, 51.

CORPS LÉGISLATIF. Son organisation dans les deux conseils après les élections de l'an v. IX, 153 et suiv.

CÔTÉ DROIT. Ce que c'était. Qui sont les hommes qui le composaient dans l'assemblée législative. II, 10-11. — Parti qui l'occupait dans la convention. III, 45.

COUR (La). Elle presse la convocation des états-généraux, et fixe leur ouverture au 1er mai 1789. I. 23. Fait approcher des troupes de Paris. 82-83. Projette de conduire le roi à Metz. 159. Sa conduite inhabile et imprudente. 201 et suiv. Ses plans de contre-révolution. 206-207.

COUTHON. Ses paroles à la tribune le 31 mai. IV, 182. Est nommé membre du comité de salut public. 296. Est envoyé en Auvergne par la convention pour soulever les populations contre Lyon. V, 85. Sa conduite au siége de cette ville. 88 et suiv. S'unit étroitement avec Robespierre et Saint-Just. VI, 111.

Défend à la tribune les actes du comité. 125. Demande, de concert avec Robespierre, le sacrifice d'un grand nombre de députés. Dément à la tribune le projet qu'on leur suppose contre soixante membres de la Convention. 133-134. Ses paroles aux Jacobins. 185. Réclame et obtient l'impression du discours prononcé à la tribune par Robespierre, le 8 thermidor. 194. Sa proposition aux Jacobins. 198. Est décrété d'arrestation le 9 thermidor. 210. Est mis hors la loi avec ses complices. 219. Son supplice. 227-228.

CULTE. L'ancien culte est aboli. Le culte de la *Raison* est institué. Détails à ce sujet. V, 197-199-200-203 et suiv. La commune modifie son arrêté sur le culte. Le culte de la *Raison* est aboli. 250. Le comité de salut public songe à l'établissement d'une religion. Réflexions à ce sujet. VI, 17-21. Reconnaissance de l'Être-Suprême. 29 et suiv. — La restitution des églises est accordée aux catholiques. VII, 249.

CUSTINES. Nommé général de l'armée du Nord. IV, 103. Il est battu en mai 93. 220-221. Détails de son procès. Il est condamné à mort et exécuté. V, 69-72-77-78.

DAMPIERRE. Est nommé commandant en chef de l'armée du Nord après la défection de Dumouriez. IV, 43-44.

DANTON. Principal orateur de la multitude. II, 202-203. — Son caractère et ses moyens d'influence sur la multitude. 204. Le 10 août, il excite le peuple à l'insurrection. 235. — Il est un des acteurs du 10 août. 262. Est nommé ministre de la justice. 264. Exposition de ses plans après le 10 août. 275. Sa prépondérance dans le conseil exécutif et son influence à Paris. 303 et suiv. Résolu d'empêcher toute translation au-delà de la Loire. 304. Résolu de périr dans la capitale, mais en exterminant d'abord ses ennemis. *Ibid.* Il veut faire peur aux royalistes. 309. A la nouvelle de la prise de Verdun, il fait décréter que l'on sonnera le tocsin. 312-313. Il est nommé député à la Convention. III, 9. Fait diverses motions à la convention. 32-33. Quitte le ministère sur la décision que les ministres ne seront plus pris dans le sein de la convention. 50. Propose et fait adopter une levée de 30,000 hommes à Paris. 330. Excuse Dumouriez à la Convention. IV, 21-22. Propose de former deux armées de sans-culottes, l'une pour Paris, l'autre pour la Vendée. 99. On le croit l'auteur caché du mouvement contre les girondins. Sa conversation avec Meilhan. Réflexions sur son caractère. 143 et suiv. Ses paroles à la convention le 31 mai. 153 et suiv. — Détails sur son caractère politique. Il commence à perdre sa popularité; il attire les défiances sur son caractère. 284 et suiv. Refuse de faire partie du comité de salut public. V, 64-66. — Retourne à Paris; soupçonné par les révolutionnaires ardens. 210-211. Essaie de se justifier aux Jacobins. 222 et suiv. Devient l'objet de la haine des membres du comité de salut public. 383-386. Il est arrêté. Suites de son arrestation. 388-389. Débats à la convention relatifs à son arrestation. 389 et suiv. Décrété de mise en accusation. Scènes au Luxembourg avec ses amis prisonniers. 394 et suiv. Il est transféré à la Conciergerie avec ses amis. 595 et suiv. Détails de son procès et sa mort. 394-412.

DANTONISTES. Lutte des dantonistes et des hébertistes. V, 394-412.

DAVID. Ordonnateur de la fête anniversaire du 10 août, IV, 353-354. Il boira la ciguë avec Robespierre. VI, 198. Il est arrêté. VII, 235.

DÉCRETS (des 5 et 13 fructidor an III) soulèvent divers partis contre la convention. Mouvement dans les sections. VII, 338-339.

DELESSART. Ce ministre est accusé par Brissot et Vergniaud. II, 55-56.

D'ENTRAIGUES (Le comte). Il est arrêté. Ses papiers et ses révélations à Bonaparte dévoilent les projets des royalistes. IX, 182-183.

DÉPARTEMENS. Division de la France en départemens. I, 190. Divers départemens lèvent des hommes pour l'exécution du décret du camp de 20,000 hommes. II, 156. — Opinion de divers départemens sur la marche du gouvernement et les divisions de la convention. Ce qui s'y passa. IV, 72 et suiv. Plusieurs départemens lèvent des hommes contre les Vendéens. 95. Presque tous sont près de prendre les armes contre la convention après le 31 mai. 196 et suiv. Mesures qu'on y prend dans ce but. 197-199. Suite du même sujet. 206 et suiv. Nouveaux détails sur l'insurrection. 222-223. Plusieurs départemens se désistent de l'insurrection. Échecs des fédéralistes. 246-249. Ils sont presque tous soumis. 259-260.

DÉPUTATION. Liste des membres de la députation de Paris à la convention. III, 9-10.

DÉPUTÉS. Les députés décrétés d'arrestation après le 31 mai, se répandent dans les départemens. IV, 198-199.

DÉSARMEMENT de tous les citoyens suspects. IV, 25.

DÉSERTION. Lois sur la désertion. VIII, 45-46.

DESÈZE. Adjoint à la défense de Louis XVI. III, 219-220. Sa plaidoirie pour Louis XVI. 220 et suiv.

DESMOULINS (Camille). Il ameute le peuple au Palais-Royal. I, 86-87. Son influence au Palais-Royal. 144-145. Il présente une pétition très hardie. II, 31. Nommé député à la convention par les électeurs de Paris. III, 9. Passe pour un modéré. IV, 286. — Censure le comité de salut public dans un pamphlet, et prend la défense du général Dillon, en disant des vérités à tout le monde. 287-288. — Se justifie aux Jacobins et n'est pas exclu de la Société. V, 228-229. Il fait son journal, *le Vieux Cordelier*. 307-308. Il présente sa défense dans ce journal. 321 et suiv. Il est accusé aux jacobins. 333 et suiv. Continue à attaquer ses adversaires dans son journal. 351-355 et suiv. Il est arrêté. 388-389. Détails de son procès. Sa condamnation et son supplice. 394-398-411.

D'ESPRÉMÉNIL. Son caractère. I, 15. Il dénonce au parlement un projet ministériel qui tendait à restreindre sa juridiction. 19-20. Il est arrêté en plein parlement. 22. Il propose de faire décréter le tiers-état. 70. Hué et poursuivi sur la terrasse des Feuillans. II, 214-215.

D'ESTAING. Commandant de la garde nationale de Versailles. Son caractère. Sa lettre à la reine. I, 160.

DETTE PUBLIQUE. Le remboursement des deux tiers de la dette est décrété par les conseils, après le 18 fructidor. IX., 504-509.

DILLON. Son projet de retraite. II, 341.

DÎMES. Discussions relatives à l'abolition des dîmes. I, 130 et suiv. L'abolition est décrétée. 132.

DIRECTOIRE. Pouvoir exécutif créé par la constitution de l'an III, VII, 335. Nomination des cinq directeurs. Détails à ce sujet. VIII, 7-9-11. Situation dangereuse du directoire au commencement de son administration. 12 et suiv. Prend diverses mesures pour remédier à la disette et aux malheurs financiers. 13-15 et suiv. Il est chargé de la nomination aux fonctions publiques. 47-48. Manière dont il use de son pouvoir et dont les directeurs se le partagent. 48 et suiv. Continuation de ses travaux administratifs. VIII, 82 et suiv. Ses plans militaires. 123 et suiv. Il négocie avec l'Angleterre. 340 et suiv. Suite. 356 et suiv. Il envoie Clarke en mission à Vienne. 359. Rompt les négociations commencées avec le cabinet anglais. 390. Son message aux conseils le 25 frimaire. 398 et suiv. — Caractère des cinq directeurs; leurs divisions entre eux. IX, 2 et suiv.

Situation du gouvernement dans l'hiver de l'an v. 1-17. Discussions relatives au tirage au sort du nouveau directeur pour l'an v. 150-151 et suiv. Sa lutte avec les conseils après les élections de l'an v, d'où résulte le coup d'état du 18 fructidor. 158 et suiv. Il commence à redouter un vaste complot d'après l'arrestation du comte d'Entraigues. 182-183 et suiv. Division des cinq directeurs au moment de leur lutte avec les factieux des conseils. 184 et suiv. Trois membres, Laréveillère, Rewbell et Barras, prennent la résolution de faire un coup d'état. 185-188 et suiv. Leurs moyens d'appui pour ce projet, dans les patriotes de Paris. 189 et suiv.; dans les armées. 190. Dispositions politiques de celle d'Italie. 191 et suiv.; de celle du Rhin. 194 et suiv.; de celle de Sambre-et-Meuse. 195 et suiv. Résistance des directeurs contre l'opposition des cinq-chyens au sujet de la réorganisation du ministère. 200 et suiv. Son embarras sur la décision à prendre au sujet des négociations commencées avec l'Angleterre et l'Autriche. 242 et suiv. Ses périls augmentent par l'opposition des conseils. Il prend des mesures pour réunir à Paris la force armée. 246 et suiv. Répond d'une manière énergique aux réclamations des conseils au sujet de la marche de Hoche. 250 et suiv.. Trois des directeurs font les préparatifs du coup d'état du 18 fructidor. 270-272 et suiv. Ils se réunissent chez Rewbell avec les ministres, en attendant le résultat de la journée. Leur plan. 273-274 et suiv. Exécution de ce plan le 18 fructidor. 275 et suiv. Il fait rendre aux conseils plusieurs lois qui lui restituent une puissance révolutionnaire. Journée du 18 fructidor. 282-285 et suiv. Réformes qu'il introduit dans l'administration. Deux nouveaux directeurs sont nommés à la place des déportés. 294 et suiv. Il destitue Moreau de son commandement. 296-297. Projette une descente en Angleterre. 360 et suiv. Déclare prendre les Vaudois sous sa protection, et envoie une armée en Suisse. 393 et suiv. Ses dispositions pour remédier aux désordres des républiques italiennes. X, 87-88 et suiv. Il propose et fait décréter la loi sur la conscription. 98-101. (Voyez *Conscription.*) Ses moyens et ses plans de guerre pour la campagne de 1799. 123 et suiv. Ses dispositions pour s'opposer à la spoliation des pays alliés en Italie. 126 et suiv. Suite de ses plans pour la guerre. 132-134 et suiv. Généraux qu'il nomme. 138 et suiv. Accusations dont il est l'objet après nos premiers revers en 1799. Raisons qui le justifient. 172-175 et suiv. Nomination de Sièyes à la place de Rewbell. 187. Tous les partis se réunissent contre lui après nos défaites en Italie. (An VII.) 220 et suiv. Division entre les directeurs. 223-224. Révolution du 30 prairial. Destruction de l'ancien directoire. Treilhard, Larévellière et Merlin en sortent. 228-232-238. Formation du nouveau directoire. 239 et suiv. Ses premiers actes. 242 et suiv. Mesures prises par les conseils pour lui donner une nouvelle force. 245-250. Ses plans de guerre. 251 et suiv. Sa lutte avec les patriotes. (Voyez *Patriotes*.)

DISETTE. Désordre qu'elle amène le 4 octobre. I, 165-166. Après la seconde loi du *maximum* la disette continue. Mesures que prend la commune pour y pourvoir. Désordres. V, 344-348 et suiv.—Pendant l'affreux hiver de 1795 les grains et les bois de chauffage manquent à Paris. VII, 51 et suiv. Suite du même sujet. 73 et suiv. Les habitans de Paris sont mis à la ration. Violentes scènes et soulèvemens populaires. 79 et suiv.

DIX AOUT. II, 234 et suiv.

DROITS FÉODAUX. Ils sont abolis. I, 125-126 et suiv. Difficultés et discussion qu'entraîne la proposition de leur abolition. 128-129.

DROITS DE L'HOMME. Déclaration des droits de l'homme, I, 136 et suiv.

DROUET. Reconnaît le roi à Sainte-Menehould et le fait arrêter à Varennes. I. 285-286.

DUBOIS DE CRANCÉ. Il remplace Bernadotte au ministère de la guerre. X, 281.

DUCHASTEL. Malade, vote dans le procès de Louis XVI, pour le bannissement. III, 254.

DUCHÊNE (Le père). Journal rédigé par Hébert. IV, 125.

DUMOURIEZ. Son caractère. Ses plans militaires. Il est nommé ministre. II, 58 et suiv. Il prend le bonnet rouge en arrivant au ministère. 60. Son entrevue avec la reine. 65 et suiv. Extrait de ses mémoires. *Ibid*. Il devient suspect à la Gironde et est soupçonné de dilapidations. 82-83. Conseille au roi de sanctionner deux décrets. 91. Sa fermeté dans l'assemblée nationale. 104-105. Il donne sa démission. 105-106. — Est nommé général en chef des armées du Nord et du Centre. 291. Cherche à s'opposer à l'invasion des Prussiens. 297. Son plan de campagne contre les Prussiens. 341 et suiv. Commencement d'exécution de son plan. Les Thermopyles de la France. 345 et suiv. Nouvelles dispositions qu'il prend après les affaires de l'Argonne. 356 et suiv. Il écrit à l'assemblée nationale. 359. Ses dispositions après la retraite des Prussiens. 373 et suiv. Conjectures sur sa mollesse après avoir sauvé le territoire. 375-376. Il se rend à Paris, à la convention et aux Jacobins. III, 69-73-75. Est fêté par les artistes, et reçoit la visite de Marat. 76-78-79. Repart pour l'armée. 81. Ses plans militaires. 109 et suiv. Il gagne la bataille de Jemmapes. 116-120. Ses projets politiques sur la Belgique. 123 et suiv. Suite de ses actes militaires et administratifs. 125 et suiv. 129. Il se plaint vivement du nouveau mode d'administration des vivres. 134 et suiv. Suite de sa campagne en Belgique ; ses succès et ses fautes. 138 et suiv.—Son plan de campagne et commencement d'exécution. 298 et suiv. Il fait arrêter des agens du pouvoir exécutif. Ses menaces contre le gouvernement. 328-329. Il écrit une lettre audacieuse à la Convention. Suite de ses actes militaires. IV, 2. Il négocie avec l'ennemi. 13. Ses projets politiques. 14-16. Son traité avec l'ennemi. 18 et suiv. Il dévoile entièrement ses projets politiques. 27 et suiv. Est mandé à la barre de la convention. 31. Six volontaires font sur Dumouriez une tentative d'arrestation. 32-33. Plusieurs de ses projets échouent. 33. Il fait arrêter quatre députés de la Convention. 34-35. Sa tête est mise à prix. Troubles à Paris. 36-37. Il est abandonné par ses troupes, et se retire en Suisse. 39-42. Considérations sur son caractère et son rôle politique. 42-43.

DUPORT. Son caractère. I, 15.

DUPORTAIL. Ministre de la guerre. Désigné par Lafayette. I, 251.

DUVERNE DE PRESLE. (Voy. *Royalistes.*)

EDGEWORTH DE FIRMONT. Confesseur de Louis XVI. III, 263. Ses paroles sur l'échafaud. 270.

ÉGYPTE. Projet d'une expédition en Égypte proposé par Bonaparte au directoire. Préparatifs secrets. IX, 408-414-419.— État de l'escadre destinée à porter les troupes. X, 1-3.— Route de Toulon à Alexandrie. Prise de Malte. 4-8. Entrée à Alexandrie. 12-13. Description de l'Égypte. Sa géographie. Ses habitans. 13-22. Route dans le désert d'Alexandrie au Caire. Mécontentement des soldats. Combat sur le fleuve et sur terre contre Mourad-Bey. Dispositions de l'ennemi près du Caire. 28-31-36. Bataille des Pyramides. 36-41. Fondation de l'Institut d'Égypte. Ses travaux. 48-50. Bataille navale d'Aboukir. Destruction de notre escadre. 51-57. Conquête de la Haute-Égypte par Desaix. Bataille de Sédiman. 286-288. Expédition en Syrie par Bonaparte. Prise du fort d'El-Arisch et Gaza. 290-291 et suiv. Commencement du siége de Saint-Jean-d'Acre. Bataille du Mont-Thabor. 292-297. Retour de l'armée en Égypte. Bataille d'Aboukir. 300-306-310.

ELBÉE (d'). Chef vendéen. IV, 90.—Il est tué à Cholet. V, 121-124.

ÉLECTEURS. Réunis à l'Hôtel-de-Ville, ils livrent des armes au peuple. I, 87. Ordonnent la convocation des districts. 88. Composent une municipalité. *Ibid.* Composent une milice bourgeoise de 48,000 hommes. 88-89. Un électeur distribue au peuple des bateaux de poudre. 90. Les électeurs se partagent en divers comités. I, 108.

ÉLECTIONS. Elles se font à Paris et dans les provinces. I, 37. Travaux de l'assemblée nationale sur les élections. 191-192. — Mouvemens à Paris et en France à l'époque des élections de la convention. III, 8 et suiv. — Préparatifs des élections de l'an IV. Effervescence des partis. IX, 33-36. — De l'an v. 146 et suiv. — De l'an VI, 404 et suiv. — De l'an VII. X, 183.

ÉMIGRATION. Prend une attitude inquiétante. I, 263-264. Loi portée sur l'émigration. 268-269.

ÉMIGRÉS. Epoque où l'émigration commence à devenir considérable. I, 178. Ils lèvent des corps au nom du roi. 295. — Se préparent obstinément à la guerre à Coblentz. Leur connivence avec la cour. II, 20-21 et suiv. Leurs manœuvres sont dénoncées à l'assemblée législative. 33 et suiv. — Débats dans les conseils sur la loi de la convention relative aux biens des émigrés. VIII, 89-90

EMPRUNT FORCÉ. Mesures avisées pour son recouvrement. IV, 377 et suiv. Un nouvel emprunt forcé est proposé par le directoire et décrété. Mode de cet emprunt; ses effets. VIII, 41-42 et suiv. Il est fermé, 401.—Un nouvel emprunt forcé est établi après la révolution de prairial. X, 246.

ÉPAULETIERS (les). Ce que c'était. V, 318.

ESPAGNE. La paix est signée avec cette puissance. VII, 318-319. —Traité d'alliance offensive et défensive avec la France. VIII, 263-264.

ÉTATS-GÉNÉRAUX. Provoqués par un jeu de mots. I, 14. Renvoyés à cinq ans. 17. Convoqués. 23. Leur ouverture. 44.

ÉTRANGERS. Ils sont décrétés d'arrestation. IV, 394.

ÊTRE-SUPRÊME. Fête à l'Être-Suprême, le 8 juin 1794. Description et détails. VI, 115-118.

ETTLINGEN. (Voy. *Rastadt.*)

EUROPE. Situation politique de l'Europe et état des puissances étrangères au commencement de 1790. I, 215-216 et suiv. Dispositions des souverains de l'Europe à l'égard de la France, après la fuite du roi à Varennes. 295-296. — Dispositions des souverains étrangers à l'égard de la France. II, 18-19.—Projets des puissances étrangères à l'égard de la France après le 10 août. II, 292 et suiv. — Dispositions des puissances étrangères après le 21 janvier. III, 271 et suiv. Réflexions sur la politique de l'Europe. 280 et suiv.—État de l'Europe au commencement de 1794. VI, 34 et suiv. — Situation des états de l'Europe après la campagne de 1795. VIII, 122 et suiv. — État de l'Europe en 1795. IX, 36 et suiv. — Mouvement dans les diverses cours, pour former une nouvelle coalition contre la France. X, 62 et suiv.

ÉVÊCHÉ. Réunion de ce nom. Son but. IV, 47-48. Il s'y tient une assemblée. 138. On y nomme une commission de six membres chargés de trouver des moyens de salut public. 139. On y délibère sur une insurrection. 141-142. Les commissaires des sections s'y réunissent le 30 mai. 145. — Ce comité d'insurrection est dénoncé après le 31 mai. 195.

EXÉCUTIONS. Grandes exécutions des détenus, en juin 1794. VI, 134-138 et suiv. Commandées à Nantes par Carrier. 144-148; à Lyon, à Toulon, à Orange, à Bordeaux, à Marseille, par Fréron, Barras et Maignet. 148-149; dans le Nord, par Lebon. 149 et suiv. Ressentiment et indignation que la *terreur* fait naître. 153.

FAVORITE. Bataille de ce nom devant Mantoue. VIII, 424-425.

FAVRAS (le marquis de). Il est soupçonné de comploter contre l'assemblée. Il est regardé comme l'agent de Monsieur. Son procès. I, 195 et suiv. Il est condamné à être pendu. Sa mort, 203-204.

FÉDÉRALISME. Origine de ce mot. III, 17-18.

FÉDÉRATION. Une fédération générale de la France est décidée à la municipalité. I, 234. La réunion générale des fédérés a lieu au Champ-de-Mars. 237 et suiv. Description de la fête. *Ibid.* — Seconde fête de la fédération. II, 184 et suiv.

FÉRAUD. Ce député est assassiné au sein même de la convention par les révoltés du 1er prairial. VII, 209-211. Son assassin est arraché au supplice par les patriotes. Suite de cet événement. 229 et suiv. Honneurs que la convention rend à sa mémoire. Séance funèbre. Son éloge est prononcé par Louvet. 236 et suiv.

FEUILLANS. Origine du club de ce nom. I, 213. — Le club des feuillans opposé aux jacobins. II, 13-14. Faiblesse de ce parti. 109 et suiv.

FÉVRIER (25) 1793. On pille les boutiques de quelques épiciers. IV, 313 et suiv.

FINANCES. État malheureux des finances. I, 226 et suiv. — État des finances en 93. Mesures prises pour rémédier à leur desordre. IV, 369 et suiv. 383. État des finances à la fin de 93. V, 180 et suiv. — État et organisation des finances au commencement de 1794. VI, 88-90 et suiv. État des finances après le 9 thermidor. 270 et suiv. Détresse financière et commerciale en 1795. Diverses mesures prises par la convention pour y rémédier. VII, 59-66 et suiv. — Embarras des finances à l'avénement du directoire (1795). VII, 13 et suiv. Nouveaux détails sur les assignats. Création des mandats. Réflexions sur diverses questions des finances. 106 et suiv. Plan de finances pour l'an v. 400 et suiv. — Coup d'œil sur les finances en l'an v. Projets de l'opposition pour entraver le directoire dans ses moyens de pourvoir aux besoins du trésor public. IX, 165 et suiv. Le conseil des cinq-cents décrète diverses mesures favorable à ce projet. Les anciens les rejettent. 172-173. Mesures financières provoquées par le directoire, après le 18 fructidor. Remboursement des deux tiers de la dette. 303-309. — Finances de l'an VII. X, 96 et suiv. 101-102. Moyens employés pour fournir aux dépenses prochaines de la campagne de 1799. 130-131.

FLESSELLES (Le prévôt). Il promet au peuple 12,000 fusils. I, 89-90. Est accusé de trahison, traîné au Palais-Royal et tué d'un coup de pistolet. 98-99.

FLEURUS. Victoire de ce nom. Événemens militaires avant et après la bataille. VI, 169-175 et suiv.

FOUCHÉ. Envoyé en l'an VI à Milan par le directoire. X, 92-93. Nommé ministre de la police. 272. Se tourne du côté de Bonaparte. 354-355. Il tait la conjuration aux directeurs. 359.

FOULON et BERTHIER. Ils sont tués par le peuple malgré l'opposition de Lafayette. I, 113-114.

FOUQUIER-TINVILLE. Idées sanguinaires de cet accusateur public. VI, 137-138 et suiv. — Il est mis en accusation. 240.

FRANCE. Situation politique et morale de la France sous Louis XVI et à l'époque de la révolution. I, 3 et suiv., 33 et suiv. Troubles et désordres en France après le 14 juillet. 122-123. État alarmant de la France en août 1789. 133 et suiv. État des esprits et situation politique au commencement de l'année 1790. 192 et suiv. Troubles dans le Midi, en avril 1790. 212. — Situation intérieure, les premiers mois de 1794. VI, 83 et suiv. — État intérieur de la république dans l'été de 1796. VIII, 242 et suiv. Situation intérieure et rapports politiques avec l'Europe, après la retraite de nos armées d'Allemagne. 330 et suiv. — Rapports de la France avec le continent en l'an VI. IX, 371 et suiv. Sa situation intérieure dans l'hiver de l'an VI. 400 et suiv.

FRÉDÉRIC-GUILLAUME. Sa ligue anglo-prussienne. I, 216.

FRUCTIDOR (18). Journée de ce nom. Principaux détails des événemens. IX, 270-287. Augereau s'empare des Tuileries. 275-278. Les conseils sont repoussés du lieu de leurs séances. 280. Les conseils se forment de nouveau, et rendent tous les décrets que demande le directoire. Des députés et deux directeurs sont condamnés à la déportation. 280-288. Nécessité de ce coup d'état. Ses conséquences. 291 et suiv.

GARAT. Il cherche à rassurer la convention sur ses craintes. Son discours. IV, 130 et suiv.

GARDES-DU-CORPS. Ils donnent un repas aux officiers de la garnison à Versailles. Suite de cette fête. I, 162 et suiv.

GARDE-MEUBLE. Il est volé. Bruits qui coururent sur ce vol et sa destination. III, 6-7.

GARDE NATIONALE. La milice bourgeoise prend le nom de garde nationale, et adopte la cocarde tricolore. I, 109-110. Débats au conseil des cinq-cents sur une nouvelle organisation de la garde nationale. IX, 276 et suiv.

GÊNES. Paix avec cette république. VIII, 348.

GENSONNÉ. Son rapport à l'assemblée législative sur les troubles de l'Ouest. II, 26-27.

GEORGES (Saint-). Voy *Bassano*.

GERLE (dom). Chartreux, propose de déclarer la religion catholique la seule religion de l'État. I, 208. Il retire sa proposition. 209.

GERMINAL (journée du 12). Les patriotes envahissent la convention. Ils en sont chassés, et ensuite désarmés en exécution d'un décret. VII, 106-124.

GIRONDINS. Origine de ce nom. Leur rôle dans l'assemblée législative. II, 11-13. Ils dominent dans le ministère. 62-82. — Accusations dont ils sont l'objet, 302 et suiv. Leur position à la convention. III, 19 et suiv. Portraits de plusieurs d'entre eux.

12 et suiv. Sont accusés de fédéralisme, et de vouloir sacrifier Paris. 17-19. Essai de rapprochement et rupture. 21-22. — Embarras et fâcheuse position des girondins après le 25 février. 320 et suiv. Menacés le 31 mai, se rendent tous armés à la convention. IV, 147. Se réunissent le 1er juin pour se concerter. 171-172. — Sont mis en état d'arrestation. 189-190. Plusieurs sont envoyés devant le tribunal révolutionnaire, et d'autres sont mis en état d'arrestation. V, 78-79. Circonstances de leur procès. Un décret de circonstance leur ôte la parole. 152-163. Ils sont condamnés et exécutés. 164-167.

GOHIER. Nommé directeur à la place de Treilhard. X, 232. Représentant des patriotes et président du directoire. 337-338. Il complimente Bonaparte à son retour d'Égypte. 338. Sa femme est liée avec Joséphine Bonaparte. 346. Il est sondé par Bonaparte, qui voudrait être directeur, et qui n'a pas l'âge nécessaire. 348. Altercation avec Bonaparte. 371-372.

GORSAS. Son arrestation. III, 305.

GOUVERNEMENT RÉVOLUTIONNAIRE. Effets des lois révolutionnaires. V, 128 et suiv.

GRANGENEUVE. Sa proposition à Chabot. II, 191-192.

GRAND-LIVRE DE LA DETTE PUBLIQUE. Comment il fut institué en 93. Ses avantages financiers. IV, 371 et suiv.

GRÉGOIRE (l'abbé). Se présente aux communes. I, 55.

GRENELLE. La poudrière de Grenelle prend feu. VI, 290. Les patriotes attaquent le camp de Grenelle. VIII, 259 et suiv.

GUADET. Fait une application historique aux circonstances du moment. IV, 109-110 Propose la destitution des autorités de Paris, et le transfert de la convention à Bourges. 112-113. Son courage à la convention le 31 mai. 157-158.

GUERRE. Premières dispositions des armées. II, 76-78. Échec du général Rochambeau. 78 et suiv. État des affaires militaires après le 10 août. 283 et suiv. Situation militaire de la France en octobre 1792, III, 55 et suiv. Affaires militaires en octobre et novembre 1792. 109 et suiv. Situation de nos armées sur le Rhin et aux Alpes à la fin de 1792. 142 et suiv. — Événemens militaires en Belgique. 289 et suiv. Nos armées éprouvent plusieurs revers. 324 et suiv. Dispositions de la convention pour trouver des hommes et de l'argent. IV, 103 et suiv. — Situation militaire de la France en 93. 214 et suiv. État de l'armée du Nord : *ibid.*; de l'armée de la Moselle : 218; du Rhin : *ibid.*; d'Italie : 223-224; des Pyrénées : 226 et suiv.; de la Vendée. 229 et suiv. Victoire en

Espagne en juillet 93. 256-257. Siége de Mayence. 309-320. Siége de Valenciennes par les ennemis. 320-323. Le camp de César est évacué par les Français. 351-352. Mouvement des armées en août 1793. V, 1 et suiv. État de l'armée du Rhin. 3-6. Commencement du siége de Lyon. 6-10. Marche des troupes ennemies en août et septembre 1793. 21 et suiv. Victoire de Hondschoote. 24-25. Revers dans le Nord. 27-29. Échec de l'armée des Pyrénées. 52 et suiv. Organisation de l'armée de l'Ouest. 68. L'armée des Alpes repousse les Sardes. 86-87. Progrès de l'art de la guerre. Réflexions à ce sujet. 97 et suiv. Suite des opérations militaires à la frontière du Nord. 101-107. Victoire de Wattignies. 108-109. Les lignes de Wissembourg sont prises par l'ennemi. 124 et suiv. — Jonction des armées du Rhin et de la Moselle. Les Autrichiens sont chassés des frontières. 146-251. Siége et prise de Toulon par les républicains. 252-261. Revers aux Pyrénées. 261-262. Événemens importans en Vendée. 264-291. Fin de la campagne de 1793. 244-291. Réflexions sur cette campagne, et récapitulation des principaux faits. 292 et suiv. Préparatifs en France, de 1793 à 1794, pour la levée, l'équipement et l'armement des armées de terre et de mer. VI, 48-49. Premiers événemens de la campagne de 1794 aux Pyrénées : 54-56 ; aux Alpes et vers l'Italie : 56-60 ; au Nord. 60-75. Victoire de Turcoing. 71 et suiv. ; en Vendée : 74 et suiv. ; en Bretagne contre les chouans : 75-76 ; aux colonies. Révoltes à Saint-Domingue. 76 et suiv. Sur mer, combat du 13 prairial an II, destruction du vaisseau *le Vengeur*. 78-82. Reprise des opérations militaires en août 1794. 166 et suiv. Victoire de Fleurus. Événemens militaires avant et après la bataille. 169-175. Reprise de Condé, Valenciennes, Landrecies et le Quesnoy. 301-304. Mouvemens de l'armée du Nord. Bataille de l'Ourthe. 306-308. Bataille de la Roër. 309 et suiv. Passage de la Meuse par Pichegru. 315 et suiv. Mouvemens et succès des armées de la Moselle et du Haut-Rhin, commandées par Michaud. 317-318. Situation de l'armée des Alpes et des Pyrénées. 318-320. Suite de la guerre de la Vendée. 320 et suiv. Situation de l'armée en Belgique à la fin de 1794. Prise de Nimègue. VII. 1-7. Projets pour la conquête de la Hollande. 7 et suiv. Invasion de la Hollande. Prise de l'île de Bommel. 9-10 et suiv. Notre armée se répand en Hollande par divers points, et occupe tout le pays. 20 et suiv. Suite des opérations militaires en Espagne, en Catalogne et aux Pyrénées. 27-29. État des armées après les événemens de prairial an III. 253 et suiv. Opérations de Jourdan, de Moreau, de Pichegru et de Kléber dans le Nord. 253-254. Situation de l'armée des Alpes sous Kellermann. 255 et suiv. Position militaire en Espagne. 257. Expédition de Quiberon. (Voy. *Quiberon*). 269-311. Passage du Rhin par Jourdan et Pichegru. 320 et suiv. — Marche rétrograde de l'armée de Sambre-et-Meuse. 377-378. Jourdan repasse le Rhin. VIII, 19. Perte des lignes de Mayence. 20-22. Situation des armées du Rhin, des Alpes et des Pyrénées vers la fin de l'an IV. 55 et suiv. Détails de la bataille de Loano. 58-61. Expédition de l'Ile-Dieu. 62 et suiv. Réflexions sur la campagne de 1795. 76. Campagne de 1796. 140-241-278-326. État de l'armée d'Italie au commencement de la campagne de 1796. 141 et suiv. Conquête du Piémont. 144-161. Conquête de la Lombardie. 175 et suiv. Bataille de Lodi. 178 et suiv. Passage du Mincio. 198-200. Entrée des Français dans les États-Romains et en Toscane. 214-217. Suite de la guerre sur le Danube et sur le Rhin. 218-219 et suiv. Passage du Rhin par Moreau, et suite des opérations militaires. 226 et suiv. Batailles de Rastadt et d'Ettlingen. 230 et suiv. État de nos armées en Allemagne et en Italie en août 1796. 241. Reprise des hostilités en Italie. État de notre armée. 272. Notre ligne sur l'Adige est forcée. 278-279. Bataille de Lonato. 283-286. Bataille de Castiglione. 288 et suiv. Opérations sur le Danube. Bataille de Neresheim. 297-298. L'armée de Sambre-et-Meuse est repoussée par l'archiduc. 300-301. Suite de la guerre d'Italie. Bataille de Roveredo. 303-307. Marche de Bonaparte sur la Brenta. Bataille de Bassano et de Saint-Georges. 308-312-315. Nouvel échec de l'armée de Sambre et Meuse à Wurtzbourg. Retraite. 316-317 et suiv. Retraite de Moreau. 321-326. Extrême danger de l'armée d'Italie. Bataille d'Arcole. 355-364-367-370-695. Expédition d'Irlande. 379. Reddition du fort de Kelh. 404. Reprise des hostilités en Italie. 405 et suiv. Description du champ de bataille de Rivoli. Bataille de Rivoli. 411-414-423. Bataille devant Mantoue ou de la *Favorite*. 424-425. Prise de Mantoue. 425 et suiv. Réflexions sur la campagne de 1796, en Italie. 428 et suiv. — Reprise de la campagne en l'an V. État de l'armée de Sambre-et-Meuse : IX, 45 et suiv. ; de l'armée du Haut-Rhin. 46-47. L'armée d'Italie est renforcée. 47-48. Nouvelle campagne contre l'Autriche. Passage du Tagliamento. 60-67. Combat de Tarwis. 68-72. Marche sur Vienne.

86 et suiv. Passage du Rhin à Neuwied par Hoche, à Diersheim par Desaix. 103. L'armée de Sambre-et-Meuse et celle du Rhin sont réunies en une seule, et le commandement en est donné à Hoche. 298. — Expédition en Suisse, Brune s'empare de Berne. 395-398. Expédition d'Égypte. (Voy. *Égypte*). Reprise des hostilités en l'an VII. Une armée napolitaine envahit les États Romains. X, 109 et suiv. Manœuvres de Championnet. *Ibid.* et suiv. Les Napolitains sont battus. Championnet rentre dans Rome. 111-113. Conquête du royaume de Naples. 113-119. Campagne de 1799. État de nos forces militaires et plans de guerre. 122 et suiv., 132 et suiv., 135-137. Invasion des Grisons par Masséna. 144-145. Bataille de Stockach. Retraite de Jourdan. 149-153-157. Distribution de nos armées en Italie. Forces ennemies. Premières opérations de Schérer. Combats sanglans sous Vérone. 157-166. Bataille de Magnano. Retraite de Schérer. 164-167. Masséna réunit le commandement de l'armée du Danube et d'Helvétie, et occupe la ligne de la Limmat. 189-192 et suiv. Suite de la guerre en Italie. Arrivée de Suwarow. 193 et suiv. Moreau remplace Schérer dans le commandement. Bataille de Cassano. 195-197. Retraite de Moreau au-delà du Pô et de l'Apennin. Détails de cette belle opération. 197-204. Combat sur la Limmat en Suisse (prairial an VII). 206 et suiv. Essai de jonction entre l'armée de Naples et celle de Moreau. 210 et suiv. Bataille de la Trebbia. 213-215 et suiv. Ses suites funestes. Retraite de Macdonald. 217-218. Reprise de la campagne. Mouvemens de Masséna vers les Grandes-Alpes (juillet 1799). 253-254. Suite des affaires en Italie. 254 et suiv. Joubert arrive à l'armée d'Italie pour remplacer Moreau. État de ses forces. Bataille de Novi. 256-265. Débarquement des Anglo-Russes en Hollande. Échec de Brune. 266-268. Nouveau plan du conseil aulique. Description du théâtre de la guerre en Suisse. Bataille de Zurich. 313 et suiv. 330. Désastre et retraite de Suwarow en Suisse. 327-330. Défaite des Anglo-Russes en Hollande par Brune. 330-331. Fin de la campagne de 1799. Ses résultats heureux. 331-332.

HÉBERT. Journaliste. Il est arrêté. IV, 126. — Ses cruautés à l'égard des prisonniers du Temple. V, 144 et suiv. — Il est arrêté avec Ronsin, Vincent et autres. 371. Son procès et sa mort. 374-377-378-379.

HÉBERTISTES. Lutte des hébertistes et des dantonistes. V. 301-

324-379-416. Manœuvres et caractères de ce parti. 337-338 et suiv. Plusieurs d'entre eux sont arrêtés. 371 et suiv. Procès et supplice des principaux chefs. 374-379.

HELVÉTIQUE (République). (Voy. *Suisse*).

HENRIOT. Il est nommé commandant de la garde parisienne le 31 mai. IV, 148. Fait tirer le canon d'alarme. 150. Barre le passage à la convention le 2 juin. 181-182.

HÉRAULT-SÉCHELLES. Il est décrété de mise en accusation. V, 394. Son procès et sa mort. 398-412.

HÉRÉDITÉ. L'hérédité du trône est votée. I, 150. Discussions relatives à l'hérédité de la couronne. *Ibid.* et suiv.

HOCHE. Est nommé général de l'armée de la Moselle. V, 97. — Sa manœuvre dans les Vosges. 246-249. Il est nommé commandant en chef des armées du Rhin et de la Moselle. 249. — Est remplacé dans son commandement par Pichegru, et jeté en prison par ordre de Saint-Just. VI, 60. — Est élargi. 243. Ses opérations militaires et politiques en Vendée (1795). VII, 37 et suiv. Suite de ses opérations en Bretagne. 149 et suiv. Il cherche à déjouer les projets des royalistes en Bretagne. 267 et suiv. — Est nommé commandant de l'armée de l'Ouest. Ses dispositions pour s'opposer à la nouvelle expédition anglaise. VIII, 25 et suiv. Il cherche à amener la pacification définitive de la Vendée. Son plan. 68-69 et suiv. Exécution de ses projets. 72 et suiv. Il est nommé commandant de l'armée dite des côtes de l'Océan. 126. Le directoire approuve tous ses plans sur la Vendée, et il continue à les exécuter. 126-127 et suiv. Par ses soins la Vendée et la Bretagne sont entièrement soumises. 138-139. Il publie une lettre pour démentir certains bruits qu'on répandait sur lui et sur Bonaparte. 244-247. Conseille une expédition en Irlande. 265. Son expédition en Irlande. 390-395. Est nommé général de l'armée de Sambre-et-Meuse après la démission de Jourdan. 404. — Il passe le Rhin à Neuwied. IX, 103. Ses dispositions politiques favorables au directoire menacé. Barras s'adresse à lui pour obtenir des troupes en cas de besoin. Détails de ses relations avec le directoire et de ses préparatifs pour cet objet. 196 et suiv. Il est nommé ministre de la guerre en l'an v. 209. Suite de ses préparatifs pour soutenir le directoire. 210 et suiv. Suite de ses relations avec quelques membres du directoire pour le même objet. 219 et suiv. Ses opérations militaires dans l'affaire de Quiberon. (Voy. *Quiberon*). Sa mort. Réflexions sur sa carrière politique et militaire. 298-302.

HOLLANDE. Conquête de ce pays. VII, 1-23. Esprit public en Hollande à l'arrivée des Français. 9-13 et suiv. Mesures politiques prises par la convention pour le gouvernement de la Hollande. 24 et suiv. La paix est signée avec cette puissance. Principales conditions du traité. 130-133. Sa situation en 1797. IX, 37 et suiv. Révolution dans ce royaume, qui se donne une constitution semblable à la constitution française. 372-375. Nouvelles commotions politiques dans l'hiver de l'an VI. X, 76. Débarquement des Anglo-Russes. 266-267. Les Anglo-Russes y sont défaits par Brune et évacuent le pays. 330-331.

HONDSCHOOTE. Récit de cette victoire, et opérations militaires qui la précédèrent. V. 24-26.

HÔTEL-DE-VILLE. Les électeurs s'y réunissent. I, 78. Confusion qui y règne dans les journées du 13 et du 14 juillet. 90. Arrivée de ceux qui avaient pris la Bastille. 98. Embarras de l'Hôtel-de-Ville après le 14 juillet. 108-109. Il est forcé le 4 octobre par des femmes et des hommes armés de piques. 165.

HOUCHARD. Envoyé au tribunal révolutionnaire. V. 96.

ILE-DIEU. Expédition de ce nom. VIII, 62 et suiv.

INSTITUT d'Égypte. (Voy. Égypte).

INSTITUTIONS anglaises. Qui sont ceux qui les désiraient. I, 118 et suiv.

INSURRECTION. Projet d'insurrection dans les faubourgs. II, 203 et suiv. Une grande insurrection est fixée pour le 10 août. 231-232. — Celle du 31 mai est arrêtée. Par qui. IV, 145. Principaux détails sur cette insurrection. 146 et suiv., 158-159 et suiv. Évènemens des 1er et 2 juin. IV, 166-170-171-173 et suiv., 176-180-183-184.

IRLANDE. Expédition française dans ce pays. Elle échoue. VIII, 390-395. Léger échec des Français en Irlande. X, 102.

ISNARD. Son discours à l'occasion d'un projet de décret relatif aux émigrés. II, 34-36. Sa réponse à la pétition de la section de la Fraternité. IV, 127.

ITALIE. Tableau géographique et politique de cette contrée, à l'époque de la conquête par les Français. VIII, 161-169. Coup d'œil sur l'état de l'opinion publique après la conquête de la Lombardie. 209 et suiv. Négociations avec divers états de ce pays. 268 et suiv. — Insurrections révolutionnaires dans plusieurs villes. Perfidie des Vénitiens après le départ de Bonaparte. IX, 72 et suiv., 85. La révolution se propage après les préliminaires de Léoben. Soulèvement à Gênes. 134 et suiv. Fondation de la république cisalpine. Affaires de la

Valteline. 314-318-321. Événemens militaires de la campagne de 1799. (Voy. *Guerre*.) — Fermentation des états italiens en l'an VI. 380 et suiv. Révolution à Rome, 381-388. Conquête de Naples. (Voy. *Naples*.) Désordres des républiques italiennes alliées. Changemens opérés dans la constitution cisalpine. X, 83-89-94. Envahissement des États romains par les Napolitains. (Voy. *Guerre*.) Révolution du Piémont. 119 et suiv.

JACOBINS. Club de ce nom. Son influence. I, 213. Ils adressent à l'assemblée une pétition demandant la déchéance du roi. 302. — Organisation du club de ce nom. II, 13. Robespierre se retranche aux Jacobins. Ils se prononcent contre les projets de guerre. 47-48. Leur projet de déposer le roi de vive force. 190-191 et suiv. — Leur puissance après le 10 août. 272-274. Grande puissance de leur club. Les riches équipages qui se pressent à la porte. Affiliations nombreuses. Marat y paraît encore étrange. III, 70-73. Agitation qui y règne après l'accusation de Robespierre, par Louvet, à la convention. 91 et suiv. — Font divers projets pour remédier à la disette. 310. Vive discussion au sujet du pillage du 25 février. 315-316. Une populace armée se présente à ce club. 341-342. Se prononcent contre les agitateurs. 348 et suiv. — Projets des jacobins à la suite de la chute des girondins. Mesures qu'ils prennent pour profiter de la victoire du 31 mai. IV, 191. Leur rôle après le 31 mai. 279 280. Discussion au sujet du renouvellement et de la prorogation du comité de salut public. 293-296. Séance du 7 août 1793, à laquelle assistent les commissaires des départemens. Discours de Robespierre. 348-349. Décident, sur la motion de Robespierre, que leur société sera épurée. V, 221-222. Plusieurs membres sont exclus. 228-229. Séance du 6 prairial an II, après la tentative d'assassinat sur Robespierre et Collot-d'Herbois. VI, 102-107. Font une pétition à la convention, dirigée indirectement contre les comités. 185 et suiv. — Le club est ouvert de nouveau et épuré après le 9 thermidor. 363. Sont réprimés dans les provinces. 334 et suiv. Ceux de Paris tâchent de se défendre après la réaction du 9 thermidor. 335 et suiv. — Rumeur au club de Paris, menacé d'épuration par la convention. 348 et suiv. Mesures qu'ils prennent pour éluder le décret rendu contre les sociétés populaires. 258-259. Séances orageuses au club de Paris au sujet du procès de Carrier. 374-375 et suiv. Leur salle est investie par un attroupement. Tumulte et scènes violentes dans Paris.

383 et suiv. Leurs séances sont suspendues. Réflexions sur ce club. 388 et suiv. Leur société étant dissoute, ils se réfugient au club électoral. 390-391. (Voy. *Club électoral.*)

JANVIER (21). Une fête anniversaire de la mort de Louis XVI est instituée par les conseils. La première se célèbre le 1ᵉʳ pluviôse an IV. VIII, 92-93.

JEAN DE BRY. Propose de juger à la fois Marat et Robespierre. III, 107.

JEMMAPES. Bataille de ce nom. Événemens militaires qui y ont rapport. III, 114 et suiv.

JEU DE PAUME. La salle du Jeu de Paume devient le lieu des séances de l'assemblée nationale. Les députés assemblés dans le Jeu de Paume prêtent le serment de ne pas se séparer avant l'établissement d'une constitution. I, 62-63. On fait louer la salle pour empêcher une nouvelle séance. 64-65.

JEUNESSE DORÉE. Parti auquel on donna ce nom. VI, 338.

JORDAN (Camille). Son rapport aux cinq-cents sur la liberté des cultes. IX, 162 et suiv.

JOUBERT. Est nommé par le nouveau directoire commandant de l'armée d'Italie, et remplace Moreau. X, 243. Est tué à la bataille de Novi. 260.

JOUR DE L'AN. Cérémonial aboli par l'assemblée législative à propos des hommages rendus au roi dans ce jour. II, 44.

JOURDAN. Est nommé général en chef de l'armée du Nord. V, 97. Gagne les batailles de l'Ourthe et de la Roër. VI, 309 et suiv. Manœuvres du général pour favoriser le passage du Rhin par Moreau. VIII, 221 et suiv. Passe le Rhin. 228-238 et suiv. Est repoussé sur le Mein par l'archiduc Charles. 300-301. Est battu à Wurtzbourg, et bat en retraite. VIII, 318-319. — Nommé député en l'an V. IX, 147-148. Est appelé au commandement de l'armée du Danube. X, 140. Ses opérations militaires dans la campagne de 1799. (Voy. *Guerre.*) Propose aux cinq-cents de déclarer la patrie en danger (17 fructidor an VII). Sa proposition est rejetée. 279-281.

JOURNAUX. Divers journaux, représentant les opinions des partis, sont publiés au commencement du directoire. VIII, 54. Licence des journalistes. VIII, 396-397.

JUILLET (12, 13, 14). Le peuple parcourt les rues avec les bustes de Necker et du duc d'Orléans. Le régiment de Royal-Allemand le disperse. I, 87. Les gardes-françaises font feu sur le Royal-Allemand. *Ibid.* Le peuple force les barrières, pille les greniers de Saint-Lazare, et prend des armes au Garde-Meuble. 89. Divers bruits se répandent sur les projets hostiles de la cour. 93-94. Le peuple enlève les canons de l'Hôtel des Invalides, et court à la Bastille. 95-96. Suites de ces journées. 98-99.

Juin (20). Événemens de cette journée. Ses causes. II, 124-140. Suites de cette journée. 141 et suiv.

Kaire (Le). (Voy. *Égypte*.)
Kelh. Reddition de ce fort par Moreau. VIII, 404.
Kersaint. Donne sa démission à la convention nationale, pour ne pas s'asseoir avec des hommes de sang. III, 258-259.
Kléber. Ses opérations militaires en Bretagne. V, 265-268-271-280-282 et suiv. — Bonaparte lui confie le commandement de l'armée d'Égypte. X. 312.
Klinglin. Correspondance de Pichegru avec les princes émigrés, trouvée dans un fourgon du général Klinglin. IX, 194-195.

Ladmiral. Il tente d'assassiner Robespierre ou Collot-d'Herbois, et échoue. VI, 96-98.
Lafayette (Le marquis de). Vice-président de l'assemblée constituante. I, 92. Il est nommé commandant de la milice bourgeoise de Paris. 104. Détails sur sa vie et son caractère. I, 110 et suiv. Il donne sa démission, et reprend aussitôt le commandement. 114. Déclaration des droits. 136 et suiv. Traité de Cromwell. 144. Arrête le peuple sur la route de Versailles. 172. Arrive à Versailles dans la nuit du 4 octobre. Ses efforts pour contenir le peuple à Paris. Il tranquillise le roi, et prend diverses mesures pour maintenir l'ordre. Fatigue de vingt-quatre heures et repos. 172 et suiv. Défend le château attaqué par les brigands. Montre la reine au peuple. 175 et suiv. (Voy. *Versailles*.) Traité par Mirabeau de Cromwell-Grandisson. Engage le duc d'Orléans à quitter Paris. 179-180. Punit quelques soldats mutinés pour une augmentation de paie. 194-195. Conseille au roi de s'attacher démonstrativement et sincèrement au parti populaire. 199. Dénonce à la tribune l'influence secrète de l'Angleterre dans les affaires de la révolution. 219-220. Comprime diverses émeutes. 267-268. Disperse les jacobins attroupés au Champ-de-Mars. 302 et suiv. — Envoyé à l'armée du Rhin avec Luckner et Rochambeau. II, 40. Prend le commandement de l'armée du Centre. 44. Dumouriez s'oppose à ce qu'il ait le commandement général. 77. Sa position au milieu des partis à la fin de 1792.

110 et suiv. Il écrit une lettre à l'assemblée. 112 et suiv. Se rend à l'assemblée et y expose divers griefs. 146 et suiv. S'assied au banc des pétitionnaires. Ses projets en faveur du roi échouent. Il repart pour l'armée. 149 et suiv. Il propose au roi un projet de fuite. 206. Est mis hors d'accusation par l'assemblée. 231. — Il fait arrêter des commissaires envoyés par l'assemblée. On demande son accusation. Ses projets. 286-287. Il est déclaré traître à la patrie et décrété d'accusation. 287. Il est abandonné par Dumouriez. Se retire dans les Pays-Bas, et est fait prisonnier par les Autrichiens. 289-291. Son élargissement des prisons d'Olmutz, par suite du traité de Campo-Formio. IX, 334.

LAMBALLE (La princesse de). Elle est massacrée. II, 334-335.

LAMETH. Les deux frères Lameth se liguent avec Barnave et Duport. I, 117. Ils s'entendent avec la cour. I, 293.

LAMOURETTE. Evêque constitutionnel de Lyon et député à l'assemblée législative. Motion de ce député. II, 173-174. Effet produit par cette motion. 175.

LANJUINAIS. Il soutient que le décret qui casse la commission des douze est nul. Tumulte et menaces à ce sujet. IV, 155 et suiv. Son courage à la tribune le 2 juin. 178-179.

LARÉVELLIÈRE-LÉPAUX. Il sort du directoire dans la révolution de prairial an VII. Sa conduite dans cette circonstance. X, 232-238. (Voy. *Directoire*.)

LAROCHEJAQUELEIN. Chef Vendéen. IV, 90-91.

LAVILLE-HEURNOIS. (Voy. *Royalistes*.)

LECOINTRE (de Versailles). Il accuse à la convention les membres des anciens comités. VI, 284 et suiv. Son accusation est déclarée fausse et calomnieuse. 288 et 289.

LEMAITRE. Chef des agens royalistes. Il est arrêté après le 13 vendémiaire. Sa correspondance. VII, 373-378.

LÉOBEN. Préliminaires de paix avec l'Autriche, signés dans cette ville. Principaux articles. IX, 94-95 et suiv.

LÉOPOLD. Intentions de ce prince envers la France et Louis XVI. II, 40 et suiv.

LEPELLETIER-SAINT-FARGEAU. Il est tué par un garde-du-corps. III, 265-266.

LESCURE (De). Chef vendéen. IV, 91. — Il est tué dans un combat. V, 123.

LETOURNEUR. Son caractère et sa conduite au directoire. IX, 5-6. Le tirage au sort le fait sortir du directoire. 154.

LEVÉE EN MASSE. Elle est décrétée. IV, 362. — Moyen qu'on emploie pour l'exécution de cette mesure. 363 et suiv.

LIDO. Massacre des Français dans le port de ce nom à Venise. IX, 114 et suiv.

LIEUTAUD. Entretient une troupe pour parler en faveur du roi. II, 205.

LILLE. Bombardement de cette ville par le duc de Saxe-Teschen. L'archiduchesse Christine y assiste. III, 56. Négociations entamées en cette ville entre la France et l'Angleterre, en messidor an v. IX, 235-243. Rupture de cette conférence par le directoire. 310-311 et suiv.

LINDET (Robert). Il fait à la convention un rapport sur l'état de la France (20 septembre 1794). VI, 293 et suiv.

LIVRE ROUGE. Louis XVI fait cacheter les feuillets où sont marquées les dépenses de Louis XV. I, 230-231.

LOANO. Bataille de ce nom. VIII, 58-61.

LODI. Bataille et passage du pont de Lodi. VIII, 178 et suiv.

LOMBARDIE. Conquête de ce pays. VIII. 173 et suiv.

LONATO. Bataille de ce nom. VIII, 283-285.

LOUIS XVI. Il monte sur le trône. Son caractère. Ascendant de la reine. I, 6-7. Sa position et ses incertitudes. L'initiative qu'il pouvait prendre. 29 et suiv. Il assiste à l'ouverture des états-généraux et prononce un discours. 44. Dans la séance du 23 juin, il prononce un discours qui irrite les esprits. 65-66. Ordonne à l'assemblée de se séparer sur-le-champ. 66. Répond froidement à l'assemblée nationale qui demandait le renvoi des troupes. 92. Déclare à la députation de l'assemblée qu'il a ordonné l'éloignement des troupes. 95. Ses inquiétudes. Conversation avec le duc de Liancourt. 100. Il se rend à l'assemblée nationale et y est reçu avec enthousiasme. 102. Se rend à Paris, escorté de deux cents députés, et fait un discours à l'Hôtel-de-Ville. 105-106. Est proclamé restaurateur de la liberté française. 127. Sa réponse à l'assemblée, qui lui demandait acceptation et promesse de promulgation des articles constitutionnels et de la déclaration des droits. 167. Il accepte purement et simplement les articles et la déclaration des droits. 171. Revient à Paris. 177. Se présente à l'assemblée le 4 février 1790, et fait un discours. Est reconduit aux Tuileries par le peuple. 196 et suiv. Sa liste civile est fixée à 25 millions. 231. Assiste à la fête de la fédération avec la reine, et prête le serment de maintenir la constitution. 240-241. Frappé du sort de Charles Ier. 252. Ses projets de fuite. 266. Le peuple arrête sa voiture. 276-277. Ses négociations avec des princes étrangers. Projet de fuite. 277 et suiv. Sa fuite avec la famille royale. 280 et suiv. Circonstances de son arrestation à Varennes. 285 et suiv. Circonstances de son retour à Paris. 289 et suiv. Une sentinelle s'oppose à ses sorties. 293. Il accepte la constitution. 307. — Se rend à l'assemblée législative, et est blessé par le cérémonial. II, 17. Appose son *veto* à un décret contre les émigrés. 24. Adresse une proclamation aux émigrés. 25-26. Rend compte à l'assemblée législative de ses mesures contre l'émigration. 37 et suiv. Il songe à se lier avec la Gironde, républicaine par défiance du roi. 57. Fait à l'assemblée des propositions de guerre. 72 et suiv. Ne veut sanctionner que le décret de vingt mille hommes et non celui contre les prêtres. 105. Ses hésitations. Ses contradictions. Son abattement. 106. Demande secrètement le secours de l'étranger. 107 et suiv. Attaqué dans les Tuileries le 20 juin. Diverses réponses qu'il fait au peuple. 135 et suiv. Fait une proclamation au peuple après le 20 juin. 144 et suiv. Se rend à l'assemblée, qui le reçoit avec enthousiasme. 175-176. Consternation du roi et de la cour. 181 et suiv. Il assiste à la deuxième fête de la fédération. 186-187. Divers projets d'évasion lui sont proposés. 206 et suiv. Il se prépare à fuir et y renonce ensuite. 229.-230. Est jeté avec sa famille dans la loge d'un journaliste dans l'assemblée. 251. Est suspendu de la royauté. 257. Est gardé prisonnier aux Feuillans. 268. Est transporté au Temple avec la famille royale. 278. On commence à agiter la question de son jugement. III, 105 et suiv. Détails sur sa captivité au Temple. 153 et suiv. L'éducation de son fils. 154. Précautions de la commune. 158-159. Son procès et détails qui y ont rapport. 159 et suiv. Il est conduit à la barre de la convention pour être jugé. 202 et suiv. Répond aux diverses questions qui lui sont faites. 204. Se choisit des défenseurs. 205 et suiv. Nouveaux détails sur sa captivité pendant son procès. 219 et suiv. Il est déclaré coupable de conspiration contre la liberté. 248. Est condamné à mort. 256. Circonstances et détails de son exécution. 262-265-266-270.

Louvet. Rédige *la Sentinelle*. II, 119. Il dénonce Robespierre à la convention. III, 84 et suiv. Il court chez Pétion donner l'alerte aux girondins. 342-343.

Lozère. Trente mille révoltés sont soumis dans ce département. IV, 255-256.

Lyon. Un club jacobin s'y établit. Troubles politiques en 1793.

IV, 75-76. — Combat sanglant dans cette ville. 196-197. Troubles en juillet 93. Riard et Châlier sont mis à mort. 323-324. Il est mis en état de siége par Dubois-Crancé, conformément au décret de la convention. V, 7 et suiv. Le siége se poursuit. 32. Principales opérations militaires du siége. 81 et suiv. Les promesses de l'émigration. 84. Couthon propose de l'inonder avec des masses, et fait destituer Dubois-Crancé qui s'y refuse. 90-91. Suite. Prise de la ville. 91-94. Décret de la convention contre cette ville. 94-95. Le terrible décret de la convention contre cette ville est mis à exécution. 131 et suiv. Démolition des plus belles rues. La mine pour détruire les édifices, la mitraille pour immoler les proscrits. 132. — Cette ville est déclarée n'être plus en état de rébellion. VI, 368. Les contre-révolutionnaires y égorgent soixante-dix prisonniers le 5 floréal an III. VII, 184.

MACDONALD. Il est nommé commandant de l'armée de Naples. X, 140. Ses opérations militaires dans la campagne de 1799. (Voy. *Guerre*.)

MAGNANO. Bataille de ce nom. X, 164 et suiv.

MAI (1793). Troubles dans Paris à l'occasion des nouvelles de l'insurrection vendéenne les premiers jours du mois. Détails sur les craintes des partis à cette époque. IV, 100 et suiv. 107. 31 mai. Circonstances de cette journée, depuis le 30 mai jusqu'au 2 juin. 147 et suiv. 183-184. (Voy. *Insurrection*.) Réflexions sur cette journée et ses conséquences. 184 et suiv. — Comment on en parle aux Jacobins. 191-193. Distribution des pouvoirs et des influences après cette journée. 275-281.

MAILLARD. Un citoyen de ce nom conduit à Versailles une troupe de femmes furieuses. I, 166. Il se présente avec ces femmes devant l'assemblée, et expose le désespoir du peuple à cause de la disette. 168-169. Principal acteur dans les massacres du 2 septembre. (Voyez *Septembre*.) Ses préparatifs, suivant une relation toute récente. II, 310-311. Sa présence à l'Abbaye. 317.

MAISON MILITAIRE. Formation de la maison militaire du roi. II, 86 et suiv.

MALESHERBES. Se dévoue à la défense de Louis XVI. III, 206.

MALMESBURY (Lord), ambassadeur anglais envoyé à Paris. Ses négociations avec le directoire. VIII, 340-344. Suite de ses négociations. 356 et suiv. Suite de sa négociation avec le directoire. Elle est rompue. Il repart pour l'Angleterre. 386-390.

—Est de nouveau chargé par l'Angleterre de négocier la paix. IX, 145. Conférences de Lille. 235-245.

MALTE (Ile de). Prise de cette île par les Français. X, 6-8.

MANDAT. Général en chef de la garde nationale au 10 août. Ses préparatifs. II, 239. Il est sommé de comparaître à l'Hôtel-de-Ville. 242. Tué et jeté à l'eau. 243.

MANDATS. Nouveau papier créé le 25 ventôse an IV. VIII, 109-111. Ce papier tombe. Causes de sa chute. 247 et suiv.

MANIFESTE DE BRUNSWICK. II, 217 et suiv. Effet qu'il produit en France. 224 et suiv.

MANTOUE. Commencement du blocus de cette ville. VIII, 211. Prise de cette ville par les Français. 425 et suiv.

MANUEL. Procureur-syndic de la commune, propose de loger le président de la convention aux Tuileries. III, 23.

MARAT. Son caractère, ses principes. II, 194-196. Son entrevue avec Barbaroux. 196 et suiv. —Il est chef du comité de surveillance de Paris 277. Se fait rendre les presses enlevées par Lafayette. 278. Est élu député à la convention. III, 9. Justifie sa conduite et ses écrits dans la convention. 38 et suiv. Rappelle ses ennemis à la pudeur, et montre le pistolet avec lequel il se serait tué si on l'eût décrété d'accusation. 43-44. Va trouver Dumouriez au milieu d'une fête. 78-79. Dispute qui s'élève aux Jacobins au sujet de Marat et de Robespierre. 209 et suiv. Les partisans de Marat. Sa justification par ses maximes. Il surfait au peuple parce qu'on le marchande. 210-211. Il est déféré aux tribunaux comme un des auteurs du 25 février. 317.—Se défend dans son journal. 318-320. Il s'élève contre une pétition de la section Poissonnière et dénonce Fournier. 347. Est mis en arrestation par la convention. IV, 60. Est acquitté par le tribunal révolutionnaire. Honneurs qu'il reçoit à la convention et aux Jacobins. 66-68. Sommé de s'expliquer sur ses opinions sur la nécessité d'une dictature. 192.—Il est assassiné dans son bain. 265. Honneurs qu'il reçoit après sa mort. 267-269-272-273. — Le 21 septembre 1794, ses restes sont transportés au Panthéon à la place de ceux de Mirabeau. VI, 299-300. Ses bustes sont brisés en 1795. VII, 56 et suiv. Ils sont enlevés de la convention. Scènes tumultueuses à ce sujet. 59.

MARCEAU. Il est nommé général en chef en Vendée. V, 287.—Est tué sur le champ de bataille. VIII, 320.

MARIE-ANTOINETTE. Elle est transférée à la Conciergerie, pour être jugée par le tribunal révolutionnaire. IV, 395. Un ami imprudent, et la correspondance dans un œillet. V, 143. Hébert et ses dépositions révoltantes dans ce procès. 146-148-149. Réponse admirable à ces accusations. 149. Détails de son procès. Elle est condamnée et mise à mort. 149-151.

MARSEILLE. Ville dévouée à la Gironde. IV, 76-77.

MARTIN D'AUCH. S'oppose à la déclaration du jeu de Paume. I, 63.

MASSÉNA. Un des généraux de l'armée d'Italie. VIII, 142-143.
— Il s'empare du col de Tarwis. IX, 67-71. — Est nommé commandant de l'armée d'Helvétie. X, 140. Remplace Jourdan dans le commandement de l'armée du Danube. Manière dont il dispose ses forces. 188-189 et suiv. (Voy. *Guerre*.) Il remporte une grande victoire à Zurich. 318-321 et suiv.

MAURY. (L'abbé). Principal orateur du clergé. Caractère de son esprit. I, 117. Il tâche de s'opposer à la saisie des biens du clergé. 188 et suiv. Demande que l'assemblée se sépare, et qu'on procède à de nouvelles élections. 210-211.

MAXIMUM. Il est établi sur tous les grains. IV, 330-331; sur toutes les marchandises. 332-385. — Effets malheureux de cette mesure. V. 173 et suiv.—Effets désastreux du *maximum*. Détails économiques. VI, 270 et suiv. Cette mesure subit une réforme. 364-365 et suiv. Il est aboli. VII, 244-248.

MAYENCE. Description de cette place forte. IV, 309. Détails militaires du siége de cette ville. Disette effroyable. Ignorance de la garnison sur les événemens qui se passent en France, et *faux Moniteurs* que les Prussiens font imprimer. Les Français l'évacuent. 312-320. Admiration des assiégeans pour la résistance des Français. 320.

MENOU. Général de l'armée de l'intérieur. Son rôle dans la journée du 12 vendémiaire. VII, 355 et suiv.

MERLIN. Il est nommé ministre de la justice en l'an v. IX, 209. Est nommé directeur. 294. Sort du directoire par la révolution du 30 prairial an VII. X, 238. (Voy. *Larévellière* et *Directoire*.)

MESNAI. Seigneur de Quincey; explosion dans son château qui cause une effervescence universelle. I, 124.

MILAN. Prise de cette ville. VIII, 181-182. Une révolte se manifeste après le départ de Bonaparte. Elle est étouffée. 189-191.

MILLESIMO. Bataille de ce nom. VIII, 144-150.

MINCIO. Passage de ce fleuve par Bonaparte. VIII, 198-200 et suiv.

MINISTÈRE. État du ministère après la retraite de Necker. Les ministres se retirent successivement. I, 250-251. Nouvelle organisation du ministère. II, 32 et suiv. Discussions parmi les membres du ministère. 53-55. Renouvellement du ministère. 62-63. La division s'y établit. 80 et suiv. Roland, Clavière et

Servan sont renvoyés. 103. Des ministres feuillans le composent. 106. — Sa réorganisation après le 10 août. 263-264. — Il est l'objet de beaucoup de plaintes après le 31 mai. IV, 283-284. — Organisation du ministère par le directoire. Cinq ministres sont nommés. VIII, 17. — Changemens projetés par le directoire. Les clichyens s'y opposent. Détails à ce sujet. Le directoire nomme les ministres désignés par sa majorité. IX, 200-211. — Changemens opérés à la suite de la révolution de prairial an VII. X, 347-348.

MIRABEAU. Est élu député en Provence. I, 37-38. Propose de sommer le clergé de se réunir aux communes. 49. Il déclare que l'assemblée nationale ne se séparera que par la force. 67. Il propose de demander au roi le renvoi des troupes. 83-84. Paroles mémorables de Mirabeau à l'occasion d'une dernière députation envoyée au roi. 101. Il réclame contre la mise en liberté de Besenval. 116. Son caractère, son influence, idée de son génie. 119-120 et suiv. Fait une proposition relative à l'hérédité du trône. 150-151. Appuie une proposition d'impôt faite par Necker. Ses paroles sur la banqueroute. 155-156. Soupçonné d'être un des agens du duc d'Orléans. 179 et suiv. Son entrevue avec Necker. 182. Ses communications avec la cour. Réflexions à ce sujet. 200-201. Paroles de Mirabeau à propos de la proposition relative à la religion de l'état. 209. Il s'oppose à la réélection des représentans. 211-212. Réponse au discours de Barnave sur le droit de faire la paix et la guerre. 223-224. Se justifie de l'accusation portée contre lui d'être un des auteurs des 5 et 6 octobre. 244. Traite avec la cour. Ses plans pour défendre la cause de la monarchie. 253 et suiv. Il combat un projet de loi contre l'émigration. 269 et suiv. Sa mort. 272-275. Réflexions sur son caractère et sa carrière politique. 275-276.

MIRABEAU (Le vicomte). Adversaire de son frère. I, 212. A la tête de 600 hommes dans l'évêché de Strasbourg. II, 33.

MIROMÉNIL. Garde-des-sceaux, conspirait avec les parlemens. Il est destitué. I, 12.

MONSIEUR (frère du roi). Sa popularité. I, 16. Le bureau qu'il préside vote pour le doublement du tiers. 28. Se rend à l'Hôtel-de-Ville pour expliquer ses rapports avec Favras. 195. Fuite en Flandre. 281-282. Décret qui lui enjoint de rentrer sous deux mois. II, 23.

MONTAGNARDS. Leur position et leurs incertitudes après le 25 février. III, 322 et suiv. — Un grand nombre d'anciens membres du gouvernement révolutionnaire et de montagnards sont décrétés d'arrestation après le 1er prairial. VII, 228-233 et suiv. Procès de plusieurs d'entre eux. Quelques-uns se tuent dans la prison. Supplice des autres. 237 et suiv.

MONTAGNE (La). Nom donné à une portion de l'assemblée législative. II, 15-16. — Nom donné au côté gauche de la convention. III, 46-47. — Sa situation après le 9 thermidor. VI, 245 et suiv.

MONTENOTTE. Bataille de ce nom. VIII, 146-148.

MONTESQUIOU. Sur le point d'être destitué. Son entrée en Savoie. On lui continue le commandement des troupes. III, 62. Il intimide Genève. 66. Il s'y réfugie devant la menace d'un décret. 144-145.

MONT-THABOR. Bataille de ce nom. X, 295-297.

MOREAU. Il est nommé commandant de l'armée du Rhin à la place de Pichegru. VIII, 125. Passe le Rhin. 226 et suiv. Suite de ses opérations sur le Danube. Bataille de Neresheim. 297-298. Il entre en Bavière. 302. Sa belle retraite. 321-326. Ses dispositions politiques avant le 18 fructidor. Preuves qu'il ne trahissait point à cette époque. IX, 194 et suiv. Ses révélations tardives. Il perd son commandement. 296-297. — Prend le commandement de l'armée d'Italie, dont Schérer se démet. Ses premières opérations. X, 195 et suiv. (Voy. *Guerre.*) Sa retraite au-delà du Pô et de l'Apennin. 197 et suiv. (Voyez *Guerre.*)

MOREAU DE SAINT-MÉRY (électeur). Défend l'Hôtel-de-Ville. I, 91. Il se maintient à l'Hôtel-de-Ville, et signe près de 3,000 ordres en quelques heures. 99. Il désigne Lafayette pour être commandant de la milice. 104.

MOULINS. Nommé directeur après le 30 prairial. (Voy. *Roger-Ducos.*)

MOUNIER. Chef du parti de la constitution anglaise. I, 142. Il se présente au roi accompagné de quelques-unes des femmes entraînées à Versailles par Maillard. 169-170. (Voy. *Maillard.*) Donne sa démission, perd sa popularité. 185.

MUNICIPALITÉ. Elle fait une proclamation au peuple après le 20 juin. II, 144.

MUSCADINS. Origine de ce nom. VI, 292-293.

NAPLES. Terreur de la cour à l'approche de Bonaparte. Un armistice est conclu. VIII, 212-213. La paix avec le royaume de Naples est signée. 347-348. Projets insensés de la cour de Naples contre la France. X, 103 et suiv. (Voy. *Guerre.*) — Conquête de ce royaume par les Français. 113-119.

Narbonne. Ce ministre propose divers plans de guerre. II, 38. Organise trois armées sur la frontière. 44 et suiv.

Necker. Caractère et talens de ce ministre, I, 8. Il est exilé. 11. Rentre au ministère. 25. Propose, au nom du roi, un plan de conciliation aux commissaires de la noblesse. 52-53. Propose au roi des plans de réforme. 60. Reçoit un billet du roi qui le presse de partir. 86. Part. *Ibid.* Son retour est ordonné par le roi. 106. Il retourne en France, traîné en triomphe, se rend à l'Hôtel-de-Ville, et est accueilli avec transport par la multitude. Demande aux électeurs la liberté de Besenval, qu'ils accordent. 115-116. Embarras financiers de ce ministre. 133 et suiv. Il demande un emprunt de 30 millions. 135. Sa plainte à l'assemblée. Il demande une contribution du quart du revenu. 155. S'abouche avec Mirabeau. 182. Nouveaux détails sur son caractère. Il donne sa démission. 249-250.

Nelson. Cet amiral anglais ne peut joindre le convoi français d'Égypte. X, 8-9. Il bat l'escadre française à Aboukir. 52-57.

Nerwinde. Bataille de ce nom. Ses suites. IV, 4 et suiv.

Neufchateau (François de). Il est nommé directeur. IX, 294.

Nobles. Les ex-nobles sont bannis par un décret de la convention. VI, 8-9. Une loi sur les ci-devant nobles est rendue après le 18 fructidor. IX, 309-310.

Noblesse. La noblesse se refuse à la vérification des pouvoirs en commun. (Voy. *Tiers-État* et *Vérification.*) Quarante-sept de ses membres se réunissent à l'assemblée nationale. I, 70. La majorité se réunit le 27 juin. 71-72. Elle continue à se réunir en ordre séparé. 81-82. Abdique ses priviléges. 125-126. Son rôle dans l'assemblée. 191-192. Se divise dans ses plans en deux partis. 206.

Normandie. Elle est contraire à la révolution, IV, 78.

Notables (Assemblée des). Sa convocation. I, 11. Elle est convoquée de nouveau. 27.

Novi. Bataille de ce nom. Détails militaires. X, 257-264.

Orange. On institue dans cette ville un tribunal révolutionnaire pour tout le Midi. VI, 148-149.

Orléans (Le duc d'). Il est exilé à Villers-Cotterets. I, 18. Accusé de cabales. 38. Son caractère. 39-40. Il se mêle aux députés du tiers. 43. Réunion au Palais-Royal des gens qu'on lui suppose dévoués. 79. Il est accusé d'être un des auteurs des 5 et 6 octobre, et mis hors d'accusation. 243 et suiv. Refuse la régence. 300 et suiv. — Est insulté au château. II, 49-50. —

Est nommé député à la convention. III, 9. Sa position équivoque dans la convention. On délibère sur son bannissement. 214 et suiv. Il vote la mort de son parent. 253. — Il est décrété d'accusation avec sa famille. IV, 38-39.—Est condamné à mort et exécuté. V, 167-168.

ORDRES. Conduite des premiers ordres à la convocation des états-généraux. I, 41-42.

OTAGES (Loi des). Rendue le 30 prairial an VII. Ses conséquences. X, 247 et suiv.

PACHE. Il est nommé ministre de la guerre. Sa sobriété, sa modération, son activité. III, 111-112. Son penchant pour les jacobins. 133. Ses bureaux. 150. Disgracié. 275. Nommé maire de Paris. 305. Il signe une pétition pour exclure les girondins de l'assemblée. IV, 62.

PALAIS-ROYAL. Le jardin du Palais-Royal devient le centre des plus grands rassemblemens populaires. I, 79. Il continue à être le centre de réunion des agitateurs. 143-144. Fait une adresse à la commune. 145.

PAQUES VÉRONAISES. Nom donné au massacre des Français à Vérone le 15 avril 1797. Détails de cet événement. IX, 107-114.

PARLEMENT. Sa résistance à l'égale répartition des impôts et à l'abolition des restes de la barbarie féodale. I, 9. Position du parlement après l'assemblée des notables. 15. Il est mandé à Versailles. 16. Exilé à Troyes. *Ibid*. Rappelé le 10 septembre. 17. Enregistre l'édit portant la création de l'emprunt successif, et la convocation des états-généraux dans cinq ans. 18. Fait, le 5 mai 1788, une déclaration de quelques-unes des lois constitutives de l'état. 20-21.

PARIS, garde-du-corps, venge Louis XVI sur un de ses juges. III, 265-266.

PARTI POPULAIRE. Ses chefs et son influence vers la fin de 1792. II, 117-118.

PARTIS. État des partis après le 5 octobre. I, 178 et suiv.—État de dissidence des partis après la seconde fédération. II, 192 et suiv.—Exigence des partis après le 10 août, 270-271. Leur état au moment du procès de Louis XVI. III, 148 et suiv..—Situation des partis après la mort de Louis XVI. 271 et suiv.—Leurs différens moyens d'influence et d'action. IV, 70 et suiv. Leur division en décembre 93. V, 241 et suiv. — Leur division et situation après le 9 thermidor. VI, 263-267-280 et suiv. Lutte des deux partis qui se formèrent après la terreur. 332 et suiv.

343 et suiv. Grande agitation des partis révolutionnaire et modéré après la réaction de thermidor. VII, 55 et suiv. Lutte des patriotes et des révolutionnaires dans la réaction amenée par le 9 thermidor. 178 et suiv. — Leurs plaintes contre le directoire. VIII, 95 et suiv. — Leur état en messidor an v. IX, 253 et suiv. 265. — Ils se coalisent tous contre le directoire après nos défaites en Italie (an VII). X, 220 et suiv. Leur agitation après le retour de Bonaparte d'Égypte. Tous se réunissent à lui par des motifs divers. 338-342 et suiv.

PATRIE EN DANGER. La patrie déclarée en danger le 11 juillet 1792. Conséquence de cette déclaration. II, 180. Séances permanentes. Enrôlemens volontaires. Les fédérés arrivent de toutes parts. 188 et suiv. On propose, le 27 fructidor an VII, de renouveler cette déclaration. X, 279 et suiv.

PATRIOTES. État de ce parti en germinal an III. VII, 84 et suiv. Échecs qu'ils éprouvent dans les insurrections du 1er germinal. 86-96; du 12 germinal. 107 et suiv. Ils sont désarmés et renvoyés dans leurs communes. 122 et suiv. Projets de révolte et d'insurrection en floréal (1795). Ils échouent. 182 et suiv. Envahissent la convention le 1er prairial an III. Suite de leur insurrection les 2, 3 et 4 du même mois. Ils sont soumis. 204 et suiv. 231. Leur révolte à Toulon, en floréal. 232-233. Réflexions sur la ruine de ce parti par les événemens de prairial. 249 et suiv.—La convention, menacée en vendémiaire, leur donne des armes. 353. Ils se réunissent au Panthéon et forment une espèce de club (1795). VIII, 52-53. Leurs plaintes et récriminations contre le directoire. 71-95 et suiv. Leur réunion au Panthéon devient un vrai club jacobin. 97-99. Leur société est dissoute. 99. Ils se montrent mécontens du directoire. Attaquent le camp de Grenelle. L'insurrection échoue. 257-261-262.—Ils forment l'opposition contre le directoire après le 18 fructidor. IX, 401 et suiv. Leur déchaînement après le désastre de Novi et les événemens de Hollande. Mesures qu'ils conseillent. Leur force dans les conseils. V, 268-269 et suiv. Le directoire fait fermer plusieurs de leurs sociétés. 273-275. Leurs plaintes et accusations contre le directoire dans leurs journaux. Leurs presses sont saisies. 275 et suiv. Les députés patriotes et leurs adversaires se réunissent pour essayer d'une réconciliation. 277-279.

PAVIE. Des paysans révoltés s'emparent de cette ville. Bonaparte la reprend. VIII, 190-192.

PÉTION. Nommé par l'assemblée l'un des trois commissaires

pour reconduire Louis XVI à Paris après son arrestation à Varennes. I, 289. Il est nommé maire de Paris. Ses principes républicains et sa conduite. II, 122 et suiv. Sa conduite dans la journée du 20 juin. 124-127-139-140. Sa conversation avec le roi. 143. Il est suspendu de ses fonctions. 177. Est réintégré par l'assemblée. 184. La foule crie. *Vive Pétion! Pétion ou la mort!* 186. Demande la déchéance du roi au nom des quarante-huit sections de Paris. 226-227. Tâche de retarder l'insurrection du 10 août. 223-234. Place lui-même des sentinelles à sa porte pour être en état d'arrestation. 244. — Rend compte à l'assemblée de l'état de Paris. 270. Regardé par Danton comme un honnête homme inutile. 274. Tâche de s'opposer aux massacres du 2 septembre. 333-334. — Il est arrêté. IV, 190.

PHILIPPEAUX. Son écrit contre Ronsin et les ultra-révolutionnaires. V, 306-307. Il est accusé devant les jacobins. 314 et suiv. Suite de son accusation 329 et suiv. Il est arrêté. 389. Son procès et sa mort. 398-411.

PICHEGRU. Commandant en chef de l'armée du Nord. VI, 60. — Il passe la Meuse. 315. Envahit la Hollande; prend l'île de Bommel. VII, 11 et suiv. Nommé général de la force armée à Paris. Apaise l'insurrection du 12 germinal. 117-119 et suiv. Commandant de l'armée du Rhin. 253. Sa trahison. Détails de ses négociations avec le prince de Condé. 259 et suiv. — Perd son commandement. VIII, 125. — Ses relations avec les émigrés. 23 et suiv. Nommé député en l'an v par le Jura. 147. Continue ses projets de trahison. 156. Son rapport aux cinq-cents sur l'organisation de la garde nationale. 216 et suiv. Est arrêté le 18 fructidor et conduit au Temple. 276-278. Il est condamné à la déportation. 285.

PIÉMONT. Conquête du Piémont par Bonaparte. VIII, 141-161. Traité de paix avec ce royaume. 268. — Abdication du roi. La France reprend en main le gouvernement. X, 120 et suiv.

PILNITZ. Déclaration de Pilnitz. I, 296-297.

PITT. Sa politique à l'égard de la France. On l'accuse de payer des troubles. Il excite l'Espagne contre la France. III, 277 et suiv. Il a une entrevue avec Maret, envoyé du gouvernement français; entrevue qui n'amène rien. 283 et suiv. Est soupçonné d'être le moteur d'une conspiration étrangère, et est déclaré l'ennemi du genre humain par la convention. IV, 393-394. Sa politique au commencement de 1794. VI, 54-55 et suiv. — Politique de ce ministre. Il continue à soutenir la guerre contre la France. Ses projets. VII, 164-167 et suiv. — S'attire la haine des Anglais après la campagne de 1795. Sa politique. VIII, 77-80 et suiv. Ses négociations illusoires avec la France. 120-121. Ses combinaisons. Ouverture d'une négociation avec le directoire. 336 et suiv.

POIDS ET MESURES. Le système en est renouvelé. V, 187-188.

POLICE. Elle est érigée en ministère spécial sur la proposition du directoire. VIII, 101.

PORTE (La). Elle déclare la guerre à la France. X, 61-62.

PRAIRIAL (1, 2, 3 et 4) an III. Insurrection des patriotes. Envahissement de la convention. Combats. Meurtre d'un député. Détails de cette journée. VII, 205-225. Journée du lendemain, 2. Les patriotes échouent de nouveau. 224 et suiv. Le 4 prairial les révoltés se retranchent dans le faubourg Saint-Antoine. Ils sont soumis. 229-231. — 30 prairial. Révolution dans le gouvernement directorial. Trois directeurs sont changés. X, 228-232-238. (Voy. *Directoire*.)

PRESSE. La liberté de la presse est établie après le 9 thermidor. VI, 264 et suiv. Discussion sur la liberté de la presse en prairial. (Voy. *Prairial, Directoire*.)

PRINCES. Fâcheuse situation des princes français émigrés en 1794. VI, 326 et suiv.

PRISONNIERS. Cinquante-deux prisonniers sont égorgés à Versailles. III, 3 et suiv.

PRISONS. Elles deviennent insuffisantes lors de la loi des suspects. Leur intérieur à cette époque. V, 136 et suiv. Jeux, simulacres de tribunaux, bizarrerie française. 141-142. — Le régime des prisons devient plus rigoureux en 94. VI, 94.

PROCESSION. Le roi et les trois ordres se rendent en procession à Notre-Dame. I, 43.

PRUSSE. Elle rompt la neutralité et marche contre la France. II, 154. — Négocie pour la paix. VII, 29-30. La paix est signée avec cette puissance. Conditions du traité. 134-135. — Conserve sa neutralité malgré les efforts de Pitt. VIII, 122.

PRUSSIENS. Leurs premiers succès. II, 297. Leur armée se retire. 372. Faux bruits sur la vraie cause de leur retraite. 375-376.

PUYSAIE (De). Chef secret des chouans. VI, 324 et suiv. Suite de ses menées politiques en Bretagne. VII, 153 et suiv. Suite de l'expédition de Quiberon. Détails de ses opérations militaires dans cette affaire. 269-275-276-312. Il se prépare de nouveau à la guerre en Bretagne après l'affaire de Quiberon. VIII, 23 et suiv.

PYRAMIDES. Bataille de ce nom. X, 36 et suiv.

QUIBERON. Expédition de Quiberon. Détails militaires. VII, 269 et suiv. 311. Cause de non-réussite des émigrés. Conséquences de l'affaire de Quiberon. VII, 312 et suiv.

RADSTADT. Congrès de ce nom. Détails des négociations qui y eurent lieu en pluviôse an VI. X, 365 et suiv. Progrès des négociations dans l'été de l'an VI. 71 et suiv. Assassinat des plénipotentiaires français. Motifs et détails de cette catastrophe. 169-172.

RADSTADT ET ETTLINGEN. Bataille de ce nom. VIII, 147 et suiv.

RAISON (Culte de la). Abolition de ce culte. V, 231.

REBECQUI. Il accuse Robespierre de tyrannie. III, 32 et suiv.

RÉFORMES. Changement dans les mœurs et réformes diverses en 1795. VII, 46-51.

RELIGION CATHOLIQUE. Débats à l'assemblée sur la proposition de déclarer la religion catholique religion de l'état. I, 208 et suiv.

RÉPUBLIQUE. On date de l'an 1er de la république, le 22 novembre 1792. III, 26. Dangers de la république en août 1793. IV, 325 et suiv.

RESCRIPTIONS. Sorte de bons au porteur émis sous ce nom par le directoire. VIII, 84. Mauvais succès de ce papier. 106.

RÉVEIL DU PEUPLE. Air chanté par la jeunesse dorée (voy. ce mot). VI, 383.

RÉVEILLON. La maison de ce fabricant de papiers est brûlée. I, 38-39.

RÉVELLIÈRE-LÉPAUX (La). Son caractère. Sa conduite à l'égard de ses collègues du directoire. IX, 6-7 et suiv.

RÉVOLTES. Des révoltes contre-révolutionnaires se déclarent dans plusieurs départemens. IV, 19.

RÉVOLUTION. Réflexions sur la marche des révolutions. II, 6-7.

RÉVOLUTION FRANÇAISE. Causes qui la préparèrent. I, 33-35 et suiv. Elle commence à donner des inquiétudes aux souverains étrangers. 215. Différemment embrassée par Paris et les provinces. V, 359 et suiv.

REWBELL. Caractère de ce membre du directoire. Sa position vis-à-vis des autres directeurs. IX, 4-5. Calomnieuses accusations contre sa probité. X, 182-183. Il est exclus du directoire par le sort. 185.

RHIN. Passage de ce fleuve par Moreau. VIII, 226 et suiv.; par Jourdan. 238; par Masséna le 16 ventôse an VII. X, 145-146.

RIVOLI. Bataille de ce nom. VIII, 411-423.

ROBESPIERRE. Il s'élève contre la critique de la déclaration des droits. I, 167. Combat la proposition de la loi martiale. 186. Il se prononce contre le principe de l'inviolabilité du roi. 301. Son influence au club des jacobins. II, 14 et suiv. Se déclare contre la guerre dans les séances aux jacobins. 48-49. Buzot et Roland lui offrent un asile. 198. Entrevue avec Barbaroux. 201-202. — Sa position après le 10 août. 273. Il adresse à l'assemblée une pétition au nom de la municipalité. 281 et suiv. Il est nommé député à la convention. III, 9. Est accusé de tyrannie à la convention. Sa défense. Débats à ce sujet. 31-32. Il est accusé de nouveau par Louvet. 84 et suiv. Se défend à la convention. 98 et suiv. Veut que Louis XVI soit condamné sans procès. 192 et suiv. Dispute qui s'engage aux Jacobins au sujet de Robespierre et de Marat. 209 et suiv. Combat l'appel au peuple et demande la condamnation du roi. 234 et suiv. — Fait un long discours contre Dumouriez et les girondins. IV, 51 et suiv. — Sa popularité, ses projets, et détails sur son caractère. 289 et suiv. Parle aux Jacobins en faveur du comité de salut public. 291-294 et suiv. Sa politique. 296-299. Il devient membre du comité de salut public. 591. — Improuve aux Jacobins la destruction du culte, et se prononce contre les agitateurs. 218 et suiv. Justifie Danton. 224 et suiv. Son opinion sur la nature du gouvernement révolutionnaire. 352 et suiv. Il parle contre Danton à la convention. 390 et suiv. Fait décréter la reconnaissance de l'Être-Suprême. Son discours. VI, 22-29. On tente de l'assassiner. 100-102. Son discours aux Jacobins après cette tentative d'assassinat. 105 et suiv. Son influence en 94. Sa politique. Détails de son caractère. 107 et suiv. Propose et fait adopter une nouvelle organisation du tribunal révolutionnaire. 119-123. Commence à éprouver de la résistance dans les comités. 128-129 et suiv. Ses projets contre les comités et sa conduite politique à cette époque. 154-158. Suite du même sujet. 180 et suiv. Prononce le 8 thermidor un discours à la convention. Il se justifie de certaines accusations, et ensuite attaque ses adversaires des comités. Il conclut à une épuration des comités de sûreté générale et de salut public. 187-193. Débats à ce sujet; il est à son tour vivement accusé. 193-197. Va aux Jacobins, et fait décider une nouvelle insurrection contre la convention. 197-198. Est accusé violemment le 9 thermidor à la convention. Détails de cette scène. Il est décrété d'arrestation. 205-210. — Se tire un coup de pistolet. Son supplice. 225-228.

ROEDERER. Engage Louis XVI à se retirer dans le sein de l'assemblée législative. Discussion avec la reine. II, 249-250. Il rend compte à l'assemblée des préliminaires de l'insurrection. 251.

ROGER-DUCOS et MOULINS. Ils succèdent à Larévellière et à Merlin au directoire. X, 240 et suiv.

ROGER-DUCOS. Il est nommé consul provisoire, le 18 brumaire. X, 383-384.

ROLAND. Nommé ministre de l'intérieur. II, 62. Il lit au roi une lettre. 92 et suiv. Communique à l'assemblée la lettre qu'il avait lue au roi. 103. Attaque les auteurs du 2 septembre. 330-331. Fait son rapport sur l'état de Paris. III, 83. — Son inflexibilité vis-à-vis de la commune. 150-154. — Donne sa démission. 273.

ROLAND. (Mad.). Son influence sur les girondins. II, 63. Haine des jacobins contre elle. III, 12-13. Elle est arrêtée. IV, 190-191. — Est condamnée et exécutée. V, 168-169.

ROME. Agitation des démocrates dans les États-Romains. La légation française est insultée. IX, 381-383. Berthier entre à Rome, en chasse le pape. 384-386. Les Romains se constituent en république, 385 et suiv. État de son gouvernement après sa révolution. X, 86 et suiv. Entrée des Napolitains dans les États-Romains. Ils sont repoussés par Championnet. 109-113.

ROMEUF. Aide-de-camp de Lafayette ; il part sur les traces de Louis XVI. I, 283. Il arrive à Varennes. 288.

RONSIN. Il sort de prison. Son caractère. V, 338-339. Il est de nouveau arrêté. 370. Son procès et sa mort. 374-379.

ROSSIGNOL. Il est nommé général de l'armée des côtes de La Rochelle. IV. 389.

ROVEREDO. Bataille de ce nom. VIII, 303-307.

ROYALISTES. Situation du parti royaliste en 1794. VI, 326-327. Intrigues diverses et projets des agens royalistes. VII, 153 et suiv. Triomphe de ce parti après les événemens de prairial. 249 et suiv. — Menées de ce parti dans les sections après les journées de prairial. VII, 323 et suiv. Leur désappointement après le 13 vendémiaire. 373 et suiv. Les agens de la royauté continuent leurs secrètes menées. VIII, 114 et suiv. — État de cette faction dans l'hiver de l'an v. Suite de ses intrigues et de ses projets. IX, 18 et suiv. Complot découvert de Brottier, Laville-Heurnois et Duverne de Presle. 28 et suiv. Leurs espérances après les élections de l'an v. Leur joie à Paris, où se réunissent beaucoup d'émigrés et de chouans. 179-181. Leur terreur après le 18 fructidor. 293 et suiv.

ROYOU. Rédacteur de l'*Ami du Roi*, mis en accusation. II, 84.

SAINT-HURUGUES. Ancien marquis, détenu à la Bastille. I, 144.
Il se porte sur Versailles avec plusieurs exaltés. 144-145.
SAINT-JUST. Son opinion sur l'inviolabilité du roi et sur sa mise
en accusation. III, 172 et suiv. — Il provoque et fait décréter
l'institution du gouvernement révolutionnaire. V, 56 et suiv.
— Est envoyé par le comité de salut public à l'armée du
Rhin. Ce qu'il y fait. 245-246-249. Il fait un rapport contre
les hébertistes et les dantonistes. 369 et suiv. Accuse Danton
à la convention. 393 et suiv. Il est décrété d'arrestation par
la convention dans la séance du 9 thermidor. VI, 210. Son
supplice. 227-228.
SALLES. Propose et soutient le système de l'appel au peuple dans
le procès de Louis XVI. III, 230 et suiv.
SANTERRE. Son influence sur les faubourgs. II, 118. Ses opérations au 20 juin. 124-126-127-132-133.
SCHÉRER. Il est nommé général en chef de l'armée d'Italie. X,
139. Il abandonne le commandement de l'armée d'Italie à
Moreau. 195.
SECTIONS. Les sections de Paris chargent Pétion de demander
la déchéance de Louis XVI. II, 226. — Fanatisme des assemblées des sections. III, 308-310. Mesures qu'elles demandent
pour assurer le repos public. 331-333. La section Poissonnière
demande un acte d'accusation contre Dumouriez. Scène à la
convention à ce sujet. 346 et suiv. La section de la Halle-au-
Blé fait une pétition contre plusieurs membres de la convention. IV, 50. Leur influence dans toute la France. 75 et suiv.
La section de la *Fraternité* dénonce les projets de l'assemblée
de la mairie. 121. D'autres l'imitent. 123. Tumulte vers la fin
de mai au sujet de l'accusation d'Hébert. 128 et suiv. Les 48
sections se réunissent pour décider l'insurrection du 31 mai.
146. — Les assemblées sectionnaires détruites par le comité
de salut public. VI. 12-15. — On décide qu'elles n'auront plus
lieu qu'une fois par décade. 259. Les sections de Montreuil
et des Quinze-Vingts présentent une pétition à la convention
le 1er germinal. Leurs attroupemens insurrectionnels. VII, 86
et suiv. — Elles sont agitées par les menées du parti royaliste.
324 et suiv. Elles se soulèvent contre les décrets des 5 et 13
fructidor. Pétitions. Celles de Paris rejettent ces décrets. 339-
344. Celles du reste de la France les acceptent. 345 et suiv.
Elles font la journée du 13 vendémiaire (voy. *Vendémiaire*).
348-369. La section Lepelletier résiste aux troupes du général
Menou le 12 vendémiaire. 354 et suiv. Les sectionnaires forment diverses sociétés en 1795. VIII, 53.

Selz. Lieu choisi pour les conférences entre l'Autriche et la France. Négociations qui s'y font. X, 67 et suiv.

Septembre (2, 3, 4 et 5). Détails de ces journées. Massacre des prisonniers. II, 312-340.

Septeuil. Trésorier de la liste civile. Sommes trouvées chez lui. III, 4. On les évalue à dix millions. 94.

Serment civique. Origine de ce serment. I, 138. Il est prêté par l'assemblée nationale et par tous les corps constitués de Paris et de la France. 198-199. Il est prêté par les fédérés au Champ-de-Mars. 240-241. L'assemblée étend l'obligation de ce serment au clergé. 259-260. (Voy. *Clergé*.)

Serrurier. Un des généraux de l'armée d'Italie. VIII, 143.

Servan. Ce ministre propose la réunion d'un camp de vingt mille fédérés. Débats à l'assemblée sur cette motion. II, 90 et suiv.

Sièyes (l'abbé) publie une brochure sur le *tiers-état*. I, 26. Propose aux communes de faire une nouvelle sommation aux deux autres ordres relativement à la vérification des pouvoirs. Il motive la décision des communes qui se constituent assemblée nationale. 54 et suiv. Idées de Sièyes sur la constitution. 141. — Il propose l'anéantissement des démarcations provinciales. 190. — Il propose et fait adopter le projet d'un décret destiné à protéger la convention contre les insurrections. VII, 82 et suiv. Son projet de loi est voté. 93-95. — Refuse d'être directeur. VIII, 10. Il est envoyé par le directoire en ambassade à Berlin. X, 156 et suiv. Il est élu directeur en remplacement de Rewbell. 187. Sa coopération au 18 brumaire. 351-353-356-359 et suiv. Il est nommé consul provisoire le même jour. 383-384.

Société. Peinture de la société et des mœurs à la fin de l'an iv. VIII, 103 et suiv.

Sociétés patriotiques. Nom que prennent les assemblées de sections. IV, 139.

Sociétés populaires. Décret rendu contre elles après la terreur. VI, 351-357. — Diverses réunions de la jeunesse dorée et le club du Panthéon sont fermés. VIII, 99.

Soixante-treize députés prisonniers depuis le 31 mai sont réintégrés dans leurs fonctions. VI, 392.

Sombreuil. Le dévouement de sa fille. II, 325.

Stael (Mad. de). Son influence à Paris. VII, 329. — Elle essaie de rapprocher les constitutionnels et les clichyens. Son influence dans la société de Paris. IX, 254-257.

Stockach. Bataille de ce nom. Détails militaires. X, 148-155.

STOFFLET. Un des premiers chefs de l'insurrection vendéenne. IV, 84-90.—Il continue la guerre après la soumission de Charette. VII, 147 et suiv. Il signe la paix à Saint-Florent. 161. —Il est pris et fusillé. VIII, 131-132.

SUBSISTANCES. Embarras à Paris pour les subsistances en 1792. III, 182 et suiv. Les embarras augmentent. 307 et suiv.— Leur déplorable état en 93. IV, 326 et suiv. Décrets de la convention à ce sujet. Détresse des Parisiens. 331 et suiv. Mesures prises par la commune et par la convention pour se pourvoir en octobre 93. V, 175-177-178 et suiv. — Lois et règlemens sur les subsistances dans les premiers mois de 1794. VI, 84 et suiv.—Nouveaux décrets sur les subsistances après le 1er prairial. VII, 241-242. — Le directoire les rend au commerce libre. VIII, 85 et suiv.

SUISSE. Elle conserve sa neutralité au milieu de la guerre générale. Ses dispositions à l'égard de la république. VII, 137-138. —Révolution en Suisse. Ses causes. Insurrection du pays de Vaud. Arrivée des Français avec Brune. Ils s'emparent de Berne. La Suisse se constitue en république. IX, 389-399. Nouveaux troubles politiques. Divisions entre les cantons. Intervention de la France. Un traité d'alliance est conclu. X, 72-82. Vraie importance de la Suisse dans une guerre sur le continent. 132 et suiv.

SUISSES. Massacrés au 10 août. II, 253-254.

SUSPECTS. Quels ils étaient. IV, 25. — Leur arrestation est décrétée. 359-360. La loi des suspects est décrétée. V, 60 et suiv. Comment Chaumette les désigne. 134 et suiv. Détails sur leur détention. 136 et suiv. — Leur nombre augmente. On change l'administration intérieure des détenus. VI, 92 et suiv. Ils sont conduits en foule à la mort en juin 1794. 136-143.—Ils sont élargis. 241 et suiv.

SUWAROW. Il arrive en Italie. Caractère de ce général. Sa capacité. X, 193 et suiv. Il empêche la jonction de l'armée de Naples à celle de Moreau. 209 et suiv. Est battu partout en Suisse et forcé à la retraite. 327 et suiv.

SYRIE. Expédition en Syrie. (Voy. *Égypte* et *Bonaparte*.)

TAGLIAMENTO. Passage de ce fleuve et bataille de ce nom. IX, 60-67.

TALLEYRAND (M. de). Nommé ministre des affaires étrangères en l'an v. IX, 209.

TALLIEN. Son rôle dans la journée du 9 thermidor. (Voy. *Thermidor.*) Est blessé par un assassin. VI, 290.

TALLIEN (Mad.). Son rôle dans la société à Paris, après la terreur. VI, 340 et suiv.

TARGET. Refuse de servir de conseil à Louis XVI. III, 206.

TARWIS. Combats de ce nom. IX, 68-72.

THÉOPHILANTHROPE. Société de ce nom. IX, 8.

THERMIDOR (9). Evénemens de cette journée. VI, 203-228. Conséquences de ce jour. Réflexions sur la marche de la révolution depuis le 14 juillet jusqu'au 9 thermidor. 228-232. — Conséquences de cette journée. 233 et suiv.

THERMIDORIENS. Leur position et leurs projets. VI, 247-248. Ils demeurent les maîtres après le 1er prairial. Conséquences de cette réaction. VII, 249-251. — Leurs craintes sur les progrès de la réaction royaliste. Ils tâchent de s'y opposer par diverses mesures. 328 et suiv.

THOURET. Dernier président de la constituante. I, 308.

TIERS-ÉTAT. Arrêt du Conseil, du 27 décembre 1788, ordonnant le doublement des députés du tiers état. I, 28 et suiv. Le tiers-état se couvre ainsi que les autres ordres malgré l'usage établi. 44. Lutte du tiers-état avec les deux autres ordres au sujet du mode de leur réunion. 45 et suiv., 47 et suiv. Rapidité de sa puissance. 50-51.

TOLENTINO. Traité de ce nom, signé par Bonaparte et le pape. Ses conditions, ses avantages. IX, 50-55.

TOMBES ROYALES. Un décret ordonne de les détruire. IV, 393.

TOSCANE. Traité de paix avec ce pays. VII, 138-139.

TOULON. Les modérés l'emportent dans les sections. Se livre aux Anglais. V, 10 et suiv. Ils arment le petit Gibraltar. 253. — Premiers faits d'armes de Bonaparte. 255. Evacuation des Anglais et incendie de l'arsenal. 259. Les forçats éteignent l'incendie. 261. — Les patriotes se révoltent. VII, 232 et suiv.

TREBBIA. Bataille de ce nom. Principales circonstances. X, 213 et suiv. Ses suites. 218 et suiv.

TREILHARD. Nommé directeur à la place de François de Neufchâteau. IX, 407. Il sort du directoire en prairial an VII. 232.

TRIBUNAL CRIMINEL EXTRAORDINAIRE. Il est décrété par la convention. III, 333 et suiv. On en règle les formes. 338-339.

TRIBUNAL DU 17 AOUT. A quelle occasion il fut institué. II, 283.

TRIBUNAL RÉVOLUTIONNAIRE. Premier essai, à l'occasion du 10 août. II, 283. Il est installé. IV, 25-26. Le tribunal criminel extraordinaire prend ce nom. V, 163.—Procès des dantonistes, des quatres accusés de faux et autres. 398-412. Il continue à ordonner les exécutions. VI, 94 et suiv. Est réorganisé d'après un projet de Robespierre. 119 et suiv. Terribles exécutions en juin et en juillet 1794. Détails sur les procédures de ce temps. 136 et suiv. Il est suspendu de ses fonctions. 235. Est remis en activité. 260. Est définitivement aboli. VII, 240.

TRONCHET. Accepte la défense de Louis XVI. III, 206.

TROUVÉ. (Voy. *Cisalpine*.)

TURGOT. Appelé au ministère. Son caractère. I, 7. Il échoue dans ses réformes. *Ibid*. et suiv.

ULTRA-RÉVOLUTIONNAIRES. Nom qu'on donna aux révolutionnaires exagérés. V, 236. Plusieurs d'entre eux sont arrêtés par décret de la convention. 238. Ils préparent une insurrection contre la convention. Ils échouent. 360-371.

VALENCIENNES. Cette ville est assiégée et prise par les ennemis. IV, 320-323.

VALMI. Circonstances de l'affaire de ce nom. II, 363-367.

VARLET. Est déclaré suspect par Billaud-Varennes. III, 348. La réunion Corrazza. 351. Propose aux cordeliers un plan d'insurrection. IV, 120. Il est arrêté. 126. Arrête dans le comité d'exécution le plan définitif de la seconde insurrection. 170. Il rédige une pétition contre les accapareurs. 243-244.

VAUBLANC (de). Porte au roi le décret sur le désarmement des émigrés. II, 36.

VENDÉE. Description de ce pays et des départemens voisins. Théâtre de la guerre civile et causes de sa haine contre la révolution. IV, 79 et suiv. Insurrection des paysans vendéens à cause de la levée des 300,000 hommes et pour ne pas quitter leurs foyers Cathelineau et Stofflet se mettent à la tête des insurgés. 83 et suiv., 86-88. L'insurrection devient générale. 89 et suiv. Un décret ordonne que la Vendée sera ravagée. IV, 387-388 et suiv.— Un décret d'amnistie est rendu en sa faveur. VII, 17-18. État de ce pays après la première pacification. 263-263.— Nouveaux préparatifs de guerre après l'affaire de Quiberon. VIII, 23 et suiv. La pacification du pays commence à se faire définitivement. 71-72 et suiv. Pacification définitive des pays connus sous ce nom, en germinal an IV. 126-132-136.

VENDÉENS. Pourquoi ce nom fut donné et conservé aux insurgés français. IV, 88. Ils s'emparent de Thouars et brûlent l'arbre de la liberté. 92-93. — Suite de leurs succès. 229 et suiv. Ils organisent leur insurrection. S'emparent de Doué et de Saumur. 234-236. Ils sont repoussés à Nantes. 252-254. Suite de leur guerre. 300 et suiv. Ils sont défaits à Luçon. V, 14-15. Divers plans sont proposés pour les réduire. 16-19. Premières opérations de Canclaux contre eux, d'après le plan du 2 septembre. 36 et suiv. Divisions parmi les chefs. 39-40. Suite de la guerre. 40 et suiv. Canclaux se replie sur Nantes. Causes de ses échecs en Vendée. 46-47. Continuation de la guerre. 66 et suiv. Ils sont défaits à Cholet. 118-121. Différens combats en octobre, novembre et décembre 93. Leur grande armée est entièrement détruite. 264-292. État de leur armée après leur défaite à Cholet. 273 et suiv. Ils sont battus au Mans. Leur déroute complète. 287 et suiv. — Ils continuent à se défendre. Leurs chefs. VI, 320-322. Leur peu de ressources en 1795. Division entre leurs chefs. VII, 32-34. Négociations diverses entre les chefs révoltés et les généraux de la république. 40-45. Négociations avec leurs chefs pour la pacification du pays. 139-142 et suiv. Quelques chefs signent la paix. 145-146.

VENDÉMIAIRE (Journée du 13). Événemens préparatoires du 11 et du 12. Insurrection des sections, le 13. Combat dans les rues. Victoire de la Convention. VII, 348-369. Suites de cette journée. 370 et suiv.

VENISE. Inquiétude du gouvernement vénitien à l'approche de l'armée française. VIII, 196 et suiv. Invasion du territoire vénitien par Bonaparte. 196 et suiv. Perfidie du gouvernement vénitien après le départ de Bonaparte. IX, 72-85. Articles des préliminaires de paix de Léoben qui concernent les états vénitiens. 94 et suiv. Suite des manœuvres perfides des Vénitiens contre les Français. 105 et suiv. Chute de la république de Venise. Détails sur les événemens qui l'amènent. 116-131.

VENTRE. Dénomination donnée à un certain parti de l'assemblée législative. II, 12.

VERGNIAUD. Principal orateur des girondins. II, 11. Il accuse Delessart. Son discours. 55-56. Fragmens de son discours à l'occasion du projet de la commission des Douze. 164 et suiv. Il propose un message au roi qui l'oblige à opter entre la France et l'étranger. 170. Il harangue le peuple le 2 septembre. 313 et suiv. Son discours en faveur de Louis XVI. III, 236-246. Il répond aux accusations de Robespierre contre les girondins. IV, 55 et suiv. Il fait décréter, le 31 mai, que Paris a bien mérité de la patrie. 158-159. Il est arrêté. 190. Son procès, sa mise à mort. V, 156-162-167.

VÉRIFICATION. Débats dans les états-généraux relativement à la vérification des pouvoirs. I, 44 et suiv.

VERMONT (l'abbé de). Il propose et fait accepter à la reine M. de Brienne pour ministre. I, 12.

VÉRONE. Massacre des Français dans cette ville. Elle est prise par le général Chabran. IX, 107-113.

VERSAILLES. De nouvelles troupes s'établissent à Versailles. Conséquences du séjour de la famille royale dans cette ville. I, 160 et suiv. Scènes qui s'y passent les 5 et 6 octobre. 168 et suiv. Massacre de 52 prisonniers après les journées de septembre. III, 5.

VETO. Discussions relatives au veto suspensif ou absolu. II, 142-143-146 et suiv. Le veto suspensif est déclaré. 148-149. Le veto suspensif est étendu à deux législatures. 153.

VIENNE. Scènes tumultueuses à Vienne entre la légation française et l'empereur. X, 76-77 et suiv.

VIEUX CORDELIER (Le). Journal rédigé par Camille Desmoulins. Morceaux cités. V, 307 et suiv. Autres morceaux cités. 322 et suiv. Autres passages, 355 et suiv.

VINCENNES. Le donjon est attaqué par le peuple le 28 février 1790. I, 267.

VINCENT. Cet ultra-révolutionnaire sort de prison. Détails sur son caractère. V, 338-339. Il est de nouveau arrêté. 370 et suiv. Son procès et son supplice. 374-379.

VURTZBOURG. Bataille de ce nom. VIII, 318-320.

WATIGNIES. Victoire de ce nom. V, 108-109.

WESTERMANN. A la tête d'une légion en Vendée. IV, 302-303. Ses exploits et ses revers en Vendée. 303 et suiv.

ZURICH. Victoire de ce nom, remportée sur les Russes par Masséna. Détails sur cette bataille mémorable. X, 313 et suiv. 330.

FIN DE LA TABLE DES MATIÈRES.

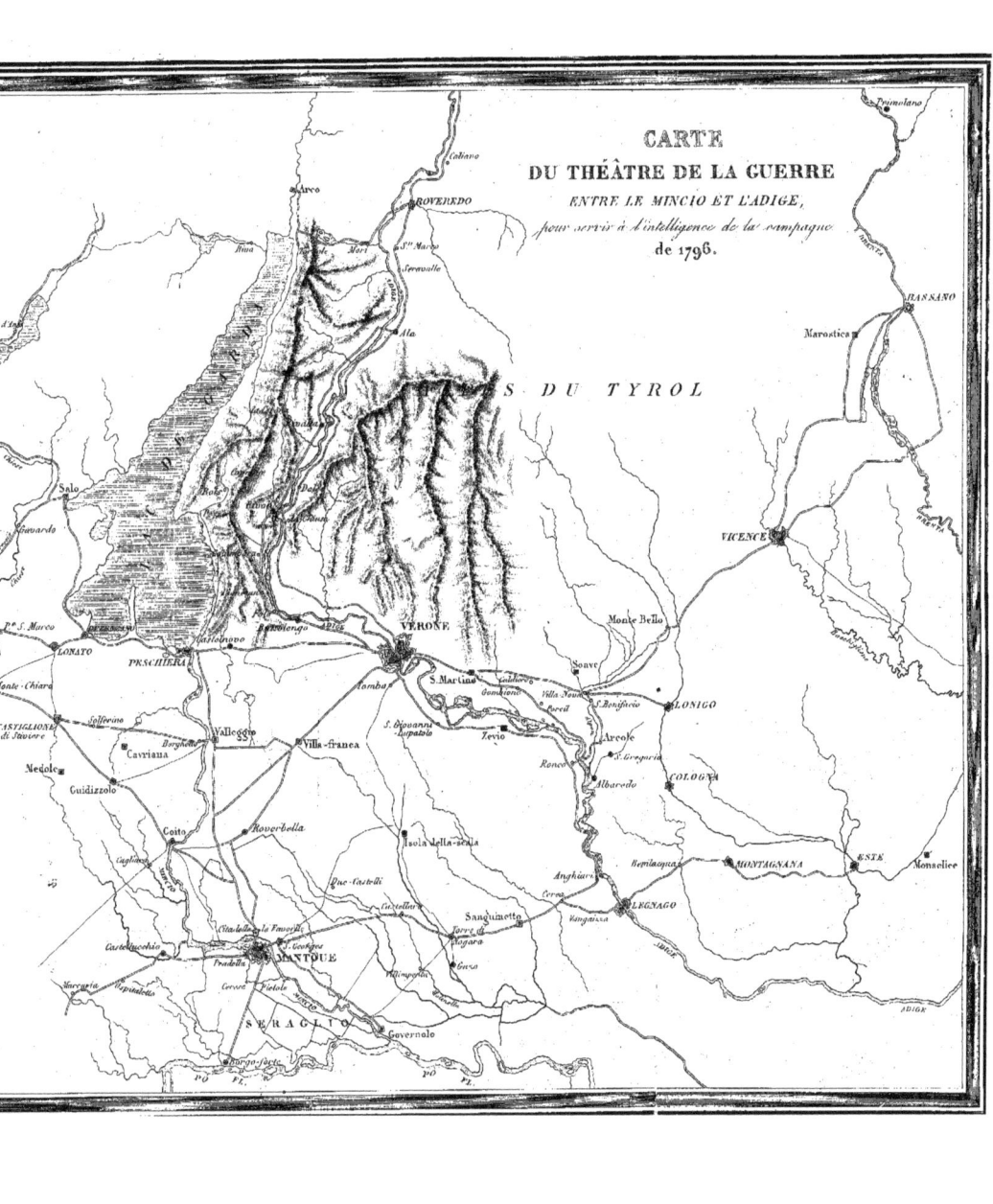

www.ingramcontent.com/pod-product-compliance
Lightning Source LLC
Chambersburg PA
CBHW070820250426
43671CB00036B/631